本书受西南财经大学"211工程"三期国际经济与贸易优势学科建设项目资助

吴　凡○著

集装箱码头运营商
海外拓展研究

JIZHUANGXIANG MATOU
YUNYINGSHANG HAIWAI TUOZHAN YANJIU

西南财经大学出版社
Southwestern University of Finance & Economics Press

序　言

　　在接触吴凡同志的这项研究成果之前，集装箱码头运营商对我来说完全是一个陌生的概念，尽管在媒体上经常目睹集装箱码头繁忙的场面。吴凡同志通过在招商局集团博士后科研工作站的工作与研究，以招商局国际有限公司（简称招商局国际，China Merchants Holdings International Company Limitled，CMHI）为背景，从经济学的角度为我们提供了集装箱码头运营商这一特殊类型企业的国际化发展路径。因而，这项研究在实践上和理论上都有其特殊的价值。

　　第一，集装箱码头运营商是全球产业链中的重要一环，对于提升我国在全球产业链中的地位，获取更大利益发挥着不可或缺的作用。经过三十多年的改革开放，我国经济规模已经位居世界第二，出口额与制造业产值达到了世界第一。这表明，中国作为世界制造业大国已经全面融入到全球经济之中。然而，我们又不得不承认，我国大多数产业或企业还处于全球产业链的低端，也就是人们常说的处于"微笑曲线"的最低端——组装加工阶段。其结果是，作为全球制造业和出口大国，我们却没有从参与国际分工中获得等比例的收益。根本原因在于，我国的生产性服务业甚至整个服务业发展严重滞后，而这恰恰是现代国际分工中附加值和获益最大的环节。正如本项研究所指出的，伴随经济全球化和国际分工的深化，集装箱码头已经摆脱了简单的航运中转角色，正日益扩展到运输增值服务和国际综合物流中心领域。至于被称之为"第四代港口"的集装箱码头业务则完全嵌入制造业企业的供应链之内。因此，该行业的投资收益率要远高于一般的制造业企业，被称为"码头印钞机"。

　　由于集装箱码头业务的物流特征越来越明显，它并不会伴随一国经济规模、进出口规模和港口运输业务的扩大而自动发展起来。像新加坡、中国香港、迪拜等国家及地区之所以能够成为全球集装箱码头行业的佼佼者，与其物流业的发展密不可分，尤其是该行业本身就具有全球范围竞争的特征。我们不能期望中国经济规模、制造业规模、出口规模的领先优势自动转化为集装箱码头行业乃至整个物流行业的优势，因此如何确立中国集装箱码头运营商在行业内的领先地位，进而提升在全球产业链中的地位，就显得任重而道远。

第二，作为一种物流企业或服务类企业，集装箱码头运营商的国际化进程不同于制造业企业，也不同于其他服务业企业，经济学家需要从理论上对此做出解释，反过来这种研究也将丰富中国企业国际化的理论。

迄今为止，企业国际化理论更多是以制造业企业为主体发展起来的。无论是早期的产品生命周期理论，还是后来的内部化理论，以及近年来盛行的产品异质性理论、不完备契约理论都是如此。对于服务业企业的国际化也主要集中于金融业企业与外包领域，而对于物流类企业的国际化则很少涉及。尤其是集装箱码头企业的国际化机制显然不同于制造业企业对外直接投资或其他服务业的外包机制。对它的研究需要在原有的基础上引入区域经济学、产业经济学、运输经济学等学科的方法，本书在这方面进行了有益的尝试。

同时，中国企业"走出去"尚处于起步阶段，围绕中国制造业企业国际化的研究还很不成熟，对中国服务业企业国际化的研究则更为稀少。在笔者看来，要真正构建中国企业的国际化理论不仅需要研究一般意义上企业国际化的特征，更重要的是要研究不同行业、不同类型企业国际化的特征。本书选择中国集装箱码头企业的国际化作为研究对象，其理论价值是显而易见的。

第三，以经济全球化为背景，探讨集装箱码头运营商的海外扩张战略将为我国服务类企业"走出去"提供有益的借鉴。经济全球化既为我国企业"走出去"提供了难得的机遇，客观上也促使我国企业必须要走国际化的道路，否则就无法真正参与国际竞争，并从中获取最大利益。

在实践层面，我国越来越多的企业走向国际化，它们迫切需要了解和借鉴其他发展中国家与地区企业海外扩张战略的成功经验。本书选择香港和记黄埔港口、新加坡国际港务、迪拜港口世界作为研究对象，对中国集装箱码头运营商开展海外扩张无疑是有积极的借鉴价值的。

更难得的是，作者利用在招商局集团博士后科研工作站工作的便利，深入到招商局国际进行实地考察，做解剖式的研究，获取了大量第一手的信息，总结了企业在海外扩张过程中取得的经验和面临的问题。这不仅对其他集装箱码头运营企业，而且对其他行业企业从事海外扩张都具有积极的借鉴意义。

以一家企业为研究的出发点，探讨一个行业国际化的模式，进而从理论上加以提炼和升华，这是本项研究最突出的特征。吴凡同志在进入招商局集团博士后科研工作站之前已经在大学从事教学、研究工作，这种理论积淀为他开展这项研究创造了良好的条件。

　　当然，我们不能期望通过一项初始性的研究来解决该领域理论与实践面临的所有疑惑，但至少这是一项值得尝试和肯定的研究成果，在理论探讨和实践指导上都有着积极的现实意义。

中国社会科学院亚洲太平洋研究所所长
中国世界经济学会副会长
全国美国经济学会副会长

李向阳

研究员、博士生导师

2011 年 4 月

摘　要

　　如何在全球化浪潮中成功实现"走出去"及其可持续发展，是中国企业当前所面临的一个现实与紧迫的问题。进入 21 世纪以来，中国企业"走出去"成为社会各界关注的热点问题。目前理论界关于中国企业"走出去"问题的研究甚多，涉及内容非常广泛，研究成果不断出现。但总体来看，在研究中偏重理论分析，研究成果较为宏观，多为笼统的泛泛而谈，落实到具体行业的并不多见，能够深入到企业内部进行长期跟踪研究的则更为少见。

　　港口行业是最具有国际化发展特征的行业之一，它与世界经济和贸易发展息息相关。随着全球经济一体化进程的推进和港口市场全球化竞争的加剧，港口运营企业的对外拓展已成为全球化背景下的必然选择，认真总结当前我国港口企业海外拓展的经验教训、理清发展战略思路，在理论探讨与现实指导上都有着重要意义。本书以港口行业运营企业作为分析样本，在深入港口运营企业进行长期、实地调研的基础上，将产业经济学、运输经济学与国际投资学、跨国公司治理等理论相结合，将企业国际化理论与港口行业的发展特征相结合，重点研究集装箱公共码头运营商如何在全球化时代进行海外拓展及其可持续发展，具有一定的探索性和创新性。

　　集装箱码头运营商是指经营管理集装箱码头的企业组织，它的产生是现代港口业尤其是集装箱运输产业发展的必然。自 1956 年现代意义的集装箱运输产生以来，以集装箱运输为基础的多式联运颠覆了传统国际航运的经济规律，改变了全球贸易的流向、流量和国际航运业的发展形态，也从根本上改变了港口业的发展面貌。随着经济全球化、市场国际化和信息网络化的发展，集装箱港口已成为国际海陆间物流通道的重要枢纽和节点，成为区域性乃至国际性的综合物流服务中心。随着现代港口的发展，独立的集装箱码头运营商于 20 世纪 90 年代初期得以产生，并在全球化背景下得到了迅猛的发展。

　　集装箱港口业是一个强周期性行业，与世界经济贸易的发展水平息息相关，是伴随着经济全球化的发展而发展的。进入 21 世纪以来，随着经济全球化进程的加快，港口业的产业集约化程度不断提高，激烈的竞争日趋全球化；全球化时代的港口业竞争已不再是单一的国际生产要素优化配置为主导的要素型竞争格局，而更多地体现为以打造全球码头服务网络、占领行业制高点为主导的产业链控制型竞争格局；由此，对外扩张成为了大型码头运营商在全球化时代的必然选择，和记黄埔港口（HPH）、新加坡国际港务（PSA）、迪拜港口世界（DPW）等世界领先的码头运营商们的海外拓展战略及实践给了我们积极的借鉴意义。

改革开放以来，中国经济的持续高速增长以及丰富的劳动力资源、外向型加工制造模式和广阔的消费市场促使了世界经济与贸易格局的重心向以中国为核心的东亚地区转移，中国的集装箱港口业得到了快速发展，中国港口在世界港航运输网络中（尤其是在东亚生产运输网络中）的地位与作用日益提升。遗憾的是，中国集装箱码头运营商虽然在国内取得了较大的发展，但其海外拓展业务仍处于起步阶段，虽有一定的海外拓展实践，但大多都未尽如人意。认真总结与反思全球化竞争时代我国码头运营商如何成功实现海外拓展与可持续发展，具有重要的现实意义和理论价值；这种反思在全球金融危机背景下显得尤为重要。2008 年以来的金融危机对世界经济尤其是外向型经济产生了严重的冲击，也为后发的中国企业海外拓展带来了一定的发展机遇，如何应对危机挑战、转变发展战略，在危中寻机、在危中求发展是摆在我国码头运营商面前的现实问题。

正是基于以上的研究背景，本课题首先在详细探讨全球化时代集装箱港口业的新发展，以及此次全球金融危机所带来的冲击与历史性发展机遇的基础上，从现代集装箱码头运营商的产生、发展与未来拓展趋势入手，立足于新兴市场上区域领先的公共码头运营商外向型发展的视角，探讨集装箱码头运营商海外拓展的动因、基本路径选择与内外部制约条件。

其次，在对全球主要码头运营商海外拓展经验进行系统梳理与比较借鉴的基础上，重点研究新兴市场上的区域码头运营商如何成功实现海外拓展及可持续发展，这主要包括海外拓展的国际化战略规划、拓展区域选择、拓展模式比较、风险识别与防范四个主要方面。

最后，以中国领先的公共码头运营商——招商局国际（CMHI）为实例，运用以上理论分析工具做具体的案例剖析，对招商局国际的海外拓展策略及实施中所存在的问题做深入的反思，并提出有针对性的政策建议。

本课题研究强调理论研究与现实指导相结合的思路，将理论演绎、实证分析、国际经验比较研究与典型案例深度剖析相结合，紧紧围绕经济全球化背景下新兴市场领先的区域码头运营商如何成功实现海外拓展与其可持续发展这一主题，运用国内外大量的行业统计数据和具体企业实例，将规范分析与实证分析相统一、理论分析与对策研究相联系，为我国码头运营商海外拓展及相关公共政策的制定提供理论参考和现实指导。

关键词： 经济全球化、集装箱码头运营商、海外拓展

Abstract

How to achieve oversea expansion and sustainable development in globalization tide is a current and urgent question. After entering 21 century, oversea expansion of Chinese companies has become one of the hottest topic in theoretic and practice fields, which have lots of research achievements. But based on comprehensive analysis, the current achievements always focus on theoretic and nonspecific analysis, shorting of industrial analysis based on long-term investigation and firm study.

The port industry is one of industries with international development characters. With the development of globalization tide, the competition of port industry in global market has become hotter and hotter, and it makes the strategy of oversea expansion become an indispensable choice for port operators. Based on the long-term investigation and certain firm study, combined with theories of industry economics, logistics, international investment and MNC corporation governance, this paper takes Container Terminal Operators (CTOs) as research sample and focuses on researching how CTOs achieve oversea expansion and sustainable development in globalization tide. This research summarizes the current practice and lessens of Chinese CTOs and sorts out the international development strategies. The innovation research conclusions and police suggestions have significant value in both of theory and practice fields.

Container Terminal Operators (CTOs) are companies who operate and manage container terminal, and they come forth with the development of modern container port industry. Since modern container transportation appeared in 1956, multimodal transportation based on container transfer has become the main trend of modern transportation system, which overthrew the traditional international ship transportation routine, changed global ports development form radically. With the development of economic globalization, market internationalization and information network, container terminals have become the important nodes of international logistics network and an area or global logistics service complex. Based the following background, modern container terminal operators have birthed in early in 1990s and got quick development in this globalization era.

Container Terminal industry is an obvious seasonal industry, which is contacted tightly with global trade and globalization development. In 21 century, globalization tide has speeded up and pushed the more and more global competition. With the industrial intensive degree becomes higher, modern container terminal competition has no more led by global resource collocation strategy, but led by industrial-value-chain control strategy that focused on building global terminal service net and holding key points of whole terminal industry. Thereout, oversea expansion strategy has become the inevitable choice of big container terminal operators in globalization era. The world leading operators, such as: HPH, PSA, DPW, always have expansion strategy and positive execution, which could give us some nice lessons.

After carrying out the policies of reform and openness, Chinese economy has got quick and continue development which has changed the world economy territory radically. Based on abundant labor resource, extroverted manufacture model and capacious consumption market, the world economy has moved its barycenter into east Asia, Chinese container ports have got quick development and played a more importance role in world port net, especial in east Asia transportation net. However, what a pity is that Chinese container terminal operators are only stepping on primary period of oversea expansion although they have almost got great development in domestic market, some pioneers have few attempt but most of them are unsatisfactory. It's significant to review and rethink our strategy and practice on how to make our oversea expansion successfully and continuously in global competition. Especially in world financial crisis happened from 2007, extroverted economy has been impacted very much, lots of countries have faced economic depression, but Chinese companies that got little impact has faced a historical oversea expansion opportunity. How to take on this crisis threat, catch the expansion opportunity, and get development in crisis, is one of most important questions that Chinese container terminal operators must face and answer.

Based on the above background, this postdoctoral dissertation firstly expounds the new development of container port industry in globalization era, the world financial crisis and its historical impact and expansion opportunity. Then it demonstrates the birth, development and future trend of modern container terminal operators, and sets forth the oversea expansion reasons, basic route and restricted factors from the angle of regional public terminal operator.

Furthermore, this postdoctoral dissertation expounds the expansion strategy and practice of main leading global operators, such as: HPH, PSA, DPW, and compares their experiences and lessons. Then, it focuses its research on the core point: how to make oversea expansion successfully and continuously for a regional operator in emerging countries. This is the main part of this dissertation, which including four parts: internationalization strategy, expansion area choice, expansion model choice, and expansion risk avoidance, etc.

Finally, based on the above theoretic research, this postdoctoral dissertation takes China Merchants Holdings (International) Co. Ltd. (CMHI), the leading public container terminal operator in China, as the realistic research example. It reviews CMHI's oversea expansion strategy and practice, analyses their advantages and disadvantages, then puts forward some pertinence suggestions in global competition era.

Embayed the research topic: how to make oversea expansion successfully and continuously for a regional operator in emerging countries, this dissertation focuses on both theoretic research and realistic guidance, by using lots of industrial statistics data and realistic examples, combining with theoretic deduction, empirical analysis, international comparison, and cases study. This research result is benefit to provide theoretic direction and realistic help on Chinese container terminal operators' oversea expansion and relative public policies' constitution.

Key Words: Economic Globalization, Container Terminal Operator, Oversea Expansion

目　录

第一章　导论 / 1

1.1　研究背景 / 1

1.2　国内外研究的文献综述 / 5

　1.2.1　企业国际化的文献综述 / 5

　1.2.2　对码头运营商国际化发展的研究综述 / 21

1.3　本课题研究的基本思路、方法与意义 / 27

　1.3.1　本课题研究的基本思路 / 27

　1.3.2　本课题的研究方法与意义 / 30

第二章　集装箱码头运营商的产生与发展 / 31

2.1　现代港口的发展 / 31

　2.1.1　港口的发展阶段 / 31

　2.1.2　现代港口发展的新特点 / 35

2.2　集装箱港口的分类与竞争 / 38

　2.2.1　集装箱港口的分类 / 38

　2.2.2　集装箱港口的竞争 / 41

2.3　集装箱码头运营商的产生与发展 / 42

　2.3.1　集装箱码头运营商的产生背景 / 42

　2.3.2　集装箱码头运营商的产生 / 46

　2.3.3　全球化背景下集装箱码头运营商的发展 / 48

第三章　集装箱码头运营商海外拓展的动因与基本路径 / 54

3.1　集装箱码头运营商海外拓展的动因 / 54

　3.1.1　企业海外拓展的基本动因 / 54

　3.1.2　港口行业全球化竞争加剧与区域市场趋于饱和 / 55

3.1.3　全球化时代码头运营商海外拓展的必要性 / 59

3.2　码头运营商扩张的基本模式与路径探析 / 63

　　3.2.1　码头运营商扩张的基本模式 / 63

　　3.2.2　码头运营商扩张的基本路径 / 65

第四章　全球主要码头运营商的海外拓展之路 / 68

4.1　和记黄埔港口的海外拓展之路 / 68

　　4.1.1　和记黄埔港口的海外拓展 / 69

　　4.1.2　和记黄埔港口海外拓展策略分析 / 72

4.2　新加坡国际港务的海外拓展之路 / 75

　　4.2.1　新加坡国际港务的海外拓展 / 75

　　4.2.2　新加坡国际港务海外拓展策略分析 / 78

4.3　迪拜港口世界的海外拓展之路 / 81

　　4.3.1　迪拜港口世界的海外拓展 / 81

　　4.3.2　迪拜港口世界海外拓展策略分析 / 85

4.4　海外拓展经验比较与借鉴 / 87

第五章　集装箱码头运营商国际化战略研究 / 92

5.1　企业国际化战略概述 / 92

　　5.1.1　企业的国际化是否需要战略 / 92

　　5.1.2　企业国际化战略的构成 / 94

5.2　基于产业链整合的国际化战略 / 95

　　5.2.1　产业链竞争：全球化时代大企业竞争的根本 / 95

　　5.2.2　产业整合的含义、类型与动因 / 97

　　5.2.3　产业整合的路径与模式选择 / 98

　　5.2.4　基于产业整合的国际化战略要点 / 99

5.3　全球化背景下码头运营商国际化战略的选择 / 103

　　5.3.1　全球化背景下港航产业的整合趋势 / 103

　　5.3.2　新形势下码头运营商国际化战略的选择 / 107

第六章　集装箱码头运营商海外拓展的区域选择 / 110

6.1　世界集装箱港口布局的形成与发展演变 / 110

　　6.1.1　北北贸易基础上的欧洲—北美双峰格局 / 110

　　　6.1.2　新兴工业化经济基础上北美—欧洲—东亚三足鼎立 / 112

　　　6.1.3　全球化浪潮兴起促使东亚地区港口快速崛起 / 114

　　　6.1.4　世界港口布局重心位移至以中国为核心的亚太地区 / 116

　　　6.1.5　未来发展趋势的展望 / 118

　　6.2　集装箱码头发展的制约因素分析 / 120

　　　6.2.1　腹地经济的发展与全球产业分工体系的转移 / 120

　　　6.2.2　港口在全球集装箱航线中的区位 / 121

　　　6.2.3　港口的自然条件与基础设施建设水平 / 122

　　　6.2.4　港口腹地运输网络及临港配套产业的发展水平 / 123

　　　6.2.5　港口运营效率及商业环境 / 125

　　　6.2.6　港口市场的竞争格局与船公司的战略定位 / 126

　　6.3　码头运营商海外拓展区域选择策略要点 / 127

　　　6.3.1　海外拓展区域选择的基本思路 / 128

　　　6.3.2　海外拓展区域选择的两个基本方向 / 131

第七章　集装箱码头运营商海外拓展的模式选择 / 134

　　7.1　码头运营商海外拓展的主要模式及其比较 / 134

　　　7.1.1　新建投资模式 / 134

　　　7.1.2　跨国并购模式 / 137

　　　7.1.3　战略联盟模式 / 139

　　　7.1.4　管理输出模式 / 141

　　　7.1.5　其他模式 / 142

　　7.2　码头运营商海外拓展模式的选择策略 / 144

　　　7.2.1　码头运营商海外拓展模式选择的制约因素 / 144

　　　7.2.2　码头运营商海外拓展模式选择的基本策略 / 146

第八章　码头运营商海外拓展的主要风险及其防范 / 149

　　8.1　码头运营商海外拓展的风险识别 / 149

　　　8.1.1　如何识别海外拓展中的风险 / 149

　　　8.1.2　码头运营商海外拓展中所面临的主要风险 / 151

　　8.2　码头运营商海外拓展的风险防范 / 156

　　　8.2.1　海外拓展风险的动态监控与预警 / 156

　　　8.2.2　海外拓展风险保障机制的建设 / 156

8.3 新形势下中国码头运营商防范海外拓展风险的思考 / 158

    8.3.1   加强对企业海外拓展活动的国家政策支持与引导 / 158

    8.3.2   提升企业核心能力、构建海外拓展风险防控体系 / 159

    8.3.3   优化投资策略、综合利用各种风险防范手段 / 160

    8.3.4   重视国际化人才培养、提高跨文化交流整合能力 / 162

    8.3.5   充分认识与利用香港的海外拓展平台作用 / 163

第九章   对招商局国际海外拓展的思考 / 165

  9.1 招商局国际的海外拓展之路 / 165

    9.1.1   招商局国际的基本情况 / 165

    9.1.2   招商局国际的国际化发展 / 169

  9.2 对招商局国际海外拓展的争议与思考 / 170

    9.2.1   对招商局国际海外拓展的争议 / 170

    9.2.2   对招商局国际海外拓展争议的思考 / 174

  9.3 招商局国际海外拓展中所存在的主要问题 / 177

    9.3.1   处于海外拓展初级阶段、国际化经验欠缺 / 177

    9.3.2   母港运营模式能否成功输出尚待考验 / 178

    9.3.3   缺乏清晰系统的国际化发展战略规划 / 179

    9.3.4   缺乏可支撑海外拓展项目的国际化运营管理团队 / 180

  9.4 对招商局国际海外拓展策略的建议 / 180

    9.4.1   清晰系统国际化战略的制订与实施 / 180

    9.4.2   海外拓展项目库的建立与系统化 / 181

    9.4.3   海外拓展模式的完善与多元化 / 182

    9.4.4   海外拓展风险体系的建立与完善 / 183

    9.4.5   海外拓展高端人才的引进、培养与团队建设 / 184

参考文献 / 186

图表索引 / 195

后记 / 198

致谢 / 200

第一章　导论

1.1　研究背景

经济全球化正在成为 21 世纪世界经济发展的主潮流。它是生产、贸易、投资、金融在全球范围内的大规模发展和生产要素在国际间流动与配置的规模及范围不断扩大的过程，从而使世界各国经济高度相互依赖、相互影响、相互促进。

由于人们从不同的角度看待和研究全球化问题，因而对经济全球化的概念和含义也有不同的理解。国际货币基金组织（IMF）认为经济全球化是跨国商品与服务交易及国际资本流动规模和形式的增加，以及技术的广泛迅速传播使世界各国经济的相互依赖性增强；世界贸易组织（WTO）前总干事鲁杰罗指出以全球化为基础的无国界经济正在全球范围内形成，以要素自由流动为基础的经济全球化趋势不可逆转；经合组织（OECD）前首席经济学家奥斯特雷（Sy. L. Viaostry，1990）则认为，经济全球化是生产要素在全球范围内的广泛流动和实现资源最佳配置的过程。

虽然目前对经济全球化的含义和概念阐述不尽相同，但概念中共同反映出的本质特征为：

（1）经济全球化是各国经济发展在与外部经济联系中相互依存不断深化的历史过程（Process），是历史发展的大趋势，各国必须面对和适应这一趋势。在经济全球化的不同阶段，不同国家和不同企业的应对之策是不一样的。

（2）经济全球化主要是通过商品、资本、技术与人力等生产要素在国际范围内的流动来实现的；随着现代交通与信息技术的飞速发展，生产要素国际流动的速度与频率不断加强，进而推动经济全球化的趋势不断发展与加快，各国介入全球市场的深度与广度不断加大。

（3）在经济全球化浪潮中，商品、资本、技术与人力等生产要素在全球市场的流动并不是杂乱无章的，而是基本遵循价值规律来实现全球资源的优化配置的。其中一个重要表现是各国产业结构的升级与迁移具有较明显的梯度层次，一般是沿着"发达国家→较发达国家→新兴工业化国家→发展中国家→欠发达国家"的路径进行国际转移的。

（4）推动经济全球化不断深化的主体是政府（含国际性组织）和企业。政府（含国际性组织）的作用主要体现在宏观层面，一方面，对内实行对外开放的经济政策，以贸易和金融自由化推动本国或本地区不断融入经济全球化；另一方面，对外推动区域乃至全球经济的一体化，如：欧盟、北美自由贸易区。不同的国家利益导致各国在经济全球化中的立场与观点迥异，掌握国际游戏规则制订的主导权成为世界各国竞争的焦点。

微观层面上，跨国企业是生产要素全球流动的运营主体。经济全球化本质上是以发达国家为主导，以跨国公司为主要载体的世界范围内的产业结构调整和全球经济市场化的发展过程；其核心是生产要素全球性流动与配置、产业结构全球性调整和转移以及企业生产供应链在全球范围内的布局和重组。

可以说，在经济全球化浪潮中，没有哪一个国家或地区能够保持封闭而"独善其身"，封闭的结果只能是被时代潮流所抛弃。同样的道理，没有哪一个企业能够完全与"国际"（包括国际市场，国际的资源、技术、人才）隔绝；要想在日益激烈的国际市场竞争中保持生存与发展，做时代的弄潮儿而不是被淘汰的话，企业的国际化便是必然的选择。

企业的国际化（Enterprise Internationalization）是指企业从国内市场不断走向国际市场的过程，是企业的资源配置范围从国内市场不断向国际市场扩展的过程，这种扩展包括资本、技术、人才等各种生产要素获得的国际化和产品销售市场的国际化，也包括企业经营管理理念、组织模式与管理手段的国际化。

应从以下角度去理解企业国际化的概念：

（1）空间扩展的概念，即：企业的国际化首先表现在企业运营空间的国际化，是企业的销售市场、生产要素获得从单一的国内市场扩展到了国际市场（Cross Board）。

（2）空间扩展主体的多样性，即空间扩展的主体可以是产成品，也可以是原料、零配件、机器设备乃至资本、人才、管理理念与模式；空间扩展主体的不同导致企业国际化的形式是多样化的，包括进出口贸易、对外投资、跨国经营等。

（3）企业的国际化是一个不断深化、不断扩展的过程（Process），其发展阶段可大致划分为：内向驱动国际化阶段、外向驱动国际化阶段和跨国公司全球优化阶段，在不同的发展阶段，企业国际化的动因、模式与发展战略是不一样的（如图 1-1 所示）。

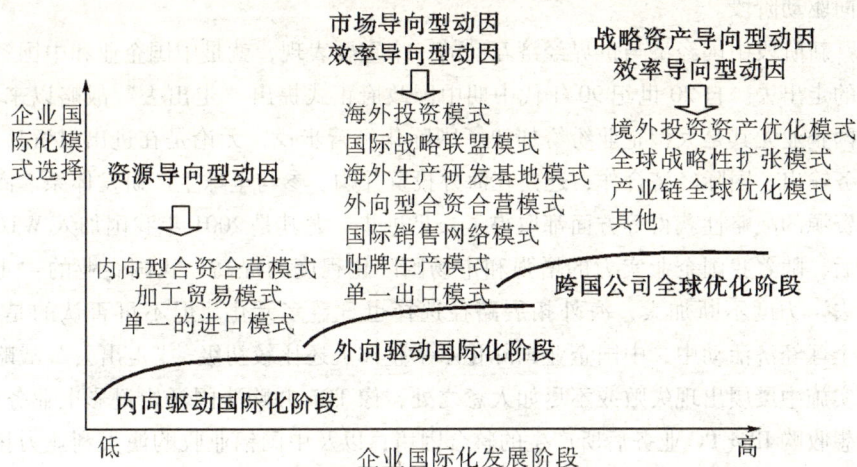

图 1-1　企业国际化的发展阶段、动因与国际化模式选择

20 世纪 90 年代以来，随着高新技术产业的发展和全球信息网络的建设，世界经济面貌发生了翻天覆地的变化，全球经济一体化趋势不断加强，各国经济之间的相互依赖关系更加紧密，中国经济也与世界经济前所未有地紧密联系在了一起。随着中国改革开放的广度和深度的不断加大，尤其是 2001 年中国成功加入世界贸易组织，充裕的劳动力资源、外向型加工生产模式和广阔的消费市场促使了世界经济与贸易格局的重心向着以中国为核心的东亚地区快速转移，全球经济增长方式正发生着转变，中国经济对世界经济贸易尤其是东亚经济的影响力不断提升。在过去三十多年的对外开放历程中，中国经济融入全球化的一个突出表现，是更深入地加强了与东亚经济体的联系，目前中国已经全面融入东亚国际生产网络中，并在其中处于主导地位，同时形成了一个自上而下的国际产业分工链条；在区域内这种跨国的资源配置是市场自然选择的结果，但东亚生产网络存在着一个根本性的难题，就是缺少最终消费市场（李向阳，2009）；即东亚生产网络的上游主要处于欧美发达国家，从事研发、生产高附加值的中间品，之后进入中国等地进行简单的组装加工，再将产成品出口到欧美等消费市场，从而使得这个生产网络在一个较长的时期内仍将维持外向发展模式。

中国企业要加快发展，摆脱国际分工的不利局面，就必须走向国际市场，争取国际市场的话语权；特别是当前中国经济进入提升产业发展水平、加快转变经济发展方式的新阶段，对企业进行海外拓展提出了更高的要求，中国企业应从单一的国际生产要素获得的内向驱动阶段发展到以海外市场拓展为主导的外向驱动阶段。

新阶段中国经济与世界经济互动的一个重要表现，就是中国企业和中国资本的走出去。自20世纪90年代中期中国政府正式提出"走出去"战略以来，我国企业尤其是大型企业纷纷加快了国际化经营步伐，无论是在进出口贸易、劳务输出、国际经济合作，还是在海外投资并购、参与全球生产研发体系、海外资源的战略性获得等方面都取得了长足进步。尤其是2001年我国加入WTO以后，随着我国企业实力的增强和市场国际化程度的提高，我国企业的"走出去"力度不断加大，海外拓展路径选择也日益多元化。但不可否认的是，在全球经济活动中，中国企业国际化水平整体上还比较初级，"走出去"战略的实施中屡屡出现失败或不尽如人意之处，像TCL并购法国汤姆逊彩电业务；联想收购IBM PC业务后所产生的整合困境；以及中国铝业收购澳大利亚力拓的意外失败，都令我们不得不对现行的"走出去"战略进行认真的反思，这种反思在全球经济衰退浪潮中显得尤为重要。

从2007年下半年以来，由美国次贷危机演发而来的一场全球性金融危机迅速席卷全球，全世界正经历着自1929年以来最为严重的一场金融危机，其影响面之广、程度之深可谓前所未有，对世界经济尤其是外向型经济产生了严重而深远的影响。如何顺应全球经济发展潮流，在危机中渡过难关、在经济低谷期中寻找发展机遇，是摆在我国企业尤其是我国大型企业面前的一个重大而现实的问题。此次金融危机会对经济全球化演进产生较大的冲击，并可能导致国际贸易保护主义浪潮的重新抬头和国际经济秩序的新变化，将会对中国企业的跨国经营活动产生巨大冲击。但危机中也蕴含着机遇，中国企业也极有可能利用此次机遇实现国际化发展的飞跃。事实上，此次全球金融危机对欧美发达国家的冲击更大，在很大程度上阻碍了欧美跨国巨头们全球扩张的步伐，为中国企业提供了获得国际优质企业资产和战略性资源的机遇，而国内产业结构的调整与升级又为中国企业的海外拓展提供了更坚实的基础。

正是基于以上的研究背景，本课题选取集装箱公共码头运营企业作为研究对象，将企业国际化理论与港口/码头行业的发展特征相结合，详细探讨一个区域领先的公共码头运营商①在全球化背景下如何实现海外拓展的成功与可持续发展，这包括海外拓展的动因分析、基本路径探析、国际经验比较借鉴以及海外拓展的战略规划、拓展区域选择、模式比较、风险防范等多个方面。

1.2 国内外研究的文献综述

1.2.1 企业国际化的文献综述

1.2.1.1 企业国际化理论的发展

企业的国际化是经济全球化背景下的必然选择。企业国际化的历史很长，其理论渊源可追溯到亚当·斯密的比较优势论。现代学术界关于企业国际化理论的研究主要是以企业的跨国经营行为为研究对象，从 20 世纪 50 年代开始逐步发展起来的；之后，随着全球化理论、国际直接投资理论、跨国公司理论等的发展而不断地丰富和发展，目前已成为国际经济学界的一个热点研究问题。

企业国际化理论主要沿着三条不同的研究路线演进②：

第一，以国际贸易理论为基础，以国际贸易和投资领域为研究主体的企业国际化理论，主要研究海外市场的获得和国际化路径的选择等。其代表理论包括佛农（Raymond Vernon，1966）的产品周期理论、小岛清（K. Kojima，1978）的边际产业扩张论等。

第二，从企业经营管理的角度，以跨国经营行为、国际化过程为主线所形成的企业国际化发展阶段理论，主要有：约翰逊（J. Johnanson，1966）和瓦德希姆（Paul Wiedersheim，1975）的企业国际化阶段理论（UM Model）、出口行为论、关系网络理论和国际战略管理论等。

第三，以产业组织理论为基础，以不完全竞争市场为条件，以跨国公司为研究主体的企业跨国经营与投资理论，主要研究企业国际化的动因、模式演变

---

① 公共码头运营商又称为独立码头运营商。公共码头的概念是与业主码头相对应的，业主码头是指为服务于某大型工矿企业自身原材料与产成品的进出而专门设置的港口或码头，一般由该工矿企业投资建设并自行管理，如上海宝钢码头和武汉武钢工业港，以装卸运输铁矿石、煤炭、石油、液化气以及化工产品等为主，多属特种用途码头，需配置特种装卸运输设备；而公共码头是服务于社会公众，不专属于任何工矿企业，以干散货和集装箱运输为主，主要装卸运输机械电子设备、纺织服装、玩具、小五金、日用品等适箱产品，以及粮食、煤炭、钢铁、化肥等干散货产品。从世界港口业的发展情况来看，目前绝大多数码头都属于公共码头，业主码头所占比例较小，且随着各国港口管理体制的市场化改革，越来越多的业主码头转变为公共码头。

② 鲁桐. 中国企业跨国经营战略 [M]. 北京：经济管理出版社，2003.

与影响因素等。其代表性理论如：海默（S. H. Hymer，1960）和金德尔伯格（C. P. Kindeberger，1966）等的垄断优势理论；巴克利（P. J. Buckley，1976）和卡森（M. Casson，1976）等的内部化理论；凯夫斯（R. E. Caves，1976）的产品差异化理论；邓宁（John Dunning，1978，1984）的国际生产折衷理论，迈克尔·波特（Michael E. Porter，1982，1990）的竞争优势理论等。

20世纪80年代中后期以来，随着新兴工业化国家的兴起，来自发展中国家企业的跨国经营活动逐步发展起来，解释发展中国家企业跨国经营行为的国际化理论应运而生，如：威尔斯（Wells，1977，1983）的小规模技术理论、拉奥（Sanjaya Lall，1993，1997）的技术地方化理论、坎特威尔（J. Cantwell，1993，1998）的技术演进理论以及奥维特（Oviatt，1994）、伊特曼德（Etemad，2003）等人对传统国际化理论的修订与发展等。

这些理论从各种角度探讨了如下问题：企业走向国际的动因是什么？一个国内企业是如何成长为国际企业或跨国巨头的？为什么一些企业能够实现国际化成长战略，而另一些企业却不能达到其预期目标？当前的研究流派众多而成果丰富，从研究内容看，对企业国际化必要性和动因已经有了较深入而全面的研究；当前的研究更多集中在企业国际化的进程和影响因素方面，其中具代表性的是企业国际化阶段理论（Process Theory of Internationalization）和国际新企业理论（Theory of International New Ventures）。各国学者纷纷采用最新研究成果实证研究企业国际化的成长阶段与影响因素，这些因素包括：组织学习能力（Anderson & Skinner，1999）、社会或商务关系网（Chetty & Holm，2000；Anderson，2002；Chetty & Wilson，2003；Coviello，2006）、社会资源（Yli - Renko et al. 2002）、企业家精神（Anderson，2000）、国际利基市场导向（Knight & Cavusgil，2004）、企业资源基础（Westhead & Wright，2001；Dhanaraj & Beamish，2003）、产业集聚（Maitland et al. 2005）、本土化能力（Mariotti & Piscitello，2001）等①。

1.2.1.2　企业国际化问题研究的逻辑演进②

关于企业国际化问题的研究是一个较为广泛的话题，它涉及企业在跨国经营过程中的方方面面，既包括企业跨国经营的基本动因、经营模式与海外区域的选择，也包括企业国际化经营阶段的判断、战略匹配与经营绩效评估；既包

---

① 肖文，陈益君. 企业国际化的影响因素：一个文献综述 [J]. 中南大学学报：社会科学版，2008（1）：17 - 220.

② 参见王国顺，郑准. 企业国际化研究的基本问题：理论演进视角 [J]. 中南大学学报：社会科学版，2008（2）：5 - 10.

括企业跨国经营总体战略的制定与实施，也包括企业公司治理、国际化财务管理、投资决策、生产运作、人力资源配置以及跨文化管理，等等。伴随着世界经济一体化趋势的不断加强，关于企业国际化问题的研究表现出了明显的逻辑演进特征，并随着企业跨国经营进程与行为的不断拓展与深化而处于不断的发展演进之中。以下，我们对企业国际化的动因、成长路径与模式、影响因素等基本问题的研究演进作如下探讨：

（1）企业国际化动因的研究演进。

国际化动因是企业国际化研究的首要问题，研究历史悠久。早期的研究源于国际贸易和国际投资领域，主要探讨一国企业为什么会有出口、海外投资或海外生产等跨国经营行为，其理论基础主要基于比较优势理论和要素禀赋理论。

海默（S. H. Hymer，1960）[①] 的垄断优势理论开创了现代国际直接投资理论，他摒弃了传统国际资本流动理论的完全竞争市场假设，指出由于要素市场和产品市场的不完全性，规模经济、信息传递及政府干预等诸多因素的存在，不完全竞争是市场的主要表现形式；市场的不完全性使得部分企业拥有了东道国厂商所不具有的垄断优势（如规模优势、技术优势、管理优势、资本优势等），进而使企业的国际化成为必然行为。海默之后，许多西方学者对垄断优势理论进行了各种补充和发展，如：金德尔伯格（C. P. Kindleberger，1966）对跨国经营垄断优势的类型与渠道进行了拓展；佛农（R. Vernon，1966）的国际产品生命周期理论延续了海默的分析逻辑，加入了区位理论，通过比较不同区位市场的动态变化得出企业国际化的路径演变，其研究的重点仍然是企业外部的市场环境；约翰逊（H. Johnson，1970）[②] 强调垄断优势来自于企业对知识资产的占有、使用与控制，认为"知识的转移是国际直接投资过程中的关键"，知识包括专有技术、诀窍、管理与组织技能、销售经验与技能等无形资产。凯夫斯（R. Caves，1976）[③] 则认为产品差异是垄断优势的基础，跨国经营企业可以利用其技术或资金优势使其产品发生实物形态的差异，如质量、包装及外形；也可以通过营销技能使产品在消费者心理上发生差别，

---

① HYMER S H. The international Operations of National Firms: A Study of Direct Foreign Investment [D]. unpublished Ph. D. dissertation, Cambridge: MIT, 1960.

② JOHNSON H G. The Efficiency and Welfare Implications of the International Corporation [C]. Cambridge: MIT, 1970.

③ CAVES R E. International Corporations: The industrial economics of foreign investment [J]. Economica, 1971: 1-27.

如品牌、商标、企业形象,进而使企业获得差异化优势。理查德森 (J. Richardon,1971)① 在综合各种跨国经营垄断优势和国际产品生产周期的基础上,提出了"理查德森综合动因模型",试图将企业海外投资的诸多决策影响因素综合在一个模型中,用定量分析方法来判断企业海外投资的动因、运营模式及空间选择。

垄断优势理论及其发展较好地解释 20 世纪五六十年代欧美企业的跨国经营行为,但其研究对象是欧美跨国巨头,研究重点是外部环境,认为企业的垄断优势是跨国经营的先决条件,他们把企业的垄断优势作为既成事实,却没有深入探讨企业如何获得垄断优势,整个研究偏于静态化和绝对化,缺乏普遍的指导意义,难以解释中小企业和发展中国家企业国际化的动因,存在着一定的局限与不足。

于是,从 20 世纪 70 年代中期开始,学者们的研究重点逐渐从外部环境转向了企业内部能力。巴克利和卡森 (P. Buckley & M. Casson,1976)②、鲁格曼 (A. Rugman,1978) 等人提出的内部化理论立足于科斯的交易成本论,认为不仅存在着要素市场和最终产品市场的不完全性,还存在着中间产品市场的不完全性,这包括因竞争壁垒、交易成本高所导致的结构性市场不完全和因难以获得或获取成本高昂所导致的知识性市场不完全;中间产品市场的不完全性必然导致企业交易成本的上升,企业可以通过内部化行为来降低交易成本;当企业内部化行为超越国界时,企业的国际化也就产生了。邓宁 (J. Dunning,1976,1981)③ 的国际生产折衷理论指出,跨国经营行为是所有权优势、内部化优势和区位优势三者 (OIL Model) 共同作用的结果,这三者的组合,不仅可以确定不同类型的直接投资,而且可以解释企业关于许可证合同、出口销售和直接投资这三种经济活动的选择行为。国际生产折衷理论克服了以往理论流派的片面性,吸收各派理论的精华,运用多种变量来分析企业海外投资的动因、模型与区位选择,具有较强的实用性。

与内部化理论认为企业国际化是一种被动选择不同,科格特和冉德尔

---

① RICHARDON J D. On Going Abroad: The Firm's Initial Foreign Investment Decision [J]. Quarterly Review of Economics and Business, 1971 (6): 7 – 22.

② BUCKLEY P J, CASSON M C. The Future of the Multinational Enterprises [M]. London: The Macmillan Press, 1976.

③ JOHN DUNNING. Economic Analysis and the Multinational Enterprise [M]. New York: Praeger, 1976.

（Kogut &Zander，1993）①、曼德霍克（A. Madhok，1997）② 等学者则更多地从企业内部知识获得和能力提高的角度来研究企业国际化成长问题，认为跨国经营企业是"知识创造和内部成本消化的社区（Social communties）"，即企业国际化不仅可以降低内部交易成本，而且更重要的是可从国际化活动中获得知识能力、提高生产效率，而这种知识能力的提升可给企业带来更大的收益，因此企业的国际化更应是主动的选择，而非被动的适应。正如科瑞格（Craig，1999）所指出的，对跨国公司而言，是否拥有核心竞争能力是企业能否实现跨国经营可持续的关键，这些能力包括业务层次的综合能力（Component capabilities）和公司层次的结构能力（Architectural capabilities），前者是与企业具体业务相关联的竞争优势，如：高品质产品的研发生产能力、有效营销方案的策划与实施能力；而后者是指企业自身所拥有的学习、提升、复制、整合组织管理的能力，表现为丰富的跨国经营经验、柔性组织结构和良好的组织信息沟通、完善的人力资源管理等。在企业的跨国经营过程中，业务层次的综合能力往往是基础，主要来源于企业的自身垄断优势和内外部环境；随着国际市场竞争的日益激烈，公司层次结构能力的重要性日益突出，而这方面能力的获得离不开企业国际化拓展。动态能力观（Yadong Luo，2000③；S. Tallman，2002④）认为，在动态复杂的国际竞争市场中，某一种或几种能力并不能保证企业在国际市场上具有持续性的竞争优势，企业的竞争优势存在于企业的整个能力体系之中，并处于不断发展变化中；企业能力体系的提升主要涉及能力利用和能力构建两个过程，对企业能力的占有、配置和提升是推动企业国际化的根本动力，这是一个动态演进的过程，企业应根据其所处于的国际化发展阶段不断塑造与提升核心竞争力。

20 世纪 90 年代以来，交通与信息技术的大发展促进了经济全球化的大提速，全球经济更加紧密地联系在一起，企业的国际化已不是愿意与否而是必须的问题，如何在全球化环境中实现企业国际化的优化是当前研究的重点问题。奥维特和麦克多格尔（Oviatt & McDougall，1994，1997）等人提出了国际新企

① KOGUT B，ZANDER U. Knowledge of Firm and The Evolutionary Theory of the Multinational Corporation [J]. Journal of international Business Studies，1993，4：625 - 645.

② MADHOK A COST. Value and Foreign Market Entry Mode：The Transaction and The Firm [J]. Strategic Management Journal，1997，18：39 - 61.

③ YADONG LUO. Dynamic Capabilities in International Expansion [J]. Journal of World Business，2000，35（4）：355 - 378.

④ STEPHEN TALLMAN. Internationalization，Globalization and Capability：Based Strategy [J]. California Management Review，2002，45：1.

业理论和国际创业概念（2000），将企业国际化视为一种企业跨越国界的创业行为，企业家能力的高低是企业国际创业的基本动因，这种能力包括企业家的全球战略视野、国际创业精神、国际关系网络等；企业的国际化也不再是单纯的利益推动，而是企业家能力与自身价值实现的推动。布兰德哥德（Blood-good，1996）、曼德森 T. K. 和瑟威斯（Madsen T. K & Servais P.，1997）① 等人则从企业管理者的生活阅历、教育背景、人脉关系、甚至性格等方面来研究国际创业性企业，认为企业主要管理者的国际化经历和接受能力（包括教育与工作）将在很大程度上决定其是否具有全球视角和国际化的人脉关系，这往往成为企业能否国际化的基本动因。伊特曼德（Etemad，2003，2004）、马斯（Mathew，2005）从企业国际化经营战略的角度出发，认为国内有限的资源会迫使企业尤其是中小企业积极寻求国际资源，而如何获取国际资源与获取国际资源的情况如何在很大程度上取决于企业管理者的国际化背景与能力；企业的国际化过程，既是企业开拓海外市场、获取国际利润的过程，也是企业管理者国际化人脉关系与能力提升的过程，利用国际合作方的资源（包括国际生产要素、销售网络、人脉关系等），可以帮助企业减少规模经济限制、增强企业海外生存能力，加速企业的国际化进程。

纵观企业国际化动因的研究，我们发现，企业国际化的基本动因正沿着"利润主导→国际生产要素的获得与优化配置主导→国际市场竞争优势塑造与提升主导→全球产业战略性资产的获得与控制为主导"的路径演进，与之相伴随，关于企业国际化动因的研究重点也从外部市场环境向企业内部能力，进而向企业管理者能力的方向发展。从研究内容来看，对企业国际化动因的研究是从发达国家的企业特征到发展中国家企业的比较优势，从以发达国家企业跨国投资为研究对象延伸到对产业发展趋势和边际扩张方向的研究，进而研究发展中国家企业跨国经营活动与国家工业化发展战略相结合，使得该研究在发展演进中不断地深化和完善。

（2）企业国际化成长路径与模式的研究演进。

企业的国际化不是一蹴而就的，而是一个不断演进、不断成长的过程。企业的国际化成长涉及两个基本问题，一是企业在国际化过程中的国际市场选择，二是企业国际化模式的选择；企业国际化成功与否的关键是看企业是否

---

① MADSON T K, SERVAIS P. The Internationalization of Born Globals: An Evolutionary process [J]. International Business Review, 1997, 6 (2): 561－583.

"在恰当的时机以恰当的模式进入恰当的国际市场"（Otto Andersen，1997）①。

关于企业国际化成长路径与模式的选择一直是企业国际化理论研究的重点，其研究大致沿着"静态分析→动态分析→超越分析"的思路演进。早期的企业国际化研究散见于国际贸易理论和国际资本流动理论，现代意义的企业国际化理论始于垄断优势理论。垄断优势理论的研究仅限于对企业国际化动因的分析，对企业国际化成长路径与模式选择基本未涉及。佛农（R. Vernon，1966）② 将区位理论引入垄断优势理论中，通过比较不同市场的发展水平和产品需求趋势的变化，率先提出了如何进行国际市场的选择，并对企业国际化模式进行了实质性的研究。巴克利和卡森（P. Buckley & M. Casson，1976）的内部化理论则更进一步，从交易成本的角度提出企业国际化模式选择的基本规律，即：企业垄断优势的独有性越强就越应该采取高控制进入模式，如投资控股；反之就应该采取低控制进入模式，如进出口贸易、技术输出等；但对具体的操作缺乏确定的指导。邓宁（J. Dunning，1976，1981）的国际生产折衷理论有效弥补了这一缺陷，将垄断优势理论、内部化理论和区位理论有机融合，根据企业是否拥有三种优势（垄断优势、内部化优势、区位优势）的基本条件得出企业国际化成长路径与模式选择的具体指导。

上述理论对企业国际化模式的研究从总体上说，属于静态分析的范畴，尚未涉及企业国际化发展的动态演变过程，其研究对象仍是欧美成熟跨国企业，企业国际化区位选择主要是发达国家向发展中国家进行出口或投资的垂直型模式，对中小企业的国际化以及国际化初期的模式选择缺乏说服力。

20 世纪 70 年代中后期以来，随着企业成长理论和动态研究工具的逐渐成熟，国际化阶段理论成为了企业国际化研究的重点。该理论学派中最具代表性的理论是瑞典 Uppsala 国际化模型（U－model），该模型认为：在决策信息不充分和企业有限理性的前提下，企业的国际化过程是一个渐进的组织学习过程，企业能力的获得、提升与其国际化过程呈螺旋式上升关系，导致企业国际市场选择与进入模式选择呈现出稳定的发展规律；在国际市场发展序列选择中，该理论认为应按照心理距离（Physic Distance）采用由近及远的选择顺序；而在某一个特定市场的进入模式演变上，应基于发展链（Establishment Chain）

① OTTO ANDERSEN. Internationalization and market entry mode: A review of theories and conceptual framework [J]. Management International Review，1997.

② VERNON R. International Investment and International Trade in the Product Cycle [J]. Quarterly Journal of Economics，1976，80：190－207.

的理念，遵循由易到难的发展顺序（J. Johanson & J. Vahlne, 1977, 1990）①。

后来的学者从多个角度对国际化阶段模型进行了丰富与完善，如：比尔基和泰熙（Bilkey & G. Tesay, 1977）、卡瓦斯基尔（Cavusgil, 1980, 1981）、钦科陶（Czinkota, 1980）等。一般而言，企业的国际化成长路径体现为：一是海外市场扩张的路径：本地市场━━地区市场━━全国市场━━海外邻近市场━━国际性区域市场━━全球市场；二是企业国际化经营模式的演变：创立企业━━国内经营━━出口贸易━━契约经营（非股权投入）━━合资/合营（合作股权投入）━━独资（独立股权投入）。随着企业国际化进程的加深，企业的国际化投入承诺（Investment Commitments：包括人财物各种生产要素、专利技术、管理经验、成熟管理模式等）将不断提高，进而对企业自身能力的要求不断提高。

与前期的静态分析理论相比，国际化阶段理论从动态演进的角度来研究企业国际化成长，指出企业的国际化是一个动态演进的过程，在对外部环境的适应、企业组织的演进、国际目标市场及进入模式的选择等方面都存在着一个由浅入深、由低到高的演进过程，没有"最好"的市场和进入模式，只有"最适合"的市场和进入模式。该理论强调企业的有限理性和决策信息的不充分，认为企业的国际化是一个渐进、有序、且具有一定不可逆性的组织学习与创新发展的过程，随着时间的推移和经验的积累，它们不断增加对国际业务的投入，改进与创新国际化经营模式，并逐步进入更加遥远（包含地理距离和心理距离）的新市场；其中，组织的经验知识和学习能力是决定企业国际化成败的关键因素（Johanson & Vahlne, 2006）②。

这一理论分析与国际折衷理论决策模型中的充分信息和完全理性假设相比，更贴近实际，更具有现实指导意义。但国际化阶段理论本身也存在着一些较明显的不足，如：第一，该理论对国际化各阶段的划分只是一个大概的划分，并没有精确的阶段边界定义，对现实的指导意义更多体现在宏观层面；第二，该理论对企业国际化成长路径的描述是简单的线性发展，过程的连续性和不可逆性实质上否定了各阶段的交替发展，从而将企业的国际化成长路径变得

---

① JOHANSON J, VAHLNE J E. The Internationalization Process of The Firm: A Model of Knowledge Development and Increasing Foreign Market Commitments [J]. Journal of International Business Studies, 1977, 8: 23 - 32. The Mechanisms of Internationalization [J]. International Marketing Review, 1990, 7 (4).

② JOHANSON J, VAHLNE J F. Commitment and Opportunity Development in the Internationalization Process [J]. Management International Review, 2006, 46 (2): 165 - 178.

过于"格式化"或"理想化";第三,该理论以生产制造型企业为研究对象,对服务型企业的国际化解释力不足,等等。

进入20世纪90年代中期,随着现代信息技术和交通运输技术的飞速发展,经济全球一体化成了当今世界不可逆的时代潮流;企业的国际化发展出现了新的形态与特征。实践证明企业国际化发展的路径与国际化阶段模型的理想路径并非一致,一种全新的、被称之为"国际新创企业"(International New Venture)或"天生国际化企业"(Born Globals)的出现,在很大程度上颠覆了原有的研究逻辑,从U - model发展成为了I - model(与创新相联系的发展模式),使理论研究进入了一个新的超越分析阶段。基于关系网络理论的快速发展,以奥维特和麦克多格尔(S. Oviatt & P. Macdougall, 1994, 2000)① 为代表的国际新创企业理论认为,企业国际化不是目的而是跨国创造价值的手段,企业对国际资源使用效率的高低是企业国际化成功与否的关键;企业国际化过程中应突出的是对国际资源的有效控制与利用,而非传统意义上的占有;为此,企业国际化模式选择上可采取比较松散的、轻资产的关系网络运营模式,这是一种投入产出效率更高的国际化模式。在这种国际化模式下,企业更多地利用"职能外包"的方式整合外部优势资源、弥补自身不足,企业的资产更多体现在企业家创业精神、全球战略视角、社会关系网络等无形资产方面;在全球化、动态化和知识化的国际市场环境中,企业国际化扩张战略高度依赖于企业家对资源优化配置的战略控制能力。对于企业来说,关系网络往往是产生市场机会的源泉。

这些新兴的理论流派超越了传统的企业成长理论,主要是以新兴产业和高新技术部门为研究对象,适用于全球化、网络化时代的中小企业,理论体系尚未成型,具体观点仍有争议,但其全新的思路给我们提供了一定的启发。

(3)企业国际化战略选择及其影响因素的研究演进。

对企业国际化战略的选择及其影响因素的研究一直是企业跨国经营活动的一个核心问题,该问题涉及企业应该基于什么样的条件、选择什么样的国际化路径、该路径有何影响或制约因素以及如何应对这些影响或制约因素等基本问题。在国际化成长过程中,企业的国际化形态是多种多样的,其影响因素也是多种多样的;现有的研究理论流派众多、观点纷争,但并不是杂乱无章的,而

---

① MACDOUGALL P, OVIATT S. Explaining the Formation of International New Ventures: The Limits of Theories from International Business Research [J]. Journal of Business Venturing, 1994, 9 (6): 469 -487. International Entrepreneurship Literature in the 1990s and Directions for Future Research [J]. Entrepreneurship, 2000, 291 -320.

是根据企业国际化水平的不断发展而呈现出一种逻辑的演进过程，其研究重点从非知识资源到知识资源，再到利用和控制各类资源的条件，基本沿着"有形资源→企业内部能力→企业内外互动机制"的研究思路发展着（王国顺，2008）。

早期的理论是基于资源基础理论（Resource Based Model）的资源垄断观，认为企业能够实现跨国经营的原因是在于跨国经营企业拥有比东道国企业更优的垄断优势，这些优势包括资金、技术、人才、信息、营销网络、经营规模等多个方面；因此影响企业国际化的因素主要是人、财、物、技术、网络渠道等有形资源，企业能否获得这些优势资源是企业跨国经营活动能否顺利开展的前提与关键。资源基础理论是在战略管理学（Andrew，1971；Chandler，1962）和企业成长理论（Penrose，1959）的基础之上，经过沃纳菲尔特（Wenerfelt）、巴尼（Barney，1991）等学者的不断努力发展起来的，该理论从企业内部寻找企业持续竞争优势的根源，认为企业内部的不可模仿、难以转移的异质性优质资源是企业获取超额利润的基础，企业优质资源的异质性越强，则企业的核心竞争优势越强且越具有可持续性；企业资源的独特性决定了不同企业的生产效率的差异，进而决定了企业的经营绩效。

资源垄断观在一定程度上解释了早期欧美企业的国际化行为，但随着企业国际化实践的不断演进，其理论的不足日益显现。资源垄断观仅仅局限于企业内部所拥有或其所能获得的各种有形资源，往往将企业与外部环境独立开来，企业与企业之间的联系仅是纯粹的市场联系，这种联系往往不会影响到企业的行为，企业行为是"低度嵌入的"（Granovetter，1985），进而导致企业资源优势的获得基本是静态和固定的；企业建立资源优势的同时往往也就建立起了核心刚性，企业运用这些专业化资源提高资源效率的同时也就失去了企业的灵活性（Teece，1997）[1]。

从 20 世纪 70 年代中期开始，理论界对企业国际化战略选择及其影响因素的研究就从单纯的资源垄断观转向了企业内部能力观（Core Competence Theory）。内部化理论率先提出通过企业的内部交易可以有效降低交易成本，在资源不占优势的条件下也可以产生新的垄断优势，如成本、网络协作等；因此影响企业国际化的因素不单单是外部的资源优势，也有跨国企业所拥有的其他企业所难以复制的内生化能力。曼德霍科（Madhok，1997）、科格特（Kogut，1993）

---

① TEECE D J，PISANO G SHUNE. A Dynamic Capabilities and Strateic Management ［J］. Strategic Management Journal，1997，18（7）：509 – 533.

等在对内部化理论进行批评与吸收的基础上提出了基于能力的国际化理论，该理论批评内部化理论是单纯的静态分析范式，过分强调企业对外部资源的内生化，未考虑企业国际化的路径依赖性，该理论认为企业本身也是一个知识创造能力的实体，影响企业国际化成败的关键主要是企业利用和发展独特资源的能力。约翰逊和范勒尼（Johanson & Vahlne，1997）的国际化阶段理论也指出：企业的国际化是一个发展的过程，在国际化的不同阶段，影响企业国际化的因素是不同的，但决定企业国际化成败的核心因素是知识和能力；这些知识包括国际商业知识、国际制度知识、国际运作知识等多个方面，企业知识水平的差异决定了企业国际化战略行为与运营效益的差异。迈克尔·波特（Michael Porter，1990，2002）的竞争优势论（Competitive Advantage Model）也从产业竞争的角度出发，提出企业在激烈的国际市场竞争中必须拥有独特的竞争优势，这些独特竞争优势的培育与提升是基于企业的核心竞争力的。

进入20世纪90年代中期，随着全球经济一体化的迅猛发展，全球产业生产经营链条的形成与完善使得各国经济联系的"嵌入度"不断提升，企业的边界日益模糊，企业不再是一个个独立的、个性化的经济主体，而主动或被动变成全球产业链条上的一个个组合体，进而构成一个个庞大的、超越国界限制的国际市场关系和合作关系网络。此时，企业国际化战略的选择已不再是企业内部资源和外部环境的单一的考虑要素，而更多着眼于如何提高企业利用和控制各类资源的内外互动机制。

国际创业理论等新兴的国际化理论超越了传统的资源垄断观，认为资源的占有并不能成为企业国际化成功的核心因素，企业利用资源的能力以及控制而非占有资源的能力才是企业在当前动态复杂经济环境下成功实现国际化的根本。在全球经济一体化的环境中，企业的跨国经营行为不是孤立存在的，而是深深嵌入其所处的市场竞争和合作关系网络中的；部分企业虽然先天条件不足，但往往能凭借其一定的特有条件控制而不是占有足够的资源来形成"资源杠杆效应"，进而超越了传统的企业成长的内生增长模式，实现企业国际化发展阶段的"飞跃"。而实现企业国际化发展飞跃的关键便是企业利用和控制企业内外部各类资源的能力与条件，这些能力和条件包括企业的学习能力、社会资本、国际关系网络以及企业家的创业精神、国际学习工作经历，等等（Oviatt & Macdougall，2000；Meyer & Gelbuda，2006）。

1.2.1.3　对中国企业国际化的研究综述

目前，国内外学者对中国企业国际化的研究主要围绕着以下几个方面展开：

（1）关于中国企业国际化的背景与动因研究。

改革开放以前，我国就已经出现了企业国际化的苗头。新中国成立以后，我国在香港建立窗口公司，利用招商局等窗口企业在香港积极拓展海外业务，用于支持我国内地的进出口商贸活动。改革开放以后，在国家开放政策和市场经济体制的引导下，我国企业的经济实力和国际市场竞争力不断提高，中资企业国际化进程不断推进。从发展历程来看，我国企业的国际化先后经历了谨慎国际化阶段（1979—1985）、政府鼓励阶段（1986—1991）、扩张和调控阶段（1992—1998）、走出去战略阶段（1999—2001）、后 WTO 阶段（2002 年至今）等五个发展阶段（Peter J. Buckley et al, 2008；Xiaohua Yang, 2008）。

随着国际化进程的推进，中国企业参与国际市场竞争已不再依靠单一的出口，而更多地向着海外投资的方向发展。邓平（Ping Deng, 2004, 2007）[①] 指出中国企业海外直接投资的投向可分为发展中国家和发达国家，对发展中国家的投资主要是寻找自然资源、技术、市场以及多样化经营分散风险，对发达国家的投资则主要在于寻求战略性资产；与其他国家相比，中国企业对外直接投资具有一些特殊性：寻求效率并不是中国企业对外投资的重要动力，中国企业多受到诸如获得关键资源、规避贸易壁垒等"拉力"因素的左右，政府在企业对外直接投资的结构形成方面扮演着重要角色。彼得·巴克利（Peter J. Buckley, 2008）[②] 通过对中国 1991—2005 年的统计数据和部分案例进行分析后指出，国际直接投资的四大基本动因（自然资源寻求型、市场寻求型、效率寻求型和效率寻求型）中国企业都有所涉及；但其中，寻求自然资源和战略资产是中国企业对外投资的主要因素，市场寻求型投资策略兼具防御性和攻击性，市场扩张性的海外投资正逐步取代传统的贸易类投资；效率需求型动因不强但趋势在增强。

中国政府是推动本土企业进行对外投资的主要推动力（Yadong Luo, 2010），但中国企业的行为并非出于政治目的。对于西方媒体长期认为中国企业对外投资并非出于商业目的的观点，格罗博曼和夏皮洛（S. Globerman & D.

---

① PING DENG. Outward Investment by Chinese MNCs：Motivations and Iimplications [J]. Business Horizons, 2004, 47（3）, 8 - 16. Investing for strategic resources and its rationale：The case of outward FDI from Chinese companies [J]. Business Horizons, 2007, 50：71 - 81.

② PETER J BUCKLEY, ADAM R CROSS, et al. Historic and Emergent Trends in Chinese Outward Direct Investment [J]. Management International Review, 2008, 6：715 - 748.

Shapiro，2009）① 通过分析中国对美国的直接投资行为及其动因来批驳了上述观点，他们的研究显示中国企业对外投资的动机主要在于获得互补性资产和利用自身的竞争优势占领国际市场。Kevin Zhang（2009）② 的研究也指出，当前中国企业对外直接投资的动机主要有四点：保持和扩大出口市场；确保石油、天然气、矿产等关键资源的供给；从发达经济体中获得战略性资产，特别是先进技术、管理经验、品牌和海外销售渠道；以国际视野寻求海外发展机遇。

（2）关于中国企业国际化战略与模式选择的研究。

国内学者对此方面的研究往往采用比较分析的方法，根据企业跨国经营活动的发展过程与经营特征差异，在比较分析美、日、韩、中国台湾等国家及地区跨国企业的运营模式，结合我国特定国情，提出了适合我国企业的国际化战略与模式；丰田模式、三星模式、台湾模式往往是分析比较的标杆，国内的海尔模式、健力宝模式、TCL 模式也是进行模式选择优劣标准的重要参照值（孙志毅，2004；刘志彪，2005；闫立罡，2006；朴英兰，2007）。而温海成（2008）、王坤（2006）、齐园（2005）、郭强（2005）等进一步深入到不同行业企业的国际化问题，从行业差异的角度出发，分别研究了中国建筑业、家电业、石油工业、船舶工业等行业的国际化进程与模式选择。

随着企业自身实力的增强与国际化进程的提高，中国企业对外投资的战略与模式选择日益成为研究的热点。理查德·佛勒齐（Richard Fletcher，2001）③指出企业的对外投资在初期往往是出口导向型的，主要围绕着规避贸易壁垒、巩固与扩大出口来展开的，发展中国家企业的这一特点尤为明显；但长期的出口导向型投资不利于企业海外拓展的可持续发展。从对中国与世界主要经济体1979—2002 年经济数据的比较分析，刘晓辉等（2005）④ 得出中国的经济发展历程与世界主要发达经济体的发展历程相似，对外投资已成为了中国企业走向世界舞台、参与全球竞争的一个必然趋势。

---

① STEVEN GLOBERMAN，DANIEL SHAPIRO. Economic and strategic considerations surrounding Chinese FDI in the United States [J]. Journal of Asia Pacific Management，2009，26：163 - 183.

② KEVIN H ZHANG. Rise of Chinese Multinational Firms [J]. The Chinese Economy，2009，42（6）：8 - 96.

③ RICHARD FLETCHER. A Holistic Approach to Internationalisation [J]. International Business Review，2001，10：25 - 49.

④ XIAOHUI LIU，TREVOR BUCK，CHANG SHU. Chinese economic development，the next stage：outward FDI [J]. International Business Review，2005，14：97 - 115.

在对外投资模式的选择上，Cui & Jiang（2009）[①] 运用138个中国企业的数据进行实证分析，得出中国企业对外投资模式的选择主要取决于四个因素：东道国的行业竞争水平、行业需求、企业资产寻求动机和全球战略动机；研究发现中国企业在进入行业竞争激烈的东道国时偏重于采用全资子公司模式，而在进入市场需求增长旺盛的东道国时偏重于采用合资公司模式。S. Globerman & D. Shapiro（2009）则从东道国和投资母国的比较中，运用中国企业投资美国的实例分析，得出中国企业当前的海外拓展模式更倾向于跨国并购方式，但这往往受到东道国法律与政治因素的质疑和限制。

在对外投资的行业与区位选择上，对服务业的投资尤其是贸易支持型的投资（Trade - supporting Investment），如：运输、仓储、租赁、商业服务、批发与零售，一直是中国企业海外投资行业选择的重点。近年来，随着国内生产需求的快速增长，对石油、天然气、铁矿石等基础能源行业的投资急剧扩大，但由于投资规模巨大，投资主体以国有大型企业为主导。从目前的统计数据来看，传统的经济因素对中国企业投资区位决策有重要的影响，但其影响程度和复杂性不及制度因素，中国企业的投资区域多集中在已建立和中国本土相似的市场导向型国家（Kang & Jiang, 2010）；具体来说，中国的制造业投资主要分布在亚洲、拉丁美洲和东欧，资源类投资主要集中在中东、非洲、澳大利亚以及南美等地，而服务业的投资主要分布在中国香港、北美和西欧（Nicolas & Thomsen, 2008；Kevin H. Zhang, 2009）。但随着国内经济尤其是民营经济的发展壮大，中国企业的海外投资将呈现国有企业与民营企业齐头并进的发展格局，投资领域将从贸易支持型、资源型行业向更广阔的市场寻求、效率寻求与战略资产寻求的领域拓展。

（3）关于中国跨国企业成长和发展的机理研究。

与其他国家企业的国际化相比，中国企业的国际化具有特殊性。中国企业在国际化的同时还面临着市场化的问题。一方面，中国已经进入了WTO规则约束下的新环境，必须遵循国际通行的游戏规则，在全球化演进的趋势中与欧美日等发达国家企业同台竞技；另一方面，中国还处于从传统的计划经济向社会主义市场经济的转轨过程中，中国企业无论是在公司治理结构、激励机制设计、管理能力，还是在国际化经验、国际竞争优势等方面，与欧美企业相比仍有相当大的差距，目前在国际化的进程中仍然处于比较初级的阶段。

---

① LIN CUI, FUMING JIANG. FDI entry mode choice of Chinese firms: A strategic behavior perspective [J]. Journal of World Business, 2009, 44: 434 - 444.

鲁桐（2001）从理论层面详细探讨了我国企业的跨国经营活动及其内在机理，对如何培育具有国际竞争力的中国跨国公司进行了实证研究，提出了促进中国跨国企业成长的种种建议。成思危（2002）则重在分析跨国公司在经济全球化中的重要作用，指出中国企业的国际化是一个复杂渐进的长期过程，提出了有计划、有部署地培养我国跨国企业的四阶段发展战略，即：合理化→集约化→集群化→国际化。吴慈生（2005）、施炜（2005）、陈辉荣（2006）等分别从企业国际化进程中的组织结构演化、人力资源管理、文化整合与跨文化管理等角度探讨了加快我国企业国际化步伐的种种策略。而何文成、黄健柏（2007）则通过对我国大企业国际化进程进行反思，强调"企业走出去战略的实施过程中，不仅要有战略执行力，而且要有战略控制力；高效的企业战略控制力对中国大型企业的国际化发展非常重要"。

（4）关于中国企业国际化经营绩效及其影响因素的研究。

中国企业的国际化经营并非一帆风顺，与发达国家跨国公司相比较，中国企业的国际化经营还处于初始阶段，国际化路径选择中还存在着多种问题。从目前中国企业海外拓展的实际情况来看，成功的比例并不高；根据 UNCTAD 的统计数据，中国企业海外投资的失败率高达 70%；探究其原因，这既有中国企业在海外拓展中普遍存在的缺失品牌建设、自主创新、资源整合、路径选择、长效机制建设等方面的因素（孙加顺，2003），也有中国企业"走出去"过程中所遇到的种种制度性障碍，包括国内的政治、经济、文化等制度性障碍和 WTO 规则及其实际运用的制约（付蓉，2004）。

影响企业国际化经营绩效的因素可分为宏观层面和微观层面两大类因素。从宏观层面来看，一国的经济发展水平是影响该国企业能否成功进行海外拓展的首要因素；研究表明，经济自由化水平的提高和向市场经济转型往往会大量刺激一国企业的海外拓展业务（Svetlicic，2003）。而政府的政策引导与支持是该国企业成功进行海外拓展的重要保证，政府支持主要包括：提供财政刺激（税收减免、低息贷款等）；为企业面临的东道国政治风险提供担保；通过政府机构协助私营部门的海外扩张；签署避免双边征税协定；制定双边和区域条款，以保护海外投资；安排双边和多边谈判，开放东道国的投资环境；帮助企业与东道国政府或立法机构交涉等（Yadong Luo，et al，2010）[①]。当然，政策的影响效果取决于企业自身参与国际化的程度，若企业仅有出口经营，则政策

---

① YADONG LUO, et al. How emerging market governments promote outward FDI: Experience from China [J]. Journal of World Business, 2010, 45: 68－79.

的推动效果不明显，有海外销售机构的企业效果一般，有生产子公司的企业效果最大（J. Duran，2001）①。此外，国内的资源禀赋状况、国内市场规模与市场竞争结构、东道国的进入壁垒（包括文化、技术、经济、制度等差异）、国际资本流动水平等都会对企业海外拓展活动带来直接或间接的影响或制约。

从微观层面来看，正确判断企业所处的国际化发展阶段并选择适合的国际化战略与模式是企业实行海外拓展的首要任务。如何判断国际化发展阶段是当前一个热门又颇具争议的课题，苏里范（Sullivan，1994）采用国外销售占总销售的比重、国外资产占总资产的比重、海外子公司占全部子公司的比例、高级管理人员的国际经验、海外经营的心理离散程度五个指标来度量企业的国际化程度（Degree of Internationalization，DOI）；之后的研究大多遵循这个思路进行补充与完善。国内学者李剑玲（2004）、陈菲琼（2005）等在总结欧美跨国公司的发展历程后结合中国企业的具体情况，提出了跨国经营指数、外向分布指数、国际网络分布指数等测评指标。王增涛等（2005）运用企业国际化程度测评指标体系，以 TCL 为研究样本，详细研究了中国制造企业国际化的影响因素及对经营绩效的影响。谢军（2007）则在此基础上，采用沪深上市的制造企业为样本，研究了中国企业进入国际市场的路径选择及对经营业绩的影响，指出企业国际化的进程及经营绩效受制于企业内部能力、外部竞争环境、国际化战略选择等多种因素。

此外，公司治理结构演进和组织学习能力提高也是决定企业国际化经营绩效的重要因素。良好的公司治理结构是企业可持续发展的基础，伴随着企业国际化水平的提升，跨国经营企业的公司治理也面临着需要不断更新与演进的压力，僵化滞后的公司治理往往成为企业国际化经营不善的重要原因。董伟（2010）② 利用世界银行统计的我国制造业企业相关数据，从公司所有权结构、董事会结构和经理激励三个方面，实证分析了公司治理对我国企业国际化经营绩效的影响。实证分析结果表明，在所有权结构方面，外资股份占企业股份比例越高，企业国际化程度越高；内资股份制企业中，国有股份越多，高层管理人员股份越高，越不利于企业的国际化成长；董事会结构对企业国际化影响并不显著；而从经理激励机制的影响来看，CEO 的任期越长越有利于企业的国际化发展。从企业的组织学习能力来看，企业自身的实力和优势是决定企业能

① JUAN J DURAN, et al. The Efficiency of Government Promotion for Outward FDI : The Intention to Invest Abroad [J]. Multinational Business Review, 2001, Fall: 24 – 32.

② 董伟. 公司治理对企业国际化影响因素的数据分析 [J]. 上海财经大学学报, 2010, 1: 90 – 97.

否成功实行海外拓展的基础，而企业的学习能力是企业维持与提升竞争优势、成功实现海外拓展的关键，这对于中小企业尤为重要（G. Cardoza & G. Fornes，2009）①。

与中小企业相比，大型企业国际化的历程较长，且经验积累较多，其国际化模式与路径选择也更多样化，更具有国际比较性和可借鉴性。而总体上讲，中国企业国际化的发展演进要经历内向驱动国际化、外向驱动国际化和跨国公司全球优化三个主要阶段。在改革开放三十多年的发展基础上，目前我国已经进入入世后过渡期，中国的大企业正处于从外向驱动国际化经营阶段向跨国公司全球优化阶段转换的关键时期。在此阶段，以中国大型企业的跨国经营战略为基点，在全球范围内继续发挥比较优势、弥补自身资源不足、扩大发展空间，实现内向国际化和外向国际化的并举，培养出具有国际竞争力的中国跨国企业，这应是当前学界的一个主流研究方向。

1.2.2 对码头运营商国际化发展的研究综述

港口是国民经济的基础产业，在综合运输体系中发挥着重要的枢纽作用，是国民经济参与全球经济一体化进程的重要战略资源。集装箱运输的萌芽产生于20世纪初期，现代意义上的集装箱海运1956年首先发源于美国，然后迅速在全球普及开来，以集装箱运输为基础的多式联运颠覆了传统国际航运的经济规律，改变了全球贸易的流向流量和国际航运业的发展形态，也从根本上改变了港口业的发展面貌，港口集装箱业务迅速发展并从传统港口业务中独立出来，形成了一个独立、完整、重要的体系，集装箱吞吐量已成为现代港口作用与地位的主要标志。随着现代集装箱港口与港口运营企业的产生与快速发展，对集装箱港口及港口运营企业的研究也逐渐增多。

纵观国内外学者对集装箱港口与港口运营企业的研究，主要围绕着集装箱港口的产生与发展来展开，且大多是从交通运输经济学的角度来进行研究的，研究的内容主要包括：

1.2.2.1 从区域经济学的角度对集装箱港口的研究

从区域经济学角度研究港口的布局、发展，港口与港口城市、腹地区域经济的关系是港口研究的一个重要方向。德国经济学家高兹的海港区位理论是现代港口规划布局理论体系的基础，高兹根据韦伯的工业区位理论，结合对水路

---

① G CARDOZA，G FORNES. The Internationalization of SMEs from China: The case of Ningxia Hui Autonomous Region [J]. Journal of Asia Pacific Management，2009，10 (29).

运输方式的总体协调性分析，提出了沿海港口规划布局应充分考虑港口选址的自然地理环境要素和社会经济环境要素的观点。高兹认为，在自然地理环境要素方面，要充分考虑港口在国际航线中的基本位置、岸线环境及与陆上交通运输方式的有效衔接；在社会环境要素方面，港口设施的选址建设应充分考虑所在地区的资本要素和劳动力要素，前者关系到港口产业发展的经济环境，后者决定了港口产业发展的劳动力素质及劳动力成本，这些都是涉及港口产业长远发展的关键性问题。

20 世纪 80 年代以来，集装箱港口产业作为一个独立的产业经济运行方式逐步进入其理论体系的形成与发展阶段。随着全球经济一体化的发展和国际贸易的快速增长，集装箱港口的规划布局、建设与管理也随之向着现代产业理论的方向转变。随着学者们将现代经济学理论及数理分析工具不断地引入到港口产业领域，港口经济学得以产生并持续发展。简森和席勒尔森（J. O. Jansson, D. Shnerson, 1982）[①] 运用经济学数理分析方法，将港口发展影响因素从传统的定性分析转变为定量分析，进行了港口综合效益评价的理论研究与实证分析，首创了港口经济学的研究范式。之后，国内外学者在此基础上做了大量深入的研究，如：邹俊善（1997）[②] 在《现代港口经济学》中从中国实际出发，借鉴国外研究结果，对港口及其相关的经济问题进行了较为系统的研究和探讨，初步提出了现代港口经济学的理论体系。陈贻龙、邵振一（1999）的《运输经济学》较为系统地阐释了港口对地区经济和国民经济的贡献；刘秉镰（2002）对港城机理关系进行研究，认为港口作为一个商业实体，对促进和推动城市经济发展至关重要。徐质斌（2004）、郎宇（2005）等人对港城经济一体化的研究，认为港口与港口城市具有互补共生关系，港口是城市发展的基础和动力，城市是港口发展的支撑和载体，港城联动的核心是发展临港产业；港口不仅对港口城市产生直接作用，而且还对城市所辐射的内陆腹地产生间接作用。杨建勇（2005）[③] 在对现代港口发展的理论与实践进行系统梳理与归纳的基础上，通过对港口空间集聚与扩散效应的作用方式及途径的分析，得出港口城市市场容量与区域经济发展规模互为依存关系，同一区域相邻国家或地区之间港口竞争程度与其产业规模呈正比、与其地理距离成反比的关系；提出了对不同港口应分等级进行评价的观点，并运用结构方程模型和聚类分析等数理分

---

① JAN O JANSSON, DAN SHNEERSON. 港口经济学 [M]. 吴舸, 等, 译. 北京：人民交通出版社, 1988.

② 邹俊善. 现代港口经济学 [M]. 北京：人民交通出版社, 1997.

③ 杨建勇. 现代港口发展的理论与实践研究 [D]. 上海海事大学, 2005.

析工具构建了港口国际竞争力评价模型。

1.2.2.2 从现代物流学的角度对集装箱港口的研究

从现代物流学的角度对集装箱港口的研究主要集中在对集装箱港口功能及其拓展的研究上。现代物流是市场经济高度发展的必然产物，通过对运输、仓储、装卸、包装、流通加工和信息服务等功能要素的有机整合，最有效地实现产品的时空价值；港口作为现代物流系统中海陆运输的重要节点，是工农业产品和外贸进出口物资的集散地、船舶停泊、装卸货物、上下旅客的场所，也是一国一地区对外经济联系的门户和枢纽（庄倩玮，2005）。

联合国贸发会议（UNCTAD）1992 年的研究报告《港口的发展和改善港口的现代化管理和组织原则》根据港口功能的演变将现代港口的发展划分为三代：1960 年以前仅提供海陆运输、装卸、仓储等中转服务的航运中转型港口；1960—1980 年以港口营销理念为指导的"运输中心 + 运输增值服务中心"；1980 年至今，集装箱运输时代背景下的国际综合物流服务中心。在现代物流理论指导和物流技术的支持下，现代港口的服务功能进一步扩大与产业链延伸，除了继续保持强大的商品集散枢纽功能外，还逐步形成了以码头运营商为核心企业，整合各个相关服务商（如：船公司、货代、内陆运输商、银行、保险公司、信息提供商等）的服务，发展为集成物流、贸易、金融等多种服务的国际物流中心（乌英、缪立新，2008）①。

1999 年联合国贸发会议发布的一份前瞻性研究报告《第四代港口》，率先提出了基于供应链思想的第四代港口的概念。与第三代港口强调自身是一个国际综合物流服务中心不同，第四代港口更强调自身不再仅仅是货物运输、集散增值服务的提供商，而是"嵌入"到一般工商企业的供应链中，利用港口的国际网络化效应、货物集散、港区加工服务、保税港区税收、金融、仓储运输优惠政策等特定功能，成为一般工商企业在某一特定区域内货物集散调度中心和综合加工服务平台（黄少卿，2008；张婕妹，2009）②。

目前理论界和实务界对第四代港口的概念、特征与划分标准等仍存着不同的理解。如：孙光圻、刘洋（2005）③就认为联合国贸发会议报告提出的第四

---

① 乌英，缪立新. 集装箱港口发展现状及趋势 [J]. 中国物流与采购，2008（13）：70 - 71.

② 张婕妹. 基于供应链思想的第四代港口概念特征及发展策略研究 [R]. 上海国际航运研究中心，2009.

③ 孙光圻，刘洋. 现代港口发展趋势与"第四代港口"新概念 [J]. 中国港口，2005（6）.

代港口概念仅涉及港口经营和管理中一些概念性或策略性问题，与港口代际的划分标准——港口功能定位并无本质联系，仅是对第三代港口功能的迭加或组合，并不能在逻辑上产生新一代港口的概念；即联合国贸发会议报告所提出的第四代港口概念在本质上并未跳出第三代港口的发展阶段。真虹（2005）[①] 的研究也指出：第四代港口这一概念的提出更多是策略层面上的，其本身仍处于形成的过程中，它并不表征目前绝大多数港口的特征，而更多的是反映港口功能正在发生的变化或未来的发展趋势。但第四代港口概念的提出是顺应了21世纪经济全球化以及现代供应链管理时代的市场需要，港口正面临着不断增加的传统商业模式转换的压力，正如帕希奥、马尔洛（Paixao A. C.，Marlow P. B.，2003）、斯肯迪（Steenken D.，2004）等学者的研究所指出的，未来港口所面临的是一个越来越全球化、信息化、快捷化的运营环境，与生产制造型企业保持更为紧密的基于供应链整合的合作关系将是港口业未来发展的主要方向，港口作业流程再造、服务的精细化与准时化、操作的柔性化与敏捷化将成为未来港口运作的主要特征。

1.2.2.3　对集装箱港口形成演变机制与竞争力的研究

哈宇思（Hayuth Y.，1988）[②] 根据美国集装箱运输业务的发展和港口体系的演变，从技术创新和技术扩散的角度将集装箱枢纽港口体系的形成分为五个不同的发展阶段；与传统的干散货港口不同，集装箱枢纽港的出现和壮大是规模经济因素在远洋运输、港口运作和陆路运输三个方面共同作用的结果。斯莱克（Slack B.，1990）[③] 则从形成机制角度对集装箱枢纽港口的形成与发展演变做了较详细的描述，并对枢纽港与支线港的分化现象做了初步的研究。巴尔德（Baird，1997）通过对欧洲集装箱港口发展演变的跟踪研究，提出了集装箱枢纽港口生命周期理论，对港口生命周期各阶段的特征、对策做了较深入的分析。

国内学者近几年来对此的研究也逐步深入。曹有辉（1999）借鉴国外理念，通过对长江沿岸港口体系的职能结构及空间结构体系的演变进行描述与分析，初步得出了一个集装箱港口体系的演化模式；之后不断细化其分析模式，对我国沿海集装箱港口体系形成演化机理（2003）、港口体系空间结构与竞争

---

① 真虹. 第四代港口的概念及其推行方法 [J]. 交通运输工程学报，2005（4）.

② HAYUTH Y. Rationalization and concentration of the U. S. container port system, The Professional Geographer, 1988, 40（3）: 279-288.

③ SLACK B. Intermodal transportation in North America and the development of inland load centers. The Professional Geographer, 1990, 42（1）: 72-83.

格局（2004）等做了较系统的探讨。安筱鹏、韩增林等（2000、2006）① 在描述世界集装箱港口发展的现状与趋势的基础上，深入探讨了集装箱港口运输体系形成与发展的动力机制及港口体系的分化演变，对世界集装箱枢纽港的主要类型模式（中转型、腹地引致型、复合型）做了比较分析，进而得出世界集装箱港口发展与布局的基本规律，并据此理论对中国集装箱港口的发展与布局问题做了系列专题研究，研究结论具有较大的现实指导意义。王成金等（2007、2008）② 则从全球的视角，选取全球排名前 100 位的港口，采用时间序列统计数据分析了世界集装箱港口的形成和发展过程，并设计指标分析集装箱航运的世界集聚趋势，详细探讨了世界集装箱港口网络的形成和发展机理，尤其是与国际贸易网络的耦合机制，从中得出：全球集装箱航运的空间集散呈现出一定的周期性，目前即将进入集聚时期，以中国为核心的东亚地区已成为全球集装箱航运的重心，经济因素、航线网络和区位是集装箱港口生成和演化的驱动力，其中国际经济贸易格局的演变是集装箱港口兴衰的主要驱动力。

　集装箱港口形成演变机制是与港口的竞争力密切相关的。黄健元（2004）③ 以东亚地区集装箱港口为研究样本，在对港口竞争力指标体系进行系统梳理的基础上提出国际港口集装箱运输竞争力综合评价指标体系，并对东亚地区主要的集装箱港口竞争力进行了比较分析，从中得出提升我国大陆港口集装箱运输竞争力的对策建议。宗培华（2003）、张悦（2007）等从港口运营环境、可持续发展等角度分别提出了不同的港口竞争力评价指标及其权重的确定方法。武良成、郑宇劼等（2009）④ 则从世界集装箱港口的发展经验和我国改革开放三十多年来的现代化进程中，结合我国港口发展的实际情况，提出当前我国港口发展应从"又好又快"向"又大又强"转变，这一是从追求规模效应向社会综合效益转变，二是从提高规模竞争力向提升综合竞争力转变，三是从粗放型发展路径向集约型发展路径转变；实现三个转变的具体措施包括：进一步完善集装箱港口功能，通过保税港区的建设拓展港口的国际采购、国际配送、国际中转、仓储物流、转口贸易、商品展示、临港出口加工等多种功

　① 安筱鹏，韩增林，等. 国际集装箱枢纽港的形成演化机理与发展模式研究 [J]. 地理研究，2000，19（4）：383 - 390。集装箱港口发展与布局研究 [M]. 北京：海洋出版社，2006.

　② 王成金，于良. 世界集装箱港的形成演化及与国际贸易的耦合机制 [J]. 地理研究，2007，26（3）：557 - 568；全球集装箱航运的空间组织网络 [J]. 地理研究，2008，27（3）：636 - 647.

　③ 黄健元. 东亚地区国际港口集装箱运输竞争力比较研究 [D]. 南京：河海大学，2004.

　④ 武良成，郑宇劼，等. 中国集装箱港口竞争力研究 [M]. 北京：中国经济出版社，2009.

能；进一步完善集装箱港口布局结构和运输网络，扩大枢纽港的辐射范围，完善海铁联运和支线港口网络，尽量延伸港口腹地经济范围；进一步降低港口能源消耗、污染排放和岸线占用水平，促使港口集装箱运输向着安全、绿色、智能型方向发展，等等。

目前，理论界中对集装箱港口发展及相关问题的研究非常丰富，但对港口/码头运营商的研究却相对较少，关于码头运营商国际化拓展的研究就更为少见。关于码头运营商的研究，主要是运用管理学、市场学及博弈论、财务分析的相关理论来探讨港口企业发展战略（黄勇，2008）、竞争策略（吉阿兵，2006）、码头运营能力（黄鑫，2007）、港口企业业绩评价（张俊基，2006）等问题。

世界集装箱港口行业近20年的持续高速发展和丰厚的投资收益吸引了国内外资本的热情，港口投资成为当前理论界与实务界研究的一个新兴热点问题。范立力（2003）从对欧洲枢纽港口发展与竞争现状的分析中得出：经济全球化时代港口之间的竞争将是基于产业链的全球化竞争，港口产业链上下游企业之间的合作或竞争成为港口企业发展战略的重点关注问题。自20世纪90年代中期以来，随着和黄、马士基等国际领先的码头运营商在中国港口市场投资规模的不断加大，逐渐引起了国内学者的关注。如：刘万锋（2008）对在华投资的主要码头运营商及其投资项目做了较细致的梳理与分类，对外资在华港口投资的动因、特点、发展趋势做了分析；何凯（2008）、孙芳（2009）探讨了港口投资主体、资金来源、投资方式以及港口对外扩张的基本模式与可选路径等。

进入21世纪以来，中国企业"走出去"发展策略成为研究热点，但关于中国港口企业对外拓展的研究成果却较为少见。有部分学者对航运及船舶工业企业的海外发展进行了一定的研究，如：刘汉波（2000）对中远集团海外发展战略及策略的研究、范厚明（2001）对海运企业跨国经营投资活动的研究、郭强（2005）对中国船舶工业企业国际化经营的研究。目前，已有学者提出要加快我国港口企业"走出去"的步伐（如：肖钟熙2006），但整体上来看，这方面的研究还比较滞后，对码头运营商海外拓展的研究散见于证券、投行、港航管理咨询企业等机构对港口上市企业的研究报告以及部分港口运营企业（如：招商局国际）出于自身发展考虑所做的内部研究报告。

应该说，港口行业是最具有国际化发展特征的行业之一，随着全球经济一体化进程的推进和港口市场全球化竞争的加剧，港口运营企业的对外拓展已成为历史的必然，也将成为理论界和实业界研究的热点问题之一。

1.3　本课题研究的基本思路、方法与意义

1.3.1　本课题研究的基本思路

本课题的研究对象是集装箱公共码头运营商（Container Terminal Operator），即经营管理集装箱公共码头的企业组织，它的产生是经济全球化时代现代港口业尤其是集装箱运输产业发展的必然结果。

现代港口一般是以所在城市进行命名的，一个港口往往可以划分为一个或若干个港区，每个港区可以设置一个或若干个码头，一个码头由一个或若干个泊位组成。从严格的字面意义上看，港口运营商和码头运营商有较大的区别。但鉴于现代集装箱港口是一个资金技术密集型行业，投资运行周期长、资金需求额度大，投资商在进入港口业时既可以是投资运营一个完整的港区，也可以是投资运营一个码头或一个泊位；在现实中，后者占了绝大多数。无论是投资运营一个完整的港口或港区，还是一个单一的码头或泊位，对于投资商来说，其投资运营的基本模式和具体方式都是大同小异的。出于论述的简化，在不影响理解与分析的基础上，如无特殊说明，本文中所提及的"港口运营商"和"码头运营商"不作严格意义的划分，视为一样。同时，也出于论述简化的需要，以下论述中如未做特殊说明，"码头运营商"皆指"集装箱公共码头运营商"。

本课题研究基于经济全球化的时代背景，拟在详细探讨全球化时代集装箱港口业的新发展，以及此次全球金融危机所带来的冲击与历史性发展机遇的基础上，首先从现代集装箱码头运营商的产生、发展与未来拓展趋势入手，立足于新兴市场上的区域领先的公共码头运营商外向型发展的视角，探讨码头运营商海外拓展的动因、基本路径与内外部制约条件。然后，在对全球主要码头运营商海外拓展经验进行系统梳理与比较借鉴后，重点研究新兴市场上区域领先的码头运营商如何成功实现海外拓展及可持续发展，这主要包括海外拓展的国际化战略规划、拓展区域选择、拓展模式比较、风险识别与防范等四个方面。最后，以中国领先的公共码头运营商——招商局国际（CMHI）为实例，运用以上理论分析工具来做具体的案例剖析，拟对招商局国际的海外拓展策略与实施中所存在的问题做深入的反思，并提出有针对性的政策建议。

基于以上研究思路，本课题研究的主要内容和观点有：

（1）全球化时代集装箱码头运营商的产生与发展。集装箱码头运营商的

产生是全球化时代集装箱港口行业发展成熟与港口运营管理体制市场化改革的必然产物。在全球化进程中，集装箱港口的地位与作用日益凸显，供应链竞争模式与产业集约化程度的不断提高导致对外扩张成为大型码头运营商塑造核心竞争力的必然选择。

（2）集装箱码头运营商海外拓展的动因与基本路径。本章运用企业国际化发展阶段理论，从企业海外拓展的基本动因入手，详细探讨全球化时代码头运营商海外拓展的必要性和重要性。然后结合港口业发展的行业特征和国际经验，提出集装箱码头运营商海外扩张的基本模式是"母港发展模式"，其海外拓展基本上都沿着"本地码头运营商（母港）→区域码头运营商→全球码头运营商"的路径前进，但不同背景码头运营商的路径选择有所差异，在不同发展阶段码头运营商海外拓展的具体动因与跨国运营能力要求差异较大。

（3）全球主要码头运营商海外拓展的经验比较与借鉴。本章将研究目光集中在处于世界领先地位的全球三大码头运营商：和记黄埔港口（HPH）、新加坡国际港务（PSA）、迪拜港口世界（DPW），详细描述与剖析它们的海外拓展之路与经验教训，对其拓展路径选择、战略制定与实施、拓展区域与项目选择等方面进行比较分析，从中得出对我国码头运营商海外拓展有益的启示。

（4）集装箱码头运营商国际化战略研究。产业链竞争是全球化时代大企业竞争的根本，基于产业链整合的国际化战略是指导大企业海外拓展的重要战略。因应全球化背景下港航产业的全球整合趋势，码头运营商的国际化战略应立足于国际产业整合的思想，通过海外投资或业务整合等灵活策略从产业链横向和纵向两个方向来规划企业未来的发展方向与路径选择。

（5）集装箱码头运营商海外拓展的区域选择。世界集装箱港口的布局与发展演变与世界经济贸易格局的发展变化息息相关，先后经历了一系列的演变发展；本章在详细梳理与分析世界集装箱港口布局的形成与发展演变历程，并在预测其未来发展趋势的基础上，提出了码头运营商海外拓展区域选择的基本思路与方向。

（6）集装箱码头运营商海外拓展的模式选择。本章拟对当前集装箱码头运营商海外拓展的主要模式：投资新建、跨国并购、战略联盟、管理输出及综合园区开发等进行比较分析，探讨其各自优劣、适用范围、制约因素等；重点在于探讨码头运营商海外拓展模式选择的方法与基本策略。

（7）集装箱码头运营商海外拓展的主要风险与防范。海外拓展中必然会遇到比国内运营更多更大的风险，如何识别与防范风险是码头运营商海外拓展中必须面对的问题。本章运用风险管理理论和分析工具，拟探讨码头运营商海外拓展中所面临的主要风险及其特征、如何识别与预警以及动态防范机制建设等，对企业如何防范以及相关公共政策制定提出了相关建议。

（8）典型案例剖析：对招商局国际（CMHI）海外拓展的思考。招商局国际是国内领先的公共码头运营商，已基本完成了国内码头网络布局，正面临着海外拓展的战略选择，要不要向海外拓展、如何向海外拓展是当前企业内外众多有识人士关心、争议与思考的问题。本章拟在以上各章理论分析的基础上，对招商局国际做一个典型的案例剖析，希望从中得出一些对我们海外拓展有所帮助的结论与政策建议。

本课题研究的逻辑框架如图1-2所示：

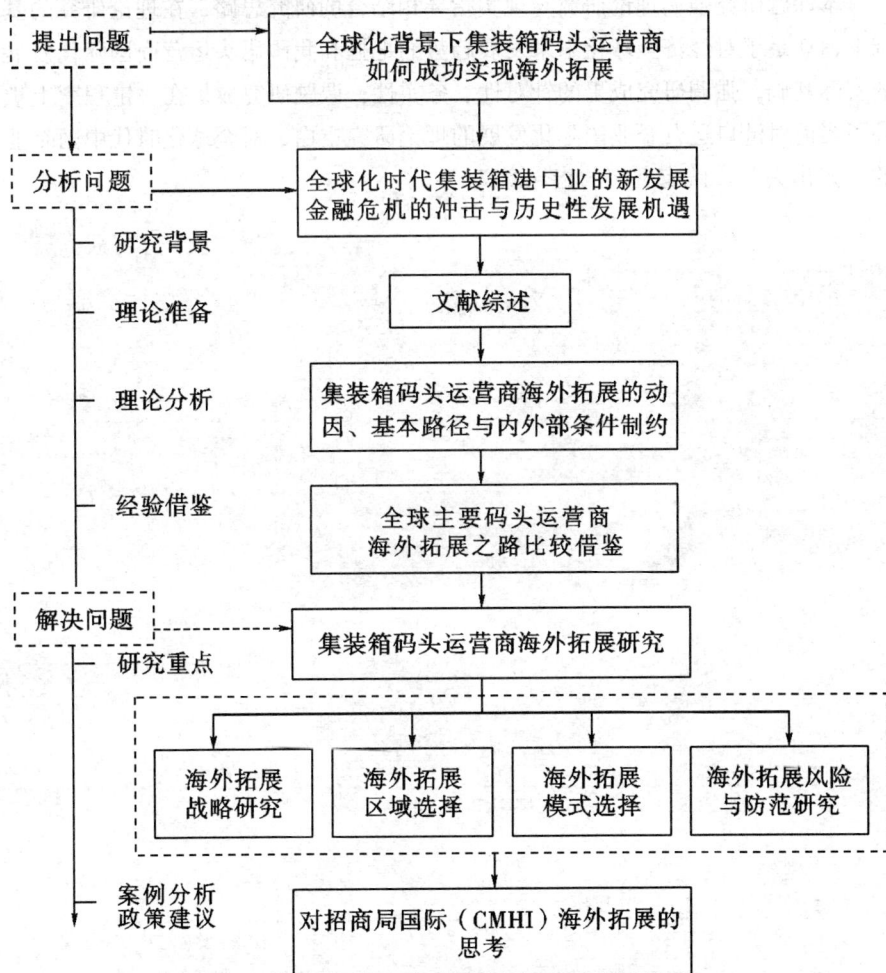

图1-2　本课题研究的逻辑框架图

1.3.2 本课题的研究方法与意义

本课题的研究涉及运输经济学、国际投资学、产业经济学以及世界经济、国际贸易、跨国公司治理等多个学科领域。在研究方法上，本课题拟将理论演绎、实证分析、国际经验比较研究与典型案例深度剖析相结合，紧紧围绕"经济全球化背景下新兴市场领先的区域码头运营商如何成功实现海外拓展与可持续发展"这一主题，运用国内外大量的行业统计数据和具体企业实例，将规范分析与实证分析相统一，理论分析与对策研究相联系，为我国码头运营商海外拓展及相关公共政策的制定提供理论参考和现实指导。

本课题研究强调理论研究与现实指导相结合的研究思路，在理论研究的基础上，立足于对经济全球化未来发展趋势的把握和我国码头运营商国际化发展的实际基础，强调研究成果的针对性、务实性；课题研究成果在一定程度上填补了当前对港口运营企业国际化发展的理论研究空白，对全球化时代中国企业的"走出去"实践有现实的指导意义。

第二章　集装箱码头运营商的产生与发展

集装箱码头运营商（Container Terminal Operator）是指经营管理集装箱码头的企业组织，它的产生是现代港口业尤其是集装箱运输产业发展的必然结果。自1956年现代意义的集装箱产生以来，以集装箱运输为基础的多式联运颠覆了传统国际航运的经济规律，改变了全球贸易的流向流量和国际航运业的发展形态，也从根本上改变了港口业的发展面貌。随着经济全球化、市场国际化和信息网络化的发展，集装箱港口已成为国际海陆间物流通道的重要枢纽和节点，成为区域性乃至国际性的综合物流服务中心。随着现代港口的发展，独立的集装箱码头运营商得以产生，并在全球化背景下得到了迅猛的发展。

2.1　现代港口的发展

2.1.1　港口的发展阶段

港口在国民经济的发展中一直起着举足轻重的作用，尤其是在对外贸易中有着门户和纽带的功能。作为海陆运输的衔接点，港口不仅是船舶进出停靠、旅客上下、货物装卸储运的运输节点，而且是现代工商业活动的重要基地，无论是在对临港地区还是对腹地区域的社会和经济发展都起着积极的促进作用，港口在经济发展中的地位和作用正随着人们对港口功能认识的深化而不断拓展。

根据联合国贸易和发展会议（United Nations Conference on Trade and Development，UNCTAD）1992年专项研究报告《港口的发展和改善港口的现代化管理和组织原则》中所提出的划分标准，港口的发展可划分为三代：

第一代港口：1960年以前，航运中转型。此时的港口还保持着传统的功能，港口仅是海运与内陆运输系统的连接点，只提供简单的货物装卸、驳运、存储和辅助航海等服务，仅起到中转服务节点功效。

第二代港口：1960—1980年，运输增值服务型。随着国际经济贸易的快速发展，国与国之间、区域与区域之间、大洲与大洲之间的联系日益紧密而频繁，世界经济的发展对港口的要求不断提高，港口当局也开始引进港口营销的理念，纷纷提供货运代理、货物分拆、实物配送等多元化的增值服务，此时港口的功能已逐步扩大到成为工商企业提供综合运输服务的中心或节点。

第三代港口：1980年至今，集装箱化下的国际综合物流中心。20世纪80年代初，集装箱运输的兴起从根本上改变了传统国际航运的经济规律，改变了国际贸易的流向流量和国际航运业的发展形态，从而也改变了港口业的发展面貌[①]。集装箱运输以其装卸效率高、车船周转快、包装费用省、货损货差少、适合多式联运等优势，自20世纪50年代中期产生以来，在国际航运中得到了飞速发展，20世纪80年代后逐渐在港口运输中占据了主导地位。目前全球国际航线的集装箱化程度已超过60%，欧美发达国家甚至超过了80%[②]。

随着世界经济全球化进程的加快，以集装箱运输为主导的多式联运系统在全球各港口中迅速推广。这时，港口处理的主要货物是集装箱，服务的主要对象是集装箱班轮公司（简称：船公司），专业化的集装箱起吊设备——集装箱岸桥被广泛使用。为适应现代国际贸易物流发展的需要，在现代物流理论指导和物流技术的支持下，港口的服务功能进一步扩大，已通过各类代理商（如：货代、船代、报关行、拖车行）与一般工商企业的供应链发生联系，越来越多地直接为供应链节点企业服务。港口除了继续保持强大的商品集散枢纽功能外，还逐步形成了以码头运营商为核心，整合各个相关服务商（如：船公司、货代、内陆运输商、银行、保险公司、信息提供商等）的服务，发展为集成物流、贸易、金融等多种服务的国际物流中心，如图2-1所示。

---

① STEVEN P ERIE, GLOBALIZING L A. Trade, Infrastructure, and Regional Development [M]. Stanford, 2004 (2).

② 乌英，缪立新. 集装箱港口发展现状及趋势 [J]. 中国物流与采购，2008 (13).

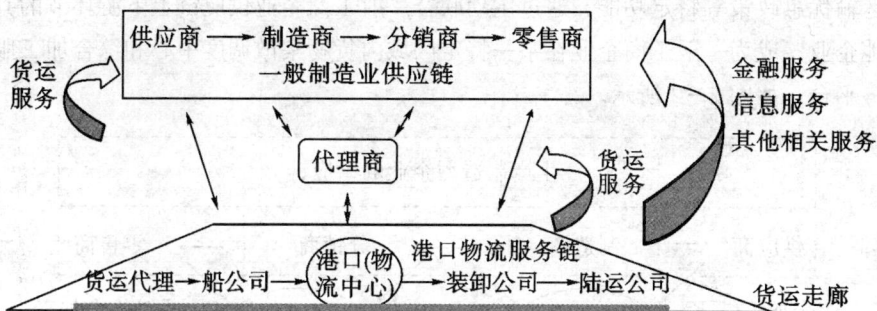

图 2-1 第三代港口的国际物流中心综合服务示意图①

目前，全球绝大多数港口都处于第三代的发展阶段，随着经济全球化、市场国际化和信息网络化的发展，集装箱港口已成为国际海陆间物流通道的重要枢纽和节点，是区域性乃至国际性的商务中心和信息中心。可以说，集装箱港口是现代港口发展的典型代表，也是未来相当长一段时间内港口发展的主导方向。

进入 21 世纪以来，部分处于领先地位的现代化国际大港出现了超越第三代港口功能的发展趋势，新兴的趋势引起了理论界与实业界的关注；联合国贸发会议于 1999 年发布了一篇前瞻性的研究论文《第四代港口》，率先提出了"第四代港口"的概念。

该报告以美国洛杉矶和长滩的组合港，以及丹麦哥本哈根和瑞典玛尔摩的组合港为例，指出随着经济全球化的迅速发展，专业化分工、精细化生产、物流业务外包已成为生产制造型企业的普遍发展趋势，随着港口产业链的上下游整合、港航联盟与港际联盟程度的不断深入，部分地区物流供应链已经突破了企业的边界，港口已成为了一般工商企业供应链中的重要组成部分，已经出现了与第三代港口发展模式不同的特征与趋势，即出现了基于供应链思想的新生代港口——第四代港口。

同第三代港口一样，第四代港口仍将以集装箱处理为主要业务内容，但与第三代港口强调自身是一个综合物流中心不同，第四代港口更强调自身是一般工商企业供应链中的一个不可或缺的重要环节。此时，港口已不再仅仅是货物运输、集散增值服务的提供商，而是嵌入一般工商企业的供应链中，利用港口的国际网络化效应、货物集散、港区内加工服务、保税港区税收、金融、仓储

① 参见张婕妹. 基于供应链思想的第四代港口概念特征及其策略研究 [OL]. 上海国际航运研究中心网站, 2009.

运输优惠政策等特定功能，通过主动联合一般工商企业供应链上下游环节的其他企业，成为一般工商企业在某一特定区域内货物集散调度中心和综合加工服务平台，如图2-2所示。

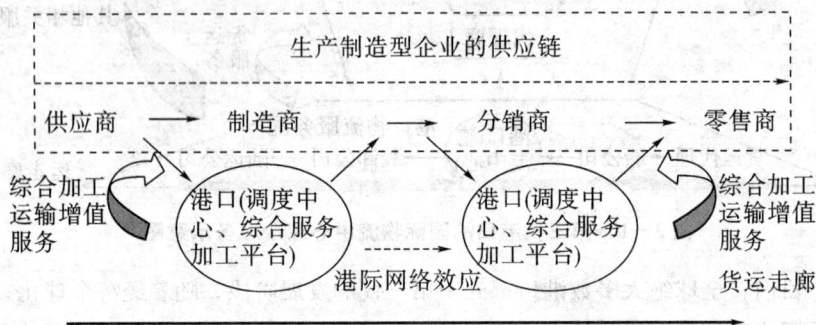

图2-2　基于供应链思想的第四代港口功能示意图

这种转变的实质是将港口的功能从静态、节点型的综合物流服务枢纽转变为动态、网络型的供应链环节，其经营特征是整合性物流。决定港口运营成败的因素不仅仅是港口所拥有的地理区位、岸线布局、装卸机械等硬条件，更重要的是决策、管理、市场推广、员工训练等软因素；为此，港航联盟与港际联盟将成为未来港口发展的重要策略。

由于联合国贸发会议报告提出的"第四代港口"概念距今不过短短十余年的时间，其所提出的第四代港口的概念特征在现实中仍处于发展初期，目前理论界和实务界对第四代港口的概念、特征与划分标准等仍存着不同的理解。如：孙光圻、刘洋（2005）就认为联合国贸发会议报告提出的第四代港口概念仅涉及港口经营和管理中一些概念性或策略性问题，与港口代际的划分标准——港口功能定位并无本质联系，仅是对第三代港口功能的叠加或组合，并不能在逻辑上产生新一代港口的概念；即联合国贸发会议报告所提出的第四代港口概念在本质上并未跳出第三代港口的发展阶段。真虹（2005）的研究也指出第四代港口这一概念的提出更多是策略层面上的，其本身仍处于形成的过程中，并不代表目前绝大多数港口的特征，而更多的是反映港口功能正在发生的变化或未来的发展趋势。但第四代港口概念的提出顺应了21世纪经济全球化以及现代供应链管理时代的市场需要，港口正面临着不断增加的传统商业模式转换的压力，正如帕希奥、马尔洛（Paixao A. C.，Marlow P. B.，2003）、斯迪肯（Steenken D.，2004）等学者的研究所指出的，未来港口所面临的是一个越来越全球化、信息化、快捷化的运营环境，与生产制造型企业保持更为紧密的基于供应链整合的合作关系将是港口业未来发展的主要方向，港口作业流程再造、服务的精细化与准时化、操作的柔性化与敏捷化将成为未来港口运作的主要特征。

2.1.2 现代港口发展的新特点

进入21世纪以来，在经济全球化、区域经济中心化以及现代供应链管理市场需求不断增强的背景下，现代港口的发展正呈现出如下新特点：

2.1.2.1 港口建设的深水化与大型化

随着集装箱运输方式的全球普及，以集装箱运输为基础的多式联运和"门到门"为主要特征的现代物流运输体系在国际贸易中处于主导地位。现代港口不再以一般的货物吞吐量为衡量标志，集装箱吞吐量已成为业界公认的衡量现代港口地位的主要标志。为提高运输规模、降低运输成本，集装箱运输船舶的大型化成为船舶制造业的一个发展趋势，据统计：2000年全球集装箱运输船舶的平均载箱量为3 200标箱（Twenty-foot Equivalent Unit，TEU），预计2020年该数据将上升为5 500TEU；而其中，超巴拿马型（6 000TEU以上）集装箱运输船将占相当的比重，甚至出现15 000TEU超大型集装箱运输船舶，其满载吃水将在14米以上[①]。

集装箱运输船舶的大型化促使了港口建设的深水化。在日趋激烈的海运市场上，没有集装箱深水泊位，就没有现代国际大港的位置；因此，集装箱港口深水化已成为现代港口发展的一个重要趋势，全球主要的枢纽港口都在集装箱深水泊位建设上投入巨资，普遍将港口航道水深开挖至14～15米（如考虑平均实载率75%，实际进出港吃水在10.5～11.5米左右），泊位水深在15米以上；而日本横滨港更是花费巨资兴建了日本首个水深18～20米的集装箱泊位，以使该港具有处理12 000TEU超大型集装箱运输船舶的能力[②]。

在港口深水化的同时，也必然要求码头的泊位岸线和装卸设备随之向大型化方向发展，大型专业集装箱岸吊被大量使用，单个泊位机械设备的配备标准和数量也不断提高，进而也促使了港口信息管理系统不断升级，港口的集疏运系统也不断扩容改造。

2.1.2.2 港口布局网络化

网络效应是集装箱运输的重要特征之一。在这个运输网络体系中，集装箱港口是网络节点，船公司所开辟的集装箱运输航线则是各节点之间的连线；在

---

① 黄建元. 东亚地区国际港口集装箱运输竞争力比较研究 [D]. 南京：河海大学，2004：3.
② 舒洪峰. 集装箱港口发展动态研究 [D]. 北京：中国社科院研究生院，2007：11-13，22.

不同线路上所运输的货品货量存在着较大差异，其中具有长期稳定货源、运输量大、由集装箱运输班轮公司开设的班轮航线往往被称之为干线；干线上的港口则称之为航运中心或枢纽港。

当前，全球集装箱运输已形成了欧美、欧亚、亚美三大干线的格局，欧洲、北美与东亚（含东北亚和东南亚）三地区的集装箱吞吐量约占全世界总量的80%。同时，三地区内部又形成了由区域内枢纽港—支线港—喂给港组成的如蛛网状的港口运输网络，即各集装箱枢纽港之间以国际干线航班连接，使用的是大型集装箱船舶；枢纽港和支线港之间是以支线航班连接，使用的是中小型集装箱船舶。这种网络状的港口体系是集装箱港口与传统处理散杂货以及其他业务港口的主要区别之一①。全球化时代的港口布局更加强调这种网络效应，为了稳定货源保证收益，港航联盟和港际联盟也就成了现代港口发展的主要策略之一。

2.1.2.3 港口管理信息化

港口的现代化程度在很大程度上取决于港口管理的信息化水平。随着船舶大型化的发展，一次性到港装卸的货物量也大幅度上升，船公司对港口处理能力的要求也在不断提高。目前，现代港口一般都要求具有全天候进出、快速装卸、通关、集疏储运与配送的综合服务能力，而这一切都必须以现代化的信息技术为后盾。

随着现代港口向综合物流中心和国际加工服务平台的发展，信息化水平已成为了决定港口竞争实力的基础因素。越来越多的新技术被应用到港口管理中，如：电子数据交换系统（EDI）、全球定位系统（GPS）、自动导引车系统（AGVS）、IT管理系统以及决策支持系统等。这些新技术的引进与不断升级，有利于实现港口资源的实时调度，降低人力投入和港口操作的失误率，从而提高整个港口的运营效率。

在信息技术的不断发展与支持下，国外已出现了一些自动化程度很高的现代化港口。在这些港口中，大量的自动化设备被应用于港口运作的各个环节，极大地提高了港口的操作效率。如：荷兰鹿特丹港已成为全球第一个完全利用AGVS来代替集装箱卡车为集装箱运输工具的半自动化港口。

2.1.2.4 港口作业流程再造

现代港口作业流程再造是基于现代港口管理理念和信息化建设发展的需要的，它以"港口作业流程"为中心，以提高作业效率、降低运营成本、提供

---

① 舒洪峰. 集装箱港口发展动态研究 [D]. 北京：中国社科院研究生院，2007：23.

更优服务为目的；摈弃了传统的以单一职能部门业务范围为中心的模式，通过对原有的作业流程进行全新的设计，打破职能部门之间的界限，将流程中不利的部门或者是设置重叠的部分进行删减或整合，以保证整个作业流程的效率和效益，进而提高顾客满意度和提升港口企业的竞争力。

目前，现代港口作业流程再造正朝着精细化、柔性化、敏捷化的方向发展。精细化是指港口运营商更加关注对目标客户的选择与服务，通过介入目标客户（船公司、生产制造型企业）的供应链形成港口业务流程与客户物流业务的业务集成（有学者称之为："无缝连接"），进而提供更有针对性的专业化、差异化服务。柔性化包括组织结构柔性化、运营管理柔性化、生产技术柔性化等多个方面，一般是指港口运营商所具有的能够快速适应内外部环境变化，在组织结构设置、运营管控流程、生产作业技术以及预测与快速反应市场需求变化等方面的能力和灵活性。敏捷化则更关注经济全球化背景下市场需求的动态变化，强调港口运营商在反应灵敏度、作业效率、货物运输装卸接驳的准时性（JIT）等方面的能力提升，它以柔性生产技术和动态组织结构相结合，以高素质并具有良好协同性的工作人员为核心，进而实现技术管理与员工、企业之间网络的集成，形成快速响应市场的港口生产体系。

2.1.2.5 港城经济一体化

集装箱多式联运模式的推广迅速打破了原来相对狭小的港口与腹地区域之间的经济联系格局，海陆运输日益连成一个整体，港口腹地迅速从临港地区向内地延伸，小港成为了大港的腹地，在内陆也出现了为集装箱运输服务的"旱港"，港口对腹地经济的拉动力和辐射影响力迅速增强。

港口是腹地地区区域经济发展的门户，它与腹地经济之间是相互依存、相互促进的关系。港口功能的实现与扩张是以强大的港口城市功能及港口腹地经济的发展为支持和依托的。现代港口的发展已和港口城市、临港地区以及腹地经济发展联系日益紧密，港口已从单一的基础运输产业发展到多元化、综合型服务产业，从单一的临港地区发展到广阔的内陆腹地经济，从单一的城市社区发展到港城经济一体化，真正成为了一国或一地区对外开放的门户、海陆联运的枢纽。

2.1.2.6 港口/码头投资运营模式日趋多元化、国际化

传统的港口管理模式是监管—运营一体化的模式，即：作为地方政府利益代表的港务局既是港口的监管部门、又是港口/码头的实际运营者。这种政企不分、运营管理职责不分的传统模式在现代经济的发展中越来越难以适应日趋激烈的市场竞争需求，监管—运营分离式模式已成为现代港口运营管理的主要模式。

现代港口是一个资金与技术密集的行业，港口投资运作的初始资金要求高、投入沉没成本高、不确定性风险大。在激烈市场竞争中要想不断地发展壮大，单靠地方政府的投资运作垄断是不现实的、也不经济；市场化运作已成为港口运营的主流，码头运营商成为了独立的市场运作主体。随着世界各国港口投融资体制的转变，港口/码头的投资运营模式不再由政府单一主导，而是多元化主体参与港口的投资、建设与运营，各国政府纷纷降低港口的市场准入门槛，民间资本、国际资本越来越多地介入到港口业的运作中，港口/码头投资运营模式日趋多元化和国际化。

2.2 集装箱港口的分类与竞争

2.2.1 集装箱港口的分类

港口的分类方式有很多种，既可按照地理位置分为海港、河港、河口港和水库港，按照服务对象分为商港、工业港、军港和避风港；也可根据货物贸易方式分为内贸港和外贸港，或按运输功能分为客运港、货运港和客货综合港。基于本课题研究的对象和目的，我们运用两个经济类指标对集装箱港口进行分类：

2.2.1.1 按港口的层次地位分类

这种分类是根据集装箱港口的地理布局及其在国际贸易运输体系中的地位与作用来划分的，划分的具体标准包括：集装箱吞吐量、腹地经济范围、综合服务功能、港口设施设备及现代化运营管理水平等。集装箱港口运输体系本身就是一个多层次的运输网络，我们可以根据以上标准将这个网络中集装箱港口划分为不同的层级：国际航运中心/国际集装箱枢纽港—区域集装箱枢纽港—支线港—喂给港（见图2-3）。

（1）国际航运中心/国际集装箱枢纽港。国际航运中心是港口产业发展高度集约化、港城经济高度一体化的产物，这类港口所在城市的经济、金融与贸易十分发达，有广阔的经济腹地，有众多的固定航线通往世界各地主要港口。一般而言，目前的国际航运中心都是国际集装箱枢纽港，它们地理位置优越、辐射面广、货源充足、港口设备先进、服务功能齐全；这类港口一般以跨洋干线航线为主，构成了国际集装箱运输主干航线的起始港、终点港和主要挂靠港，是所在国际区域集装箱货物集散的枢纽。目前世界级国际航运中心均是以

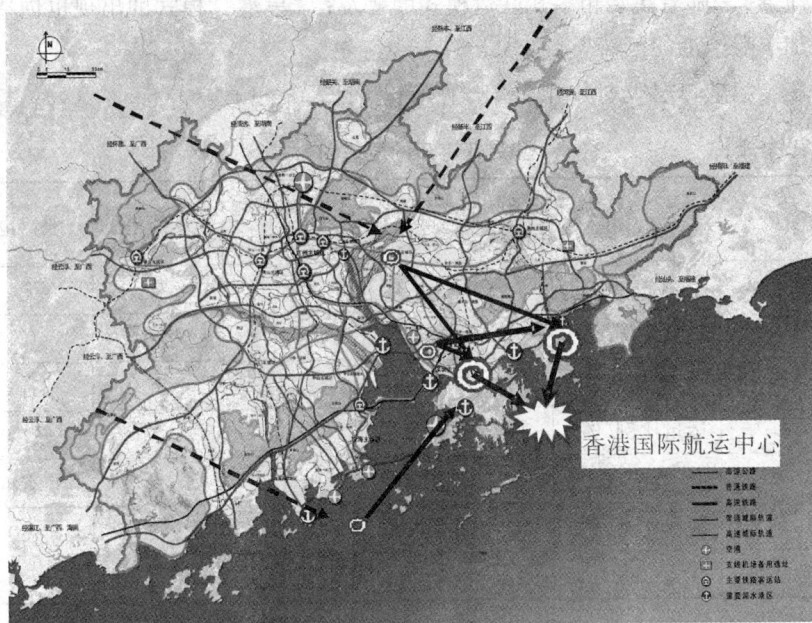

图 2-3　集装箱港口层次示意图（以香港国际航运中心为例）

面向海洋、航运业发达的国际大都市为依托，如：香港、新加坡、纽约、伦敦、鹿特丹等。

（2）区域集装箱枢纽港。这类港口的服务范围主要是某个特定区域（如：东亚地区、西欧地区），其航线数量、服务功能及服务设施设备不如国际枢纽港，但它在该特定区域内具有优越的地理位置和较先进的服务设施设备，往往是国际运输主干航线的挂靠港或某一区域范围内集装箱货物集散的枢纽，有一定数量的支线港和喂给港支撑。根据翁克勤（2004）的研究，在某一区域内有密集的航线网络和部分国际干线航线、覆盖了沿海近洋主要支线港口、年吞吐量在 200 万 TEU 以上的港口就可称之为区域集装箱枢纽港。如：珠三角地区的深圳西部港。

（3）支线港。支线港的主要特征是以沿海和近洋支线运输为主，年吞吐量在 50 万~200 万 TEU 之间，其中主要是国内航线和近洋航线的箱量；远洋航线较少，没有形成经营规模，多数远洋箱需要在邻近的集装箱枢纽港中转。

④喂给港。喂给港的主要特征是"喂给"，即其本身不具有远洋运输能力，主要是短程的支线运输和内贸运输，近洋运输航线和外贸箱量比较少，年吞吐量一般在 50 万 TEU 以下，其远洋箱量主要是"喂给"临近的支线港或区

域枢纽港①。随着集装箱多式联运模式的普及，"旱港"模式的出现也创造性地增加了喂给港的范畴。

集装箱港口层级划分可简单归纳如下（见表2-1）。

表2-1　　　　　　　　　　　集装箱港口的层级划分

		国际航运中心/ 国际集装箱枢纽港	区域集装箱 枢纽港	支线港	喂给港
国际干线 航线	有或无	有	有	有	无
	运量比例(%)	>50	<50	极少	0
近洋航线	有或无	有	有	有	有
	运量比例(%)	<50	>50	>50	较少
支线航线	有或无	有	有	有	有
	运量比例(%)	极少	较少	<50	>80
年吞吐量	万 TEU	>400	>200	>50	<50

2.2.1.2　按集装箱货物来源分类

根据港口处理的货物里中转型货物在运输总量中所占比例的不同，我们可以把集装箱港口分为中转型、腹地型和复合型三大类。

中转型港口一般具有独特的地理区位优势，由于缺乏腹地经济的有力支持，其所处理的货物主要为中转型货物。代表性的港口是新加坡港，新加坡港地处马六甲海峡咽喉地段，是欧亚国际航运干线上的黄金要道，长期位居全球集装箱港口吞吐量第一；2009年在全球金融危机的剧烈冲击下依然实现了2 590万 TEU，而其中中转箱量就占到90%以上。腹地型港口的货源主要来自于港口自身所依托的腹地经济圈，港口处理的货物中来自腹地经济区域的货源一般占到总箱量的80%以上，代表性的港口如美国长滩港、德国汉堡港、深圳西部港等。而复合型港口则是同时兼有中转型货物和腹地型货物，这类港口本身拥有一定规模的腹地经济区域，可以有比较稳定的货源供给；同时这类港口具有良好的地理区位，能够为周边地区提高中转服务；正是由于复合型港口拥有自身腹地经济区域支撑和对周边地区货源具有较强的辐射与吸引力，先发优势在港口建设和后期的市场竞争中具有比较明显的作用。

---

① 翁克勤. 集装箱港口的发展 [J]. 港口经济，2004 (1)：17-18、46.

2.2.2 集装箱港口的竞争①②

集装箱港口的竞争主要是各港口对集装箱货源的竞争。根据港口所处地理位置和经济商圈的不同，可将集装箱港口之间的竞争分为三个层次：

2.2.2.1 第一层次：不同港口群之间的竞争

从港口地理分布的角度来看，世界各主要大陆的港口都可以划分为不同的港口群。如：我国沿海各港口就可以明显地划分为珠三角地区、长三角地区与环渤海湾地区的三大港口群；欧洲沿海港口也可划分为北欧岛屿国家港口群、西北欧大陆港口群和南欧地中海港口群；北美洲大陆港口总体上可划分为北美东岸港口群、北美西岸港口群以及墨西哥湾港口群；而其中，北美东岸港口群又可以进一步细分为纽约港口群和新奥尔良港口群，北美西岸港口群又可以进一步分为西雅图/温哥华港口群和洛杉矶港口群。

港口群的存在是依托于地理区位优势和腹地经济圈的，邻近港口群的腹地经济区域往往存在着交叉，不可避免就会产生直接或间接的货源争夺。随着集装箱多式联运模式的全球普及，高速公路、铁路以及内河运输网络体系的不断成熟，运输越来越方便，货主的选择空间更大了，港口群之间的竞争也越来越激烈了。

2.2.2.2 第二个层次：同一港口群内不同港口之间的竞争

在同一港口群内的各港口由于地理位置相近而难以存在明显的地理区位优势，腹地经济区域基本相同或大部分交叉；货主选择港口群内的哪一个港口为之服务，仅从成本角度考虑并不存在较大差异；因而，港口之间的竞争更多依靠的是港口的服务质量和水平，同质化竞争现象比较严重，从一定程度上来讲，这一层次的港口之间的竞争是最激烈。

以珠三角地区的港口群为例，随着内地航运业的快速发展，香港的国际航运中心地位正受到严峻挑战。珠江三角洲本是香港航运的最直接腹地，目前却呈现港口竞争异常激烈的态势。深圳、广州等港口近几年来都处于急剧扩张中，深圳东部的盐田港的持续扩建计划、西部正在兴建的大铲岛港区和前海保税港区，以及广州南沙港的兴建都使其不可避免成为香港港口业的潜在竞争对手。在港口设备和运作管理方面，深圳、广州等新建港口具有后发优势，纷纷

---

① 邹俊善，等. 现代港口经济学 [M]. 北京：人民交通出版社，1997.

② 黄建元. 东亚地区国际港口集装箱运输竞争力比较研究 [D]. 南京：河海大学，2004：2 - 5，14 - 18.

购置国际领先的港口运作设备，在港口管理引入港商、外商参与，运作效率更高。近年来，内地加大了保税港区建设步伐，简化了通关及减少法规限制，增强配套的临港产业发展，运作更接近自由港状态，这使得香港固有的自由港政策优势和服务优势受到相当大的影响，同业竞争现象更趋严重。内地港口运作效率和开放程度的不断提高使得香港不再是内地外贸往来的唯一门户；加之目前内地产业格局正在发生深刻变迁，珠三角加工制造型经济面临着生产要素、环境、社会等约束因素的转型，长三角、环渤海地区的兴起更使得腹地经济出现分化，香港面临腹地经济的结构调整与货源分流，将从根本上影响到香港航运业的发展，香港作为亚太地区国际航运中心的地位正趋于下降。

2.2.2.3 第三个层次：同一港口内不同码头运营商（港口企业）的竞争

随着现代港口发展模式日趋多元化和国际化，同一港区内不同码头可以由不同的港口企业来经营，这些企业可以是同一个企业集团下的不同公司，也可以是分属不同企业集团的分支机构。出于对利润的追逐，港口内的各个码头运营商采用各种营销手段来争夺货源，从而使同一港口内的不同码头运营商之间的竞争非常激烈。

现代港口竞争的主要目标是力争成为枢纽港。集装箱船舶的大型化和港航经营联盟化是促使集装箱运输干线化的必然结果。一般而言，为降低成本提高运营效率，船公司在一个地区只会有一个枢纽港，并尽量减少停靠港口数量，港口的集中度将进一步加强；当船公司一旦选择了枢纽中心并形成了自己的干线船舶挂靠港口布局，短期内将很难予以调整，因而能否成为本地区内的枢纽港就成了港口企业之间竞争的主要目的。

从世界枢纽港的发展来看，在枢纽港的发展中存在着明显的"马太效应"，即已经建立起枢纽港的港口会因其航线覆盖面广、班次多、运输及时而吸引到更多的货载，班轮密度越来越大，航线覆盖面越来越广，规模经济效应越来越突出，枢纽港的地位越来越稳定。而临近的其他港口则因航线覆盖面小、班次少而吸引不到货载，发展空间受到相当大的挤压。这就是新加坡港长期保持全球第一大港地位，但临近的许多港口发展艰难的主要原因之一。

2.3 集装箱码头运营商的产生与发展

2.3.1 集装箱码头运营商的产生背景

作为经营管理集装箱码头的企业，集装箱码头运营商的产生是现代港口业发展到集装箱港口时代的必然产物，它的产生有两个大的宏观背景：

2.3.1.1 集装箱港口行业的发展与成熟

正如前文所述，由于集装箱运输装卸效率高、车船周转快、包装费用省、货损货差少以及适合多式联运等优点，自集装箱运输产生以来，在世界各地得到了飞速的发展；世界港口业也因而在 20 世纪 80 年代初进入了集装箱港口时代。

在经济全球化和现代运输与信息技术快速发展的背景下，国际贸易出现了加速发展的趋势，贸易规模不断扩张，以集装箱多式联运为基础的海陆联运模式逐渐占据了世界航运业的主流，国际贸易货物的集装箱化率不断提高，全球平均水平从 20 世纪 80 年代初的 20% ~ 30% 迅速上升到 2000 年的 60% 左右，欧美发达国家货物的集装箱化率甚至高达 80% 以上；从而导致 1980—2000 年世界集装箱港口吞吐量从 3 635 万 TEU 上升到 22 040 万 TEU，足足增长了 5 倍多，集装箱港口行业得到了快速发展。

随着集装箱运输船舶的大量出现，专门用于处理集装箱货载的码头也应运而生。与处理大宗散货、液体货物等货种的其他码头相比，集装箱码头在码头基础设施的规划与建设、现代化装卸设备的购置以及栈桥、仓库、堆场建设等方面都存在着较大的专业性差异。随着新生代的大型、超大型集装箱运输船舶投入使用（见表 2-2），对集装箱码头的专业化要求也不断提高，如对港口/码头的深水化、设备大型化与现代化、管理信息化等要求不断增强，从而对集装箱码头的初始投资资金额度、运营设备技术水平、信息化管理水平都提出了越来越高的要求，普通的码头运营商已难以适应这种专业化的要求，专业化的集装箱码头运营商便产生了。

表 2-2　　　　　　　　　集装箱运输船舶的发展

	运载能力 （TEU）	载重吨位 （万吨）	长度 （米）	宽度 （米）	吃水 （米）
第一代（1957 年）	750	1.4	180	25	9
第二代（1968 年）	1 500	3	210	30.5	10.5
第三代（1972 年）	3 000	4	275	32.2	11.5
第四代（1988 年）	4 500	5.5	298	39.2	12.5
第五代（1995 年）	6 000	7.2	315	42.8	14
第六代（1997 年）	8 000	8.9	338	46.5	14.5

2.3.1.2 港口管理体制的改革与私有化

港口是国家的重要基础设施，它是一国或一地区经济发展与对外贸易的重要依托。由于港口产业所具有的公共产品属性（战略性基础设施、国家主权象征、涉及国家安全等）、地理资源的垄断性（不可再生、不可移动、天然垄断），长期以来，在全球主要国家特别是发展中国家，港口都由政府投资、政府经营，管制垄断性极强。

集装箱港口是一个资金与技术密集的基础产业，其投资运作的初始成本高、投入沉没成本高、运作周期长而不确定性风险大。以目前国内码头建设的经验来看，一个集装箱码头的建设周期是 6～8 年，初始投资额（从建设规划开始到码头投入实际运作之间的投资）大约需要 12 亿～15 亿元，码头项目运作周期大约是 30～35 年。如此巨额的投资单靠政府的投入是不经济的，也不具有可持续性；而政府行政化的管理模式不可避免地导致港口运作的效率低下、市场竞争力差、对市场需求变化反应僵化等弊端。20 世纪 80 年代以来，随着经济的全球化和国际贸易的大发展，国际港口业的竞争日趋激烈，迫使很多国家放松了对港口的垄断管制，代之以港口管理体制的市场化改革。

这种市场化改革主要体现在：

第一，港口管理职能的政企分开。港口管理职能主要包括两个层面：主权管理职能和行政管理职能；前者是国家主权要求所规定必须履行的管理职能，主要包括海关、边防、检验检疫等涉及国家政治、经济和社会安全的管理职能，具有法律的强制性特点。而后者则是指港口发展规划、港口建设投资、港口运行管理等涉及港口正常运行生产的管理职能。这两种职能具有明显的差异，虽然港口具有公共产品属性，但越来越多的国家认识到传统的港口管理职能高度管制、高度垄断的模式已无法适应当代港口业的快速发展和日趋激烈的市场竞争，将港口的行政管理职能尤其是港口的具体运营管理职能，从主权管理职能中彻底分离出来，将其进行市场化的运作是可行的，也是必须的；"国家拥有、地方管理、企业运营"的现代港口运营管理模式由此应运而生。这种政企分开的运营管理体制既符合了经济全球化发展和国际经济贸易的运行规则，也为地方政府在市场经济条件下转变管理职能、提高管理效率、规范市场行为创造了良好的条件。

第二，港口经营的私有化。在全球经济发展走向自由化、市场化的时代，港口经营的私有化已成为必然趋势。毕竟，现代港口的快速发展必须投入大量资金，仅凭一国或一地区政府的财力已难以长期支撑，这在客观上迫使原来主要由地方政府单一主导的港口逐步采取承包、租赁、参股、合资、独资、产权转让等方式来吸引外部资金（含外资、民间资金等）。多元化主体运营模式的产生不仅为港口建设带来了充足的外部资金，而且也带来了先进的技术与管理经验，并且发展了庞大的海外业务网络，对提高港口管理运营效率、增强港口竞争力都起到了极强的促进作用。

第三，对外商资本的开放。随着世界各国港口投融资体制的转变，港口/码头的投资运营模式不再是由政府单一主导，而是多元化主体参与港口的投资、建设与运营，各国政府纷纷降低港口的市场准入门槛，民间资本、国际资本越来越多地介入到港口业的运作中，港口/码头投资运营模式日趋多元化和国际化。以中国为例，改革开放以来，为吸引外资加快港口基础设施开发建设，1986 年国务院颁布了《关于中外合资建设码头优惠待遇的暂行规定》，标志着中国港口建设向外资开放，2001 年港口管理体制进一步实施市场化改革，在"港口下放、政企分开"管理原则下不断降低港口资本的进入门槛；2004 年 1 月 1 日正式实施的《中华人民共和国港口法》（以下简称《港口法》）则规定了港口经营准入许可制度，明确提出"鼓励国内外经济组织和个人依法投资建设、经营港口，保护投资者的合法权益"。根据《港口法》的规定，港口的建设和经营属于鼓励外商投资的项目，并取消了在投资比例方面的限制；对外商资本来说，中国的港口市场是开放和透明的，只要符合法定条件，无论是本国资本还是外国资本都可以从事港口经营。

第四，地主港管理模式迅速普及。所谓地主港模式（Landlord Port Model）是指政府通过设立港口管理机构（港务局）或成立由政府主导的一个公司制企业，成为港口开发运作的"地主"，代表政府拥有某一港区及临港地区的土地所有产权，制订港口长远发展规划，并按照规划进行港口基础设施的建设，然后将符合建设码头、岸场等条件的岸线、土地等资源"出租"给码头运营商开发建设与运营管理，包括民营、外资企业都可以通过租用方式进入港口业务。

地主港管理模式的实质是港口投融资—运营模式的转变，这种"政府出地、投资商出钱；投资商运作、政府管理"的模式从根本上扭转了原来由政府财政单一投入的模式，通过利用多方的社会资金加快了港口的发展。各国港口发展的实践证明，通过地主港管理模式可以对港口土地实施滚动开发，同时有利于引入国内外先进的港口运作技术与管理经验，该种模式是港口长远发展和有效管理的可靠保障，是当代港口管理的主要方向。目前全球最大的 100 个集装箱港口中绝大多数都采用了地主港管理模式的原则来管理，这为集装箱码头运营商的产生与发展提供了现实的产业基础。

事实上，真正意义上的专业集装箱码头运营商产生于 20 世纪 90 年代初。目前排名全球码头运营商第一的和记黄埔港口（Hutchison Port Holdings, HPH）成立于 1994 年，其前身是成立于 1969 年的香港黄埔船坞公司（Hongkong and Whampoa Dock Company, HWD）；与早期的班轮公司投资经营港口/码头的目的不同，班轮公司的投资目的主要是为了支持其自身的运输主业；而 HPH 一经产生就以专业的码头投资运营商的面貌出现，以获取高额投资回报为运营目标。因此，从某种意义上来说，集装箱码头运营商这种专业组织的产生是现代港口业发展到集装箱港口时代的产物，也是现代港口管理体制改革的必然产物，如果没有世界各国港口管理体制的市场化改革，没有对港口/码头投资主体管制的开放，也就不会产生独立的集装箱码头运营商①。

2.3.2　集装箱码头运营商的产生

现代集装箱码头运营商主要由以下几个方面产生：

（1）港口主业型：由港口行政管理部门或港口装卸经营企业转型而来的码头运营商。这类码头运营商出于适应港口运作市场化的需要，从港务局的行政管理职能中剥离出来成为独立的市场运作主体，但其不是单一的从事港口装卸服务的港口企业，而是以投资参股等形式向产业链的上下游进行拓展（拥有喂给港与支线港的码头运营权益），通过整合腹地范围港口资源、构建区域甚至是全球运营网络，保障并拓展本港口的货源。由于港口本身所具有的稀缺型公共产品的特性，港口业一直以来都属于国家战略产业范畴，港口的发展都或多或少带有一定的国家意志，港口主业型码头运营商往往就是反映国家意志的一个重要平台。

最具代表性的是新加坡国际港务集团公司（PSA International Pte Ltd, PSA）和阿联酋迪拜港口世界（Dubai Port World, DPW），两者都是从当地的港务局改制而来，是当地政府绝对控制的采用市场化模式运作的国有企业，具有强大的政府背景，是典型的国家资本输出平台。

（2）船运主业延伸型：由船运公司业务延伸而来的码头运营商。自古港航不分家，在全球国际贸易物流网络中，港口是一个个节点，航线是将这一个个孤立节点串起来的线，而航线的开设必须依托于船运公司。随着世界经济贸易发展的大趋势，港口码头日渐成为稀缺资源，现代航运业正由"船舶大型

---

① 姚俊. 集装箱码头运营商研究 [D]. 深圳：招商局集团博士后科研工作站，2007：9 - 10, 15.

化"向"港航资源一体化"的方向纵深发展。对于船运公司而言，在主要航线挂靠港投资建设与运营码头，有利于将其主航线与码头对接，构成一个可控的港航一体化运输网络系统。无论是投资新建还是参股，除了能获得一定的投资收益外，更重要的是能为其航运主业提供便利和保证，既能够为客户提供个性化服务、保持稳定的货源，也能避免在码头运作环节受制于人。

目前，世界主要的船运公司几乎都已进入了码头运营行业，并纷纷加大在码头行业的投资，以谋求港航资源的进一步整合。如 A. P. 穆勒—马士基集团（A. P. Molloer - Maersk）是一个有着百年历史、以航运为主业的多元化跨国企业集团，其旗下的马士基航运公司（APML）是全球最大的集装箱承运商，同时其旗下的 AP 穆勒码头公司（APMT）是全球第三大码头运营商，在全球共运营了 45 个集装箱码头，码头网点遍布欧洲、美洲、亚洲。而世界第二、中国最大的远洋运输公司——中国远洋集团（COSCO）于 1998 年开始实施码头扩张战略布局，旗下的中远太平洋有限公司（COSCOP）开始在全球范围投资经营码头业务；经过十多年的发展，中远集团码头产业从"零"成长为全球第五大码头运营商。目前，中远太平洋在中国、美洲、欧洲等地运营着150 多个泊位，年吞吐量超过了 4 500 万 TEU①。

（3）投资专业型：以码头及其相关产业为投资专业的码头运营商，其本身不是一个单一的港口企业或船公司，但在整个港口行业参与投资建设和经营管理。其代表性的企业是和记黄埔港口集团（HPH）和招商局国际有限公司（CMHI）。和记黄埔港口集团（HPH）是全球最大的码头运营商，是华人首富李嘉诚的香港和记黄埔有限公司（和黄集团）旗下专营码头及相关业务的公司，1994 年正式成立，自成立之日起就以专业码头投资运营商的面貌、娴熟的跨国投资技能在全球港口市场上攻城拔寨，通过多元化的港口投资组合、稳健的财务状况、低买高卖的资产交易技巧、港航/港际联盟等方式迅速实现了企业资产规模的快速扩张；2009 年港口及相关业务收入达到 334.27 亿港元，EBIT 达 104.06 亿港元，目前是集装箱吞吐量全球第一（6 530 万 TEU）的码头运营商，是全球最具领导地位的港口投资商、发展商及运营商之一，在 25个国家 50 个港口拥有 306 个泊位，经营全球最繁忙的 10 大港口中的 6 个（数据来源：《和黄集团 2009 年年报》）。

招商局国际有限公司（CMHI）是驻港四大中资企业之一的招商局集团下属的专业码头运营商，1982 年投资建设蛇口港，成为深圳第一港，也是国内

---

① 管蛇. 国企码头运营商所向何方 [EB/OL]. 中国港口咨询网，2009 - 09 - 07.

第一个由企业自筹资金兴建的港口；1991 年投资建设蛇口集装箱码头，成为深圳第一个集装箱码头。作为中国改革开放的先驱，招商局集团投资兴建与运营管理蛇口港开创了新中国港口建设的先例，实现了具有划时代意义的三大突破：最早突破了单独依靠国家财政投资建港的港口建设体制，最早突破了依赖行政保护、计划分配货源的生产管理模式；最早突破了港口政企合一的管理体制。

从 2000 年开始，招商局国际通过一系列的投资新设、并购、股权重组等方式，在完成深圳西部母港整合的同时，先后在青岛、宁波、天津、上海、湛江、厦门等地进行码头投资扩张。经过以上投资布局，招商局国际成为了目前中国唯一在珠三角、长三角、环渤海、东南沿海和西南沿海同时拥有并管理港口的公共码头运营商。到 2009 年底，招商局国际旗下的港口泊位数达 233 个（其中集装箱泊位数 90 个），年集装箱吞吐量达到 4 387 万 TEU，国内集装箱码头市场占有率达 31.5%，年散杂货吞吐量达 2.32 亿吨，已成为中国排名第一的公共码头运营商。

除了上述三种主要的码头投资与运营商外，现在也有部分私募集团、基础设施建设基金、银行和养老基金管理机构等金融机构介入高利润的码头行业，如德意志银行、美国 AIG、高盛和安大略省退休教师基金等；但严格意义上来说，这些金融机构的介入更多是投机性的投资，基本都在资产运作层面而未涉及具体的码头运营管理，不能称之为真正意义上的码头运营商。

2.3.3　全球化背景下集装箱码头运营商的发展

2.3.3.1　全球化进程中集装箱港口的地位与作用日益凸显

进入 21 世纪以来，经济全球化进程的加速对整个世界的经济结构和产业结构都产生了重大影响，全球化趋势的最大特点就是越来越多的生产经营活动和资源配置过程是在整个世界范围内进行的。全球化导致国际商品贸易和国际资本流动的加速，打破了区域经济的限制，导致全球经济的不断融合，进而全球网络效应日益突出，全球贸易与运输网络得以不断发展与成熟。这个网络将原来各自独立、相互分离的传统运输方式通过现代化的码头运作设备和高效的信息化管理系统紧密地联系在了一起，实现了综合集散疏运、门到门的高效且低成本的运输效果，这个过程的实现是以现代化的集装箱港口为依托的。

很明显，现代港口在全球化发展趋势中的地位和作用更加突出，已成为一个国家或地区的经济能否有效参与经济全球化，并保持在国际竞争中的主导地位的重要依托。随着全球贸易与运输网络的日益成熟，枢纽港和支线港之间的分离进一步加剧，在全球范围内正上演着一幕争夺国际航运中心和区域性国际集装箱枢纽港的大戏，其竞争的激烈程度已超越了港航产业的企业经营行为，越来越明显地带有政府行政色彩。尤其是地处沿海地区的港口城市，往往是区域国际贸易的中心，具有功能齐全、完善配套的港口设备，便利的运输条件和廉价的运输成本，由此产生的集聚、扩散效应使之成为国家和地区的经济发展引擎，成为对外经济交流的关键区域。许多港口国家的政府通过强化立法和加大多元化投资力度等行政措施和经济刺激手段，加快港口及其关联基础设施的建设，积极营造港口市场环境，努力维护或积极争夺本国港口在全球性贸易与运输网络中的国际枢纽港地位。

目前国际集装箱枢纽港竞争的手段通常有三种：一是扩建港口，加强硬件设施建设，尤其是提高装卸设备的现代化水平；二是提高服务质量，扩大服务范围和提高效率，并实施全面的信息化服务；三是降低相关费用和价格，争取政府给予税收等优惠政策，提高集装箱港口的综合竞争能力。但随着现代港口向"第四代港口"的发展，未来港口之间的竞争升级为港口供应链之间的竞争，港口不仅仅简单地靠区位优势与高效运营来竞争，它们将主动参与到构筑港口供应链系统中，提高供应链整体效率，为客户带来尽可能多的增值服务。

要实现这种转变，就必须要求码头运营商与一般工商企业联系得更加紧密，在更为广阔的业务范围和空间范围内进行拓展。随着全球资本市场的发展，一些国际知名的大型码头运营商在拥有了雄厚的资本，掌握了先进的港口作业技术和管理经验，母港业务增长趋于饱和的情况下，开始以资本为纽带进行对外扩张，以整合港口资源、实现港航联盟与港际联盟，提高其国际资本运作能力、临港产业开发能力和区域发展空间获取能力，使自身成为供应链中的控制主体以及主动策划、组织和参与国际经贸活动的综合国际物流服务中心。

2.3.3.2　对外扩张成为大型码头运营商全球化时代的必然选择

全球化进程中一个非常明显的趋势就是产业的集约化。20世纪80年代以来，随着全球化浪潮的逐步演进，全球性的并购浪潮先后涌现，跨国巨头们通过跨国并购、全球化扩张迅速占领了行业制高点，国际巨头们的竞争策略也从生产经营环节转向了资本运营管理环节，从资源的获得、市场的开拓转向了以战略性资产的掌控与国际市场垄断优势的提升为主导的战略高度。诺贝尔经济学奖获得者、美国著名经济学家斯蒂格利茨在详细研究了美国企业成长路径后指出："在全球化的时代，几乎没有一个美国大企业不是通过某种程度、某种形式的兼并收购成长起来的，几乎没有一家大公司是靠内部发展成长起来的。"

产业的集约化可以说在各行各业都发生着，在很多行业中，四五个企业巨头的业务收入占到行业内总业务收入的一半甚至更高。这些巨头们大多具有系统集成型的特点（彼得·诺兰，2010)①，它们往往具有较强的资金实力、资本运作和管理整合技能，它们通过对业内其他企业的收购扩张来获得所需的技术、品牌和市场领先地位，不断地增强其对行业市场的影响力；进而凭借其在业内的经营规模与地位，通过巨额的采购支出和产成品输出向供应链上下游的业务伙伴施加压力，迫使其降低成本、提高服务效率，或与其结成更紧密的业务关系甚至是跨国联盟。于是，少数几个企业巨头就在整个行业的供应链中占据了主要的市场控制地位，行业集约化程度得以不断提高，而其他中小企业在市场竞争中则面临着更加不利的市场竞争地位。

集装箱港口行业也不例外，集约化程度也较高（见表2-3)。

表2-3　　　　　　　　全球码头运营商排名表

| Ranking | | Operator | 2008 | | 2007 | |
2008	(2007)		Million Teu	Share(%)	Million Teu	Share(%)
1	(1)	HPH	67.6	13.0	66.3	13.3
2	(2)	APMT	64.4	12.3	60.3	12.1
3	(3)	PSA	59.7	11.4	54.7	11.0
4	(4)	DPW	46.2	8.9	43.0	8.7
5	(5)	Cosco	32.0	6.1	27.3	5.5
6	(6)	MSC	16.2	3.1	14.4	2.9
7	(7)	Eurogate	13.2	2.5	13.2	2.7
8	(8)	Evergreen	10.3	2.0	10.4	2.1
9	(10)	HHLA	7.4	1.4	7.3	1.5
10	(9)	SSA Marine	7.4	1.4	7.7	1.6
11	(15)	CMA-CGM	7.0	1.3	4.9	1.0
12	(12)	Hanjin	5.7	1.1	5.8	1.2
13	(13)	Dragados	5.5	1.1	5.8	1.2
14	(14)	NYK Line	5.5	1.1	5.4	1.1
15	(11)	APL	5.4	1.0	6.0	1.2
16	(20)	OOCL	3.9	0.7	3.1	0.6
17	(19)	ICTSI	3.8	0.7	3.2	0.6

① 参见：英国剑桥大学彼得·诺曼教授的发言记录，2010年中国发展论坛：中国大企业的全球化进程与前景 [N]．搜狐财经网，2010-03-21.

表 2 - 3（续）

Ranking		Operator	2008		2007	
2008	（2007）		Million Teu	Share（%）	Million Teu	Share（%）
18	（18）	K Line	3.4	0.6	3.2	0.7
19	（16）	MOL	3.2	0.6	3.4	0.7
20	（17）	Grup TCB	3.2	0.6	3.3	0.7
21	（21）	Yang Ming	2.0	0.4	2.0	0.4
22	（22）	Hyundai	1.1	0.2	1.3	0.3
Global operators total			374.1	71.6	352.3	71.0

注：本表统计对象不包括单一区域的本土码头运营商（如：招商局国际）。

数据来源：Drewry，Annual Review of Global Container Terminal Operators，2009.

从表 2 - 3 中我们可以清楚地看到：在全球数以百计的码头运营商（含全球性码头运营商、区域性码头运营商和本地码头运营商）中，2008 年全球集装箱总吞吐量达到 5.21 亿 TEU。其中，22 个全球性码头运营商就处理了 3.74 亿 TEU，占比 71.8%；而处于全球领先地位的前 5 大码头运营商则处理了 2.699 亿 TEU，占到全球总吞吐量的 51.7%。并且，港口行业的集约化正随着全球化趋势的加剧而呈现不断加强之势，行业集中度进一步提高，如表 2 - 3 所示，22 家全球性码头运营商所处理的集装箱吞吐量占全球总吞吐量的比重从 2007 年的 71.0% 上升到 2008 年的 71.6%，前 5 大码头运营商所处理的集装箱吞吐量占比也从 2007 年的 50.6% 上升到 2008 年的 51.7%。

从全球主要码头运营商的发展历程来看，当前处于全球领先地位的码头运营商无一例外都是利用全球化时代所带来的行业整合契机，积极实行对外扩张。对外扩张已成为了大型集装箱码头运营商在全球化时代的必然选择。

2.3.3.3 全球金融危机带来历史性的挑战与机遇

经济全球化是一把"双刃剑"，它既给世界各国提供了分享全球经济增长的机会，也为金融危机在全球的肆虐埋下了伏笔。从 2007 年下半年开始，由美国"次贷"危机演发而来的一场全球性金融风暴迅速席卷全球，全世界经历了自 1929 年以来最为严重的一场经济危机，其影响面之广、程度之深可谓是前所未有，对世界经济尤其是外向型经济的发展产生了严重而深远的影响，那些国际化程度高的行业前几年得益于经济全球化的快速发展而发展，此时却纷纷成为了金融危机的重灾区，集装箱港航业就是其中的一个典型行业。

港口业是一个强周期性的行业，与国际贸易的发展水平息息相关。受全球金融危机的冲击，全球集装箱港口业务增长率在经历了近十年的两位数增长后，2008 年增长率从 2007 年的 13.4% 陡降至 4.7%，2009 年进一步降为负增长，全球主要集装箱港口的业务增长率均呈现两位数的负增长（见图 2-4、2-5）。

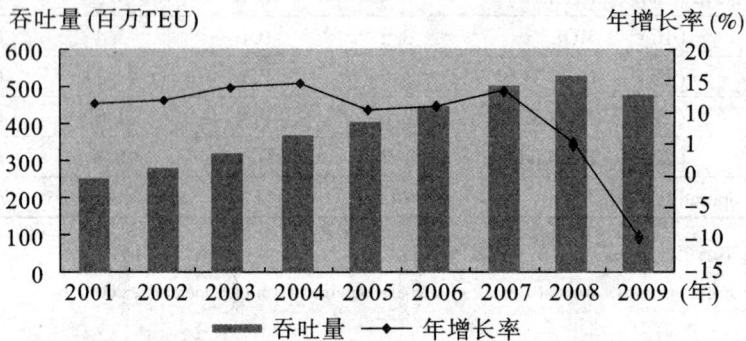

图 2-4　2001—2009 年全球港口集装箱吞吐量及年度增长率变动图

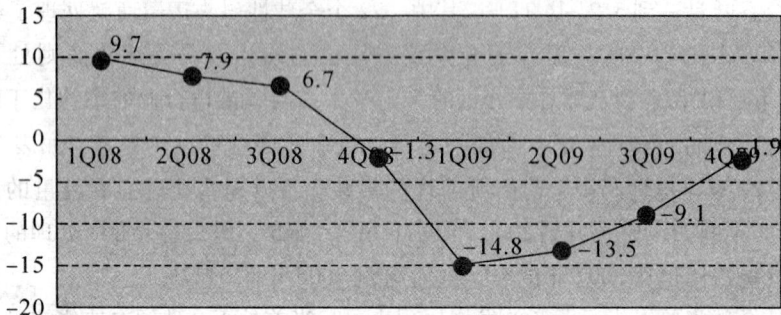

图 2-5　金融危机以来全球港口集装箱吞吐量季度增长率变动图

随着此次全球金融危机冲击力的逐步释放，宏观经济指标显示全球经济的总体环境正在逐步改善。综合 IMF、WB、UNCTAD 以及多家投行研究报告可预测：全球经济已基本完成触底过程并处于从经济谷底持续回升阶段，预计 2010—2011 年间将出现温和反弹，2012 年及之后几年国际贸易将随着全球经济的复苏而强劲增长并逐步恢复到正常水平。当然，这其中也不排除诸如 PIGS 事件（葡萄牙、爱尔兰、希腊、西班牙国家债务危机）等潜在的巨额债务黑洞可能导致的经济二次触底，以及由此带来的对国际贸易的大冲击，但随着世界各国经济刺激政策的显效以及欧美金融体系正常运作的逐步恢复，发生全球经济二次触底的可能性将逐步减小。

从长期而言，此次金融危机是对美国超前消费模式的否定，必将促发全球范围的经济大调整；在经历了十余年的稳定增长后，美、欧、日等发达国家以及中国、印度、巴西等发展中国家都将进入结构性的调整期。产业回归①、扩大内需、国际产业转移放缓、国际贸易摩擦频繁等将成为未来一段时期内的主要趋势。这意味着，未来全球进出口贸易的增长很有可能保持一个相对稳定的规模或进入一个相对低水平的平稳增长期，国际港口业将告别此前十多年的高速增长时期而进入一个相对平稳的低速增长时期。

与欧美主要国家相比，我国经济整体上在此次金融危机中所受冲击较小，我国港口业虽受到了一定的冲击，但在全球集装箱港口市场份额持续提高。2007年我国集装箱吞吐量突破1亿TEU，2008年持续保持8%的增幅，2009年虽有5.6%的降幅，但总吞吐量也达到了1.21亿TEU，占到全球总吞吐量的27%。从集装箱港口吞吐量排名来看，2008年世界排名前50名中，中国内地港口（不含香港、台湾地区）占有9席，2009年则占有10席，其中，全球前十大集装箱港口中，中国内地港口就占有五席（上海、深圳、广州、宁波、青岛）。

应对危机挑战、转变发展战略、在危难中寻机会、在危机中求发展是摆在我国码头运营商面前的现实问题。尽管全球经济依然严峻，但全球金融危机也给我国企业带来了历史性的发展机遇。欧美发达国家主要经济体在此次危机中身受重创，大部分企业尤其是中小型企业陷入经营困境，企业资产大幅缩水，价值低估频现跨国并购良机；而随着欧美资本的回流，发展中国家普遍出现了资本供给缺口，不得已放宽了外资进入门槛，有的甚至放宽了外国企业通过收购或参股等方式投资基础电信、油气、码头等战略性行业的投资限制，为中国企业的海外拓展提供了历史性的发展机遇。

可以预见的是，全球经济正处于触底回升阶段，欧美主要经济体仍处于震荡复苏中，国际资本市场的持续萎缩给中国企业海外拓展提供了较大的发展空间，未来3~5年将是中国企业海外拓展的重要时间窗口。随着欧美经济的复苏和以美元为主导的国际金融体系的修复，国际资本市场竞争将日趋激烈，欧美资本将重新成为国际并购市场的主角，但中国资本将成为新兴市场国家的代表，成为一支不可忽视的重要力量。

---

① 此次金融危机后美国总统奥巴马提出了"产业回归"的观点，欧盟内部也提出了"再工业化"的主张，其核心理念是吸引本国海外实业投资回流，发展本国实体经济，缓解因产业国际转移导致本国产业空心化的不利影响。

第三章 集装箱码头运营商海外拓展的动因与基本路径

3.1 集装箱码头运营商海外拓展的动因

3.1.1 企业海外拓展的基本动因

企业之所以要实施海外拓展战略，这既有外部市场环境的压力，也有企业内在利益的驱动力。纵观全球化时代企业海外拓展历程，其海外拓展的基本动因可分为以下几类：

（1）利润主导型（Profit – Oriental Internationalization）。资本具有天生的逐利性，企业运营的最终目的是企业价值的最大化，当国外市场出现超越国内市场的利润空间时，资本的对外扩张便成了必然。当今全球排名第一的码头运营商和记黄埔港口集团（HPH）便是典型的私人资本输出型。精明的华人首富李嘉诚数十年如一日地以其雄厚的资本及出色的运营能力在全球各地追逐着利润，资本输出遍布全球；与新加坡国际港务（PSA）、迪拜港口世界（DPW）等有政府背景的码头运营商相比，HPH 的运作更多属于纯粹的商业行为，获取利润的最大化是其最根本的动因。

（2）市场主导型（Market – Oriental Internationalization）。企业海外拓展的主要目的在于国际市场的获得，以实现产品销售市场的境外扩张。这种类型的扩张往往发生于国内市场趋于饱和或竞争过于激烈、行业平均利润不断趋低之时；此时，企业海外拓展的重心在于海外销售网络的建立、完善与壮大，加强客户关系管理（CRM）、扩大市场占有率是企业工作的一项主要内容。

（3）效率主导型（Efficiency – Oriental Internationalization）。企业海外拓展的目的在于获得企业发展所需的各类生产要素（原材料、资金、技术、机器设备、人才等），用以弥补企业发展的不足，并在一定范围内实现生产要素的优化配置，从而不断地降低生产成本，提高生产经营效率，实现企业产业链的国际最优布局和生产经营效率最高，不断提升企业的核心竞争力。

（4）战略资产主导型（Strategy Asset – Oriental Internationalization）。这是全球一体化所产生的一种新型的海外拓展动因。20世纪90年代中后期以来，全球经济一体化的格局逐步显现，企业的国际化已经进入跨国公司全球优化的阶段，国际市场竞争更多体现的是巨头之间的争斗，占领国际市场的制高点、获取国际市场话语权进而获得一定程度的市场垄断地位是企业在全球化时代海外拓展的重要动因。企业海外拓展的主要工作就是占据行业价值链上的关键环节（如研发）或控制战略性资源（如核心技术、人才、品牌、稀缺资源），进而获得国际市场话语权、获得高额垄断利润。要实现这一点，跨国并购是一个主要方式，这也是20世纪90年代中期以来全球并购浪潮风起云涌的一个重要原因。

3.1.2 港口行业全球化竞争加剧与区域市场趋于饱和

集装箱港口行业是伴随着经济全球化的发展而不断发展的。全球经济的持续增长是世界集装箱业务发展的基本动力，国际港口专家根据近20年的数据统计分析得出结论：全球GDP每增长1%，世界集装箱贸易量就增长2.8%；中国GDP每增长1%，中国集装箱贸易量就增长3.5%[①]。

进入21世纪以后，借助世界经济一体化、贸易全球化的快速发展，世界经济很快摆脱了"9·11"事件的阴霾，进入新一轮快速发展时期，国际贸易量持续增长。据国际货币基金组织的统计，2002—2008年间世界经济持续保持年均5%左右的增长，国际贸易量则保持了8%以上的增幅，推动了国际航运市场与集装箱港口行业的蓬勃发展（见图3-1）。

---

① 马克·莱文森. 集装箱改变世界 [M]. 姜文波，译. 北京：机械工业出版社，2008：318.

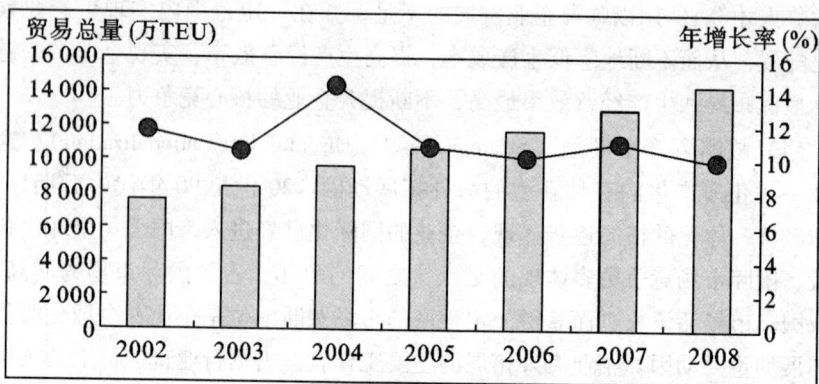

图 3-1　2002—2008 年世界集装箱海运贸易总量及年度增长率图

与国际航运业相比较，国际集装箱码头的行业利润要高许多，而且抗风险能力也较高。英国著名港航管理咨询机构德鲁里（Drewry）2009 年的研究报告指出，尽管金融危机导致世界贸易状况不断恶化，2008 年全球港口集装箱吞吐量仍保持小幅上升，2009 年虽有较大幅度的回调，但与国际航运业相比要好得多；从业界统计数据来看，国际集装箱码头行业的息税前利润（EBIT）/息税折旧摊销前利润（EBITDA）通常是国际航运业的 10～12 倍[①]。高额的利润自然吸引了众多资本的进入，近 10 多年来，世界各地区大多在当地政府的主导下大兴土木，业内巨头们也纷纷举起资本大旗在全球各地区"攻城拔寨"，集装箱港口行业的全球化竞争态势愈演愈烈，部分区域市场已趋于饱和状况。

以中国市场为例，中国集装箱港口行业的发展得益于改革开放以来中国经济的高速增长。改革开放以来，市场经济力量挣脱了原有僵化的计划经济体制的制度桎梏，促使我国经济出现了强劲的快速增长，进出口贸易长期持续保持 20% 以上的增长速度（见图 3-2），中国成为了世界加工制造的最大生产基地和全球采购中心，适箱货物大量生产，成为了推动世界经济快速发展的重要引擎之一，以中国为核心的东亚地区与北美、西欧一起成为了当今全球经济增长的三极。

---

① 黄姗姗，徐剑华. 集装箱码头运营商：金融风暴中的傲霜红梅［DB/OL］. 人民网，2009-10-19，http://sh.people.com.cn/GB/167985/167993/10216986.html.

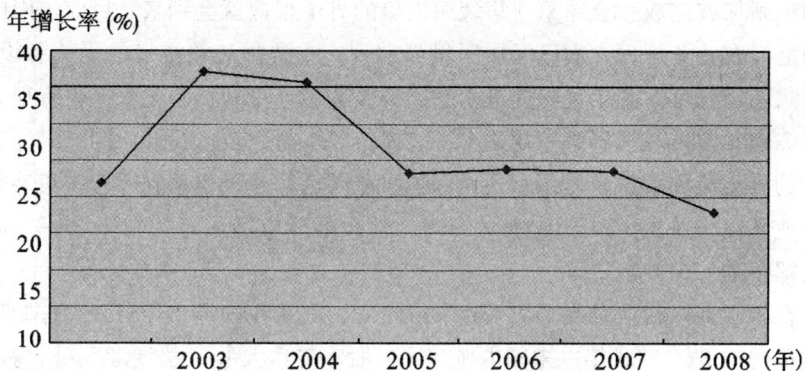

年增长率 (%)

图 3-2　2002—2008 年我国进出口贸易年增长率图

30 年来，我国集装箱港口行业经历了从无到有、从落后到繁荣的高速发展，取得了翻天覆地的变化；1979 年我国港口集装箱吞吐量仅为 3.29 万 TEU，1989 年首次突破 100 万 TEU，1997 年突破 1 000 万 TEU，2007 年则突破 1 亿 TEU，达到 1.14 亿 TEU，2009 年虽受全球金融危机冲击但仍达到 1.21 亿 TEU，占全球集装箱港口吞吐量近 30%，30 年来我国港口集装箱运输以世界少有的年均 35% 的增幅实现了连续 6 年世界第一的跨越式发展（见图 3-3）。

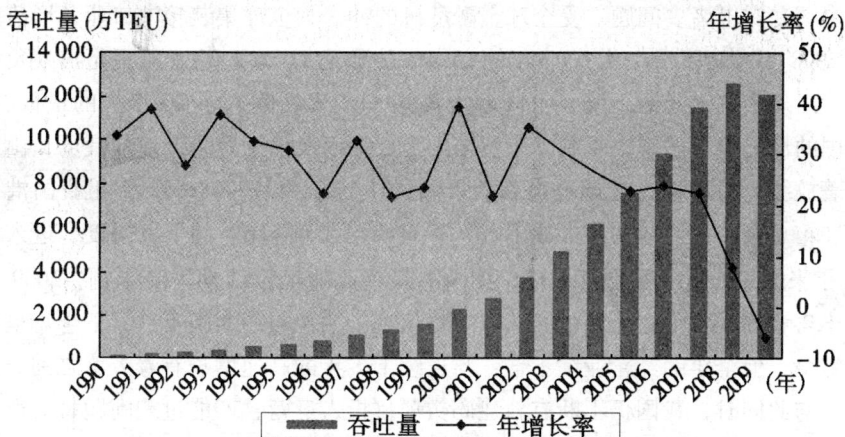

图 3-3　1990—2009 年中国集装箱总吞吐量及年增长率图

在全球前十大集装箱港口中，中国内地港口（不含香港、台湾）占据了五席，其中上海、深圳和广州分居第二、第四和第六位；而 2009 年上海港的吞吐量与全球排名第一的新加坡港吞吐量的差距已不到 100 万 TEU，根据金融危机冲击后的全球经济发展态势来看，中国经济状况依然保持良好，预计上海港超越新加坡港成为全球第一集装箱港口的日子很快就会到来。目前，中国集装箱港口在业务规模方面已经居于世界前列，主要集装箱港口的设施和设备、港口集装箱化率达到了世界先进水平，码头通关环境和信息化水平也有很大的改善，使我国集装箱码头专业化水平、操作效率得到较大提升。同时以港口为核心的集装箱多式联运体系和现代保税物流园区的建设也蓬勃兴起，集装箱港口行业已成为我国对外开放水平最高、融入国际市场最好的领域之一（武良成、郑宇劼，2009）。

在中国港口行业发展形势一片大好之时，随着我国港口经营管理体制市场化改革的推进，2003 年以来国内掀起了一股声势浩大的"建港潮"，沿海沿江各地政府纷纷提出打造百万、千万标箱的大港计划，并通过各种渠道引入巨额资金开始大兴土木。国家统计局统计数据显示，"十五"期间我国沿海港口建设共完成 1 407 亿元投资，是"九五"期间投资的 2.7 倍，至 2007 年底我国共拥有百万 TEU 大港 16 个，生产泊位 35 735 个，其中万吨级深水泊位 1 483 个。从拥有港口泊位的规模与数量来看，我国已成为了世界第一的港口大国。长期困扰我国的港口吞吐能力不适应国民经济发展的瓶颈问题已基本消除，但时至今日，这股以提升码头运营规模为主的建港热潮仍未有消散之意。

这种盲目扩大港口投资规模、重建设轻管理的发展模式在此次金融危机的冲击下暴露出诸多问题。受全球金融危机的冲击，全球集装箱港口业务增值率在 2008 年大幅下滑，从 2007 年的 13.4% 陡降至 4.7%，2009 年更是出现负增长，出现了跳水式的下降，下降幅度高达 11.2%，陷入了 20 年来的最低谷。中国的情况也不乐观，受制于外贸与内需放缓以及加工贸易产业的疲弱，出口显著放缓，集装箱吞吐量也面临着严峻的下行压力。2008—2009 年我国港口集装箱总吞吐量连续两年大幅下跌，2009 年已出现 5.6% 的下跌幅度，进入了 30 年来的最低点（见图 3 - 3）。我国港口企业的经营活动大受影响，2009 年上半年我国主要港口企业的经营业绩均出现了两位数的大幅下跌，下半年虽跌幅缩窄，但全年的经营业绩不佳，与连续十多年的高速增长有着天壤之别。

与此同时，我国仍不断有新建码头项目投入运营，产能过剩问题日益严重（见图 3 - 4）。金融危机爆发后，在政府刺激经济、加大投资的措施推动下，我国港口建设热不仅没有减少反而有加剧之势，内地集装箱码头总吞吐能力持续增加，据估算，新泊位竣工加上旧泊位改造扩能，近两年时间内就将新增吞吐能力约 1 400 万 TEU。由于集装箱码头市场需求的下降，2009 年底全国码头能力的利用率只有 70% 左右，过剩能力已达 5 100 万 TEU，创下历史新高；而未来几年，这种产能过剩问题将更加严峻。在日益激烈的国内市场竞争压力下，不少港口/码头运营商为了争夺货源不惜在集装箱码头装卸费率、运营成本、航线以及优惠政策等方面展开恶性竞争，不断压低集装箱码头行业的利润水平，造成国内集装箱业务经营难度不断加大，企业陷入两难境地。

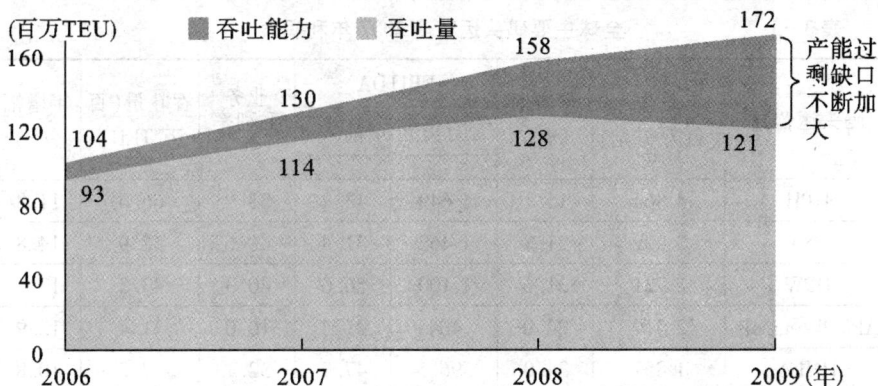

图 3-4 我国集装箱码头吞吐能力与实际吞吐量比较图

资料来源：招商局集团战略研究部，港口市场分析月报 2010.1。

可以预见，我国集装箱港口行业已经告别了高增长时期，内外需求减少引起港口市场需求减弱，再加上新码头和新运力的继续投放，将直接加剧当前我国港口市场的供求矛盾。由于外贸业务可能下降到更低水平，以外贸集装箱运输为主的港口企业面临的经营压力将有可能继续加大。同时，市场竞争加剧使港口经营费率继续下降的可能性增大，未来几年航运费率将保持持续低位，航运公司的经营困难也将从客户方面转移到码头运营商，给港口经营造成更大的压力，一些集装箱班轮公司对港口的议价能力更为强势，使得港口的实际费率难以提高，国内的码头运营商将面临着较为困难的一段时期。

国内如此，国外的码头运营商尤其是中小型码头运营商所面临的情况则可能更严峻。此时，我国有能力的大型码头运营商可以借助此次历史性的行业整合机遇，将眼光从国内扩展到国外，趁国外相关企业经营困难、资金链紧张之时勇敢出手，如参股企业、承接项目、参与建设等，可能会寻找到一些海外抄底的良机或是战略性投资的优质项目，有利于打造自己的国际港口网络。

3.1.3 全球化时代码头运营商海外拓展的必要性

3.1.3.1 拓展增长空间、获得高额投资收益

港口本身所具有的地理资源的稀缺性与垄断占有性、不可移动、不可复制以及资金技术门槛高等行业特性，使得集装箱港口行业的一个突出特点就是港

口业务毛利率高，行业平均毛利率可以达到30%以上，甚至可高达50%，远高于一般的生产制造型企业，被形象地称之为"码头印钞机"。表3-1为全球主要码头运营商2007年的利润表。

表3-1 全球主要码头运营商2007年利润表

码头运营商	年总收入（百万美元）	年增幅（%）	EBITDA		业务毛利率（%）	吞吐量（百万TEU）	年增幅（%）
			百万美元	增幅(%)			
HPH	4 864	15.1	1 649	13.2	33.9	66.3	11.8
PSA	3 009	21.8	1 462	31.4	48.6	58.9	14.8
DPW	2 731	31.6	1 100	56.0	40.3	43.3	17.7
APM Terminals	2 519	22.0	404	21.3	16.0	31.4	12.9
HHLA	1 857	34.0	596.5	47.9	32.1	7.2	10.8
APL Terminals	609	4.6	113	8.7	18.6	4.5	9.8
ICTSI	361	45.2	117.9	44.3	32.7	3.0	50.0
COSCO	51	79.3	28.7	88.8	56.2	39.8	21.3

注：EBITDA是指未计利息、税项、折旧及摊销前的利润。

数据来源：Containerisation International，2008。

从表3-1中可以看出，这些全球主要的码头运营商在2007年获利丰厚，利润增长速度及增幅均大于全球经济贸易增长；且从历年统计数据来看，2007年获利水平要高于前年同期水平。表中数据显示，主营公共码头的码头运营商HPH、PSA、DPW的业务毛利率要明显高于那些母公司主营业务为航运的码头运营商，如APM Terminals和APL Terminals。与国际航运企业业务毛利率一般在7%~15%相比，集装箱码头运营商的总体投资回报率要高出许多。

金融危机以来，虽然港口行业的利润空间受到较大挤压，但业务利润率依然偏高。以和记黄埔港口（HPH）为例，和记黄埔港口2007年业务收入为378.91亿港元，集装箱总吞吐量为6 630万TEU，EBIT总额为128.49亿港元；平均每个集装箱货柜的收入为571.5港元，单柜净收益达到193.8港元。2008年受到全球金融危机的冲击，和记黄埔港口业务收入增幅大幅下降，但仍保持4.5%的增幅，达到395.94亿港元，实现集装箱总吞吐量6 760万TEU，EBIT 132.36亿港元；平均每个货柜收入为585.7港元，单柜净收益增至195.8港元。2009年，和黄港口业务收入出现较大下滑，全年吞吐量为6 530万TEU，总收入锐减16%，降至334.27亿港元，EBIT下降21%，至104.06亿港元；

平均单柜收益为511.9港元，单柜净收益为159.4港元。尽管如此，港口业务依然是整个和黄集团最赚钱的业务板块，长期起着"现金牛"的作用。高额的投资收益率吸引了众多的资本纷纷进入这个行业，业内竞争将更加激烈，其利润空间有进一步压缩的趋势；但鉴于港口行业的特殊性，这个趋势将延续相当长的时间，尤其在新兴发展中国家仍存在不少海外拓展的空间。

3.1.3.2 完善港口网络布局、保障港口业务发展

在全球化的时代，港口作为对外开放的主要口岸和综合交通运输体系中的枢纽，其作为水运与其他运输方式的过渡点的作用逐渐减弱，而作为对外经贸活动中集装卸、仓储、加工、商业、物流以及信息服务等功能枢纽点的作用不断放大，已成为现代国际贸易综合物流链中的主要环节。

集装箱港口因班轮的运输而形成航运网络，并以航运网络为载体向市场提供服务，具有一定的网络产品特征与明显的网络效应现象。港口与港口之间通过航运公司的运输线路形成一个个的区域性或全球性的航运网络。在此网络中，港口是节点，航线是节点间的连线。单一的节点在此网络中的作用是很微小的，所面临的风险却是极高的。如果某一个港口游离于主要航运网络之外或者与主要航运网络联系很少，那么该港口对于货主与船公司来说效用将会很小而被逐渐边缘化；反之，如果某一个港口与周边的其他港口形成了一定的区域网络，具有比较密集的航线和航班（即航运通达性高），就会吸引更多的货主和船公司选择该港作为发货、中转和挂靠的港口。该港就会因为业务规模的扩大而产生规模经济效应，通过改善港口管理水平、采购更先进的操作设备、扩大港口吞吐能力提高码头运营管理效率，降低码头处理费率，就会吸引更多的货主与船公司，开辟更多的航线与航班，各港口之间形成相互促进、联系紧密的业务关系，港口网络效应得以显现。

区域码头运营商出于保障母港业务发展的需要，可投资到与其有稳定业务来往的喂给港和支线港，通过参股、控股或管理输出等模式将这些喂给港和支线港与其母港形成一个区域性的网络布局。向海外的投资布局可使这个区域网络向境外延伸，进而形成国际化的港口网络，原来的区域网络效应得以放大，母港在航运网络中的地位将得到巩固，码头运营商的市场议价能力将更强。在这个过程中，港口和船公司的结合或结盟成为了一大趋势，被业界形象地称为："船公司上岸、码头公司下海"。例如：马士基集团是全球排名第一的航运巨头，其旗下除了有全球最大规模的集装箱运输船队，还有全球排名第三的AP穆勒码头公司，在34个国家运营着50个码头。而同期，全球排名第一的和记黄埔港口于2004年6月出价6亿多港元收购韩国第二大航运企业——现

代商船20%的股份，从专业的码头投资运营商开始涉及航运业，其策略考虑莫过于此。

3.1.3.3 优化港口投资组合、分散经营风险

集装箱港口经营有如下两个明显的行业特征。

一是经营场地的固化，建设集装箱码头有必需的地理地质条件限制，优质的岸线资源尤其是深水港岸线资源往往是稀缺的；港口/码头的建设一经选址投入后，就不可移动不可复制。码头运营商业绩的好坏取决于其所处理的集装箱箱量（TEU）的多寡，包括腹地型和中转型货源；一个港口的兴衰与其货源地区的经济发展水平高度相关，货源地区尤其是腹地型港口的货源地区的产业结构、对外贸易政策、国际贸易水平等发生变化都会对港口业务产生较大的影响，进而影响码头投资者的收益。

二是投资资金的固化率高。现代化集装箱码头是一个资金与技术高度密集的行业，项目的初始投入资金巨大、沉没成本高而回收周期长。根据目前国内外港口的建设经验来看，一个集装箱码头的建设费用约为12亿~15亿元，建设周期为6~8年，运营周期为30~35年。项目一经投入，码头运营商就存在着长达数年的巨额现金流出压力，对企业的财务状况要求较高，资金实力较差的中小型企业往往很难在这个行业内立足。

在国内市场日趋饱和、各港口之间货源争夺日益激烈的全球化时代，单一货源地区的港口往往存在着较大的经营风险，码头运营商的经营压力不小。为分散经营风险、优化港口投资组合，积极对外拓展、在海外市场上投资布局便成了大型码头运营商的一个重要举措。

3.1.3.4 加强品牌效应、提升核心竞争能力

和记黄埔港口之所以在全球港口市场上取得突飞猛进的发展，得益于它的四大利器：世界级品牌、成熟的运营管理模式、雄厚的资金实力与高超的资本运作技能。与一般生产制造型行业不同，港口行业是一个具有战略性的基础设施产业，与区域内各相关产业联系紧密、关联度大；在目前主要采用地主港发展模式中，地方港务部门对码头投资商的资质、资金实力、技术水平、业内知名度等都有比较严格的要求，品牌早已成为了全球码头运营商核心竞争力的重要组成部分。一个企业海外拓展的项目越多，在业界的知名度就越大，其企业的品牌价值就越高，资本市场对其股票溢价就更高，企业的资金实力就更强，反而更有利于企业的海外拓展。

在全球经济一体化的过程中，产业的集约化程度逐渐提高。可以预见的是，随着港口国际化和私有化趋势的持续，以及金融危机后全球港口行业所显

现的行业整合趋势，业界巨头们所占有的市场份额和品牌价值还将继续提升。对于区域码头运营商来说，顺应产业发展趋势，积极进行海外拓展，不仅可以增长企业发展空间、获得高额回报，而且有助于提升企业品牌的国际知名度，提高企业的核心竞争力，是成为世界级码头运营商的必经路径。

3.2　码头运营商扩张的基本模式与路径探析

3.2.1　码头运营商扩张的基本模式

资本具有天生的逐利性和扩张性。独立的码头运营商在对某个特定的集装箱港口或码头投资运营后，一般不会停下资本的脚步，往往会在该港发展壮大后，围绕着码头资源开展空间拓展、产业链延伸以及多元化投资等多种形式的对外扩张，以拓展本港集装箱货源业务规模，提升市场竞争地位以及获取投资收益等。

从全球主要码头运营商的发展历程来看，集装箱码头运营商的对外扩张基本遵循"母港发展模式"，即集装箱码头运营商对外扩张的基点和起点是其投资运营的基本港（称之为母港），该港往往是某一区域内的枢纽港，在当地具有较强的市场竞争实力（一般在该地区具有50%以上的市场份额）和较成熟的码头运营管理模式与经验积累；只有当母港的发展进入到稳定增长时期，在当地已具有较稳定的市场领先地位后，码头运营商才会考虑对外扩张，对外扩张的路径一般经历：本地码头运营商→区域码头运营商→全球码头运营商三个阶段。

3.2.1.1　本地码头运营商（Local Port Operator）

这是当今港口业中任何一个世界领先的全球码头运营商都要经历的起点，在该阶段码头运营商只经营一个基本港（或称为：母港），通过建立与当地政府良好的政企关系和完善的市场网络，提升港口现代化运作能力与水平，不断拓展业务规模，在该地区的市场份额不断增长并最终占有50%以上的市场份额，具有一定的市场垄断地位并成为该地区的枢纽港。如香港港是和记黄埔港口（HPH）的母港，新加坡港是新加坡国际港务集团（PSA）的母港、深圳西部港是招商局国际（CMHI）的母港，等等。

在此阶段，码头运营商的经营策略主要是投资与母港主营业务相关的领域，凭借其所获得的区域主导的市场垄断地位不断巩固与提升自己的市场地位，培养一批具有良好素质的码头建设管理队伍、码头操作管理队伍、投资财务管理以及商务谈判队伍，形成一套较成熟的码头投资与运营管理的模式以及相关人才与经验的积累。

3.2.1.2　区域码头运营商（Regional Port Operator）

此阶段，除了在母港进行运营外，码头运营商将母港的成熟管理经验和优势积极向外输出，在附近区域的其他港口进行投资和运营。在对外扩张中，母港经验是码头运营商的核心竞争力之一，利用可资移植的码头建设、操作管理经验以及现有客户的业务延伸，以资本为纽带向临近区域或跨区域扩张（如从珠三角地区向长三角、环渤海湾拓展，一般指在一国国界范围内的扩张）。

除了具有较强的资本拓展能力和成功的母港管理运作模式外，这一阶段的码头运营商还需要重点做好两项工作：一是与更高层级政府之间建立良好的政企关系；港口作为一地的战略性基础产业，对地方经济的带动效应大，且涉及产业众多，港口运营中存在着与不同地区政府之间的大量的沟通协调工作，协调好不同地区之间（尤其是在腹地经济圈存在交叉的情况）的利益之争往往需要更高层级政府的出面。二是集团公司管控能力的提升，这主要体现在加强与区域间港口的竞争与合作，通过培育新建项目或改善收购项目的管理运营能力，合理分工并逐步形成区域网络协作，进而提升码头运营商在该国或该区域内的主导力量，并为跨国界扩张做准备。

3.2.1.3　全球码头运营商（Global Port Operator）

此阶段最大的一个特点就是跨越国界。此时，母港的业务发展已经趋于饱和、区域发展空间有限，但运营商拥有较充足的资金、先进的管理模式、丰富的操作运营经验、广泛而紧密的业务网络以及一批具有国际化视野与运作能力的人才队伍；于是，国际化拓展就成了必然的路径选择。

当然，在全球化浪潮的推动下，码头运营商的国际化也存在着主动与被动之区分。

被动者，要么因国内市场趋于饱和、外来竞争对手实力过于强大，为生存则迫不得已向外发展，以期做大做强，这些以腹地经济圈较小的腹地型或复合型区域港为多；要么因主要客户的外向发展而追随投资，在长期的港航联盟中，航线的增减是跟随着货源的流向与流量的变化而变化的，当码头运营商的主要客户——集装箱船公司航线的调整与海外延伸时，往往会带动码头运营商的追随投资，否则码头就将面临失去大客户的不利境地。这类码头运营商以有船公司背景的为多。

主动者，则往往在行业内占据比较明显的优势地位，具有较强的议价能力；它可以根据自身业务发展情况制订出较明确的海外拓展规划，并根据此规划做出较清晰的投资布局，让企业向着全球领先的码头运营商前进。同时，这里也有资本运作的角色，利用其高超的资本运作与企业整合能力，通过"低价买入——资产优化整合——盈利能力提升——高价卖出"模式获得较高的投资收益。典型的案例如和记黄埔港口出售一个处于饱和点的业务，然后再把资金投向具有发展前景的领域；与和黄港口在全球其他地区的港口业务相比，香港的港口业务发展比较缓慢，2004年香港港口业务毛利增幅仅为4%，而同期在深圳的港口业务增幅高达20%以上；于是2005年6月和记黄埔港口高价出售现代货柜码头（HIT）20%的股份给竞争对手新加坡国际港务集团（PSA），两个月后就巨资投入深圳盐田港。

目前，全球的主要港口运营商大多处于海外拓展的阶段；但按照英国知名港航分析机构 Drewry 的标准，码头运营商的海外拓展仍存在着一个从国内到国际、从国际到全球的发展历程，真正意义上的全球码头运营商必须在三个或三个以上的大洲经营码头。目前符合这一标准的就只有全球排名前五的码头运营商：和记黄埔港口（HPH）、新加坡国际港务集团（PSA）、迪拜港口世界（DPW）、AP穆勒码头（APMT）和中远太平洋（COSCO）。

当然，在不同的发展阶段，码头运营商的企业运营能力要求是有较大差异的（见表3-2）[1]。

表3-2　　　　　不同发展阶段码头运营商的企业运营能力比较表

类型	本地运营商	区域运营商	全球运营商
企业运营能力	●与当地政府的关系 ●码头建设运营经验 ●业务谈判能力 ●市场开拓能力	●母港经验输出 ●市场联合推广 ●一定的资本运作能力 ●更高层的政府关系 ●对下属码头的管控能力	●以上各种能力 ●全球战略洞察力 ●全球资本运作能力 ●全球化的沟通能力 ●全球化管理团队 ●全球化码头的管控能力

3.2.2　码头运营商扩张的基本路径

从全球主要港口的扩张模式来看，发展到一定阶段后，随着竞争的加剧，对外扩张是各港口的必然选择。其竞争途径不仅是依靠港口规模的扩大，更重要的是以自身的条件为基础进行港口功能的拓展，从而形成具有可持续性的发

---

① 参见：姚俊. 集装箱码头运营商研究 [D]. 深圳：招商局集团博士后科研工作站，2007：32.

展动力。目前，码头运营商对外扩张的路径主要有以下三条①：

3.2.2.1 以腹地经济为支撑、沿产业链延伸的扩张路径

一般而言，这类码头运营商的母港拥有较广阔的直接腹地和间接腹地，为典型的腹地型港口，对外贸易量大，同时也处于多种交通的汇聚点上，港口业务具有较大的拓展空间，港口功能也具有进一步升级拓展的潜力。因此，以腹地经济圈为基础、重点发展临港产业，把码头主营业务及临港产业向其产业链上下游延伸是这类码头运营商的主要发展模式。如中国沿海的天津港、广州港。

由于国内港口业仍处于主营业务稳步发展的阶段，这类港口仍是区域枢纽港，其运作重心仍是以国内市场为主；并且运营商自身尚不具备大规模对外投资所需要的资金、技术、管理和国际化运作经验。因此，此类运营商的扩张侧重三个方面：一是围绕主营业务整合资源，采用各种市场手段扩大港口服务范围，拓展港口的工业、商业和物流功能，通过业务范围的国际化辐射以形成跨区域性的国际物流中心；二是加强与内陆腹地经济圈更深入的经济联系，参与投资腹地经济区域的商贸、物流等与码头、临港产业相关的业务，拓展港口的货物来源；三是加强与邻近区域港口的合作，通过业务合作、港际联盟等方式形成一定的国际区域网络，共享腹地资源和国际网络效应。

3.2.2.2 着眼于港口资源整合、实施多元化的扩张路径

这类码头运营商往往是领先的区域码头运营商，多半带有较强的政府背景，经过多年的运营，港口运营已发展至较高水平，拥有较雄厚的资金实力、现代化操作设备、先进的运营管理经验以及较强的市场运作实力，且多是以国际贸易业务为主导的国际型港口。因此，建设国际性的航运中心，进行多元化投资，进一步拓展其经营领域是其扩张的主要路径。

上海国际港务集团（简称：上港集团）是采用这种扩张路径的港口中的一个典型代表。上港集团前身是上海港务局，上海港务局在 2004 年进行了改制，实行政企分开，把上海港务局所有经营性资产独立出来成立了上港集团。上海港位于长江三角洲前沿，以上海市为依托、长江流域为后盾，发展定位是成为全球国际航运中心和国际金融中心，其集装箱年吞吐量已连续多年保持全球第二，并力争成为全球第一大集装箱港。为实现以上扩张目标，上港集团先后制订并实施了三大发展战略：长江战略、东北亚战略和国际化战略。

长江流域是上海港的直接货源腹地，长三角地区和长江流域经济腹地通过

---

① 参见：孙芳，杨明. 港口扩张的模式与路径探析 [J]. 港口经济，2009（10）：34-36.

上海港进出口的货物量约占上海港口货物吞吐总量的三分之二。经过多年的持续投资布局，上港集团已于近期完成了其"长江战略"，积极整合了腹地范围内港口资源，通过投资参股形式在武汉、九江、重庆、长沙、南京、江阴等长江沿线港口拥有了控股或大股东的运营权益，形成了自成一体的长江港口航运网络，成为国内内河港航系统中的佼佼者。

上港集团的东北亚战略则把目光投向了东北亚地区的中转业务，希望通过"争取口岸政策、布局支线网络"的策略来吸引货源。即通过洋山深水港的建设、洋山保税港功能政策体系的完善等来增强上海港对中转货源的吸引力；同时加强沿海支线网络建设，覆盖大连、天津、青岛等沿海港口，积极拓展中东、南亚、美东等国际航线，实现长江、沿海、国际中转的无缝对接。

在国际化战略方面，上港集团的发展目标是进入全球著名码头运营商前十名的行列；为此，上港集团在继续发展母港主营业务的同时，实施了全球视野下的海外市场开拓计划，拟通过资本运作、境外港口资源整合、跨国界经营等方式来实现境外港口市场的开发，逐步形成以码头、集装箱经营为主体，辐射国内、国际两个市场的跨区域多元化经营格局。2006 年上港集团与马士基集团签订比利时泽布吕赫码头项目合作框架协议，拟收购比利时 APM 码头泽布吕赫公司 25% 股权，后因金融危机冲击陷入停滞；2009 年底重新启动，2010年 4 月获国家发改委批准，意味着上港集团海外扩张战略迈出了实质性的第一步。

3.2.2.3　立足网络布局、跨区域投资的扩张路径

这类码头运营商在母港经过长期的运营后，往往在区域市场上取得了较为明显的市场垄断地位，积累了较雄厚的资金实力和较丰富的资本运作经验，拥有较充分的集装箱码头运营管理技术与人才的储备，以及较稳定的客户关系网络，具备了进一步发展的基础与实力。但随着区域内竞争对手的发展，竞争压力日趋激烈，导致区域市场发展空间有限，为巩固母港的区域枢纽港地位、扩大企业收益来源，这类码头运营商往往将技术与资本相结合、进行跨区域的投资运作，以实现码头业务在空间上的扩展。随着码头运营商跨区域投资的增进，各投资码头项目之间的网络化效应日益显现，中转业务量增多，在港航博弈中该码头运营商的议价能力得以提升，业务有了较大发展，因而进一步刺激了码头运营商立足于网络布局的海外投资，并最终走向全球化扩张的路径。和记黄埔港口（HPH）的发展在很大程度上就属于这一类。

第四章 全球主要码头运营商的海外拓展之路

他山之石，可以攻玉。在探讨了码头运营商海外拓展的动因、基本模式与路径后，本章笔者将对全球主要码头运营商的海外拓展之路进行比较与分析。出于本课题研究的需要①，本文将研究集中在当前国际港口业中处于世界领先地位的三大全球码头运营商：和记黄埔港口（HPH）、新加坡国际港务集团（PSA）、迪拜港口世界（DPW），拟通过对这三大运营商的海外拓展之路做一个深入的描述、剖析与比较分析，从中得出一些有益于我国企业海外拓展的规律与经验。

4.1 和记黄埔港口的海外拓展之路

和记黄埔港口（Hutchiso Port Holdings，HPH）是香港和记黄埔有限公司（简称：和黄集团）旗下专营码头及相关服务的子公司。港口业务是和黄集团五大核心业务（港口及相关服务、地产及酒店、零售、电讯、能源基建及其他）之首，是其最重要的盈利业务。2009 年港口及相关业务收入达到 334.27亿港元，EBIT 达 104.06 亿港元，港口及相关业务的业务收入占和黄集团总收入的 11.12%，但利润贡献占到和黄集团所有业务 EBIT 的 24.15%，长期以来

---

① 根据英国著名港航咨询机构 Drewry 的研究方法，码头运营商按基本业务模式可划分为三类：装卸工型码头运营商（Global Stevedores），以公共码头操作为基本业务，如 HPH、PSA、DPW、Eurogate、招商局国际等；承运人型码头运营商（Global Carriers），以集装箱运输为基本业务，码头网络扩张主要是服务于航运业务，如 Evergreen，K line，YangMing Line 等；混合型码头运营商（Global Hybrids），以码头操作业务为主导，但大多脱胎于航运企业，业务发展多以服务母公司航运业务为主，如 APMT、中远太平洋。本课题以装卸工型码头运营商为主要研究对象。

一直是和黄集团的"现金牛"。

HPH 是全球最具有领导地位的港口投资者、发展商及运营商之一，目前在全球 25 个国家共 50 个港口经营 306 个泊位，所持有的集装箱码头权益包括全球 10 个最繁忙港口中的 6 个，业务范围遍布亚洲、欧洲、拉丁美洲、中东和非洲（见图 4－1）。2009 年 HPH 港口所处理的集装箱总吞吐量达 6 530 万 TEU，位居全球第一。

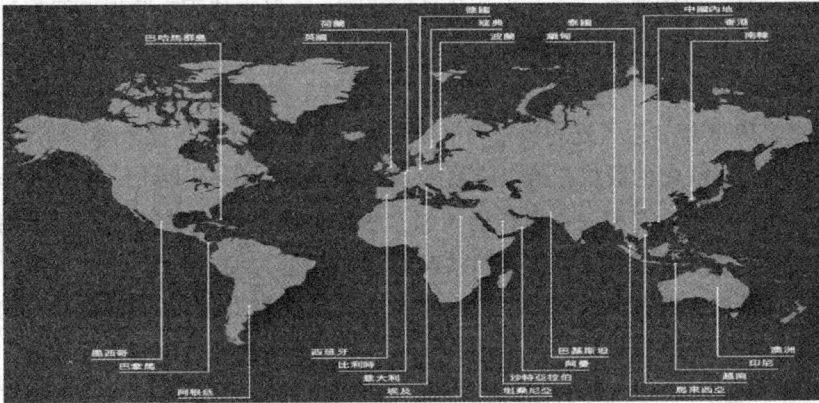

图 4－1　和记黄埔港口业务全球分布图

HPH 是一家纯粹私人财团背景的投资运营商，是典型的商业利益主导的经营管控型码头运营商，目前是全球最大、也是最成功的私营集装箱码头运营商。回顾其全球拓展之路，HPH 从香港国际货柜码头公司（HIT）起步，以资本为纽带，以先进的码头运营管理模式输出为核心，通过新建、收购、注资、管理等一系列的资本运作手法在全球范围进行码头的投资及管理，迅速地从香港本土码头运营商发展到了全球码头运营商。

4.1.1　和记黄埔港口的海外拓展

和记黄埔港口的海外扩张路径基本遵循了母港发展模式，即母港运营商→区域码头运营商→全球码头运营商，大致可分为以下几个阶段：

4.1.1.1　1991 年以前，仅在香港经营码头业务

和黄集团的集装箱码头业务是由其在香港的旗舰公司香港国际货柜码头公司的运作开始的。香港国际货柜码头公司成立于 1969 年，是香港最早的国际集装箱码头公司，位于香港葵涌，而葵涌是当时整个东亚地区最繁忙的集装箱港区。和黄集团老板李嘉诚先后投资上百亿港元，投标竞得了葵涌集装箱码头中一半以上码头的运营权，取得了明显的垄断优势，逐渐称雄香港国际集装箱

市场。至 1990 年底, HIT 共拥有 10 个泊位、89 公顷码头设施（占当地总设施的 63%），另外还拥有亚洲最大的货物分发中心, 集装箱吞吐量已占到当时香港总市场的 65% 以上; 具有区域垄断优势的 HIT 和香港本土成了和黄集团全球港口业务布局的母港和管理模式输出的发源地。

4.1.1.2 1991—1997 年, 积极拓展中国内地和西欧市场

和记黄埔在被李嘉诚收购之前是一家英国资本控股的企业, 在欧洲尤其是在英国具有广泛的业务关系。正是在这种背景下, 欧洲成为了和记黄埔最早的码头业务海外扩张区域。1991 年, 和记黄埔收购了英国费利克斯托港（Port of Felixstowe Limited）75% 的股权, 该港位于英国东南海岸, 是英国最大的集装箱港口。1998 年, 为了进一步拓展市场份额, 和黄又收购了伦敦港的 Thamesport Limited 100% 的股权和哈尔威治港 Harwich International Port Limited 90% 的股权, 哈尔威治港与费利克斯托港相邻。两次收购让 HPH 成功地在英国港口市场站住了脚, 并开始进入整个西欧市场。

与此同时, 改革开放以来中国内地港口业有了快速发展, 尤其是珠三角地区的深圳西部港、盐田港、广州港的兴起, 导致香港腹地货源的持续分流, 迫使 HPH 开始了跨区域的海外投资业务。精明的和黄人抓住了中国改革开放的良好时机, 在 20 世纪 90 年代初期中国内地刚对港口实行有限度的外资开放时就积极投资, 1992 年 11 月 HPH 投资 60 亿元人民币与上海港务局合资成立上海集装箱码头有限公司（SCT）, 建设上海金山标准集装箱码头和国际深水港码头等项目。1993 年 10 月 HPH 以 25 亿港元的代价成功竞标盐田港一期工程项目, 与深圳盐田港集团合资成立盐田国际集装箱码头有限公司（YICT）, 之后不断增加在内地的投资和管控权。

HPH 竞投盐田港的成功, 得力于内地政府的支持。当时我国政府明文规定, 外资参股港口业务不得高于总股权的 50%; 但 HPH 在 1993 年就突破了这个限制, 在深圳盐田港一期和二期项目中, HPH 持股 73%。客观地讲, HPH 在广东的发展确实受到了格外的政策优惠, 在其他投资巨头们受制于控股权问题时, HPH 得到了深圳当地政府的特批, 获得了深圳盐田港的控股权[①]。

中国崛起并成为世界工厂有力地促进了国际贸易量的持续快速增长, 也促进了内地港口业的大发展。1987—2006 年中国内地市场集装箱吞吐量高速增长, 年均复合增值率达 29.5%。盐田港竞购成功后, HPH 在内地港口业展开了一系列猛烈的"攻城略地"行动; 到 2000 年 HPH 已控制了上海、盐田、宁

---

① 辛磊, 颜三元. 走出和黄: 和记黄埔解密 [M]. 北京: 东方出版社, 2006: 53-57.

波三个沿海码头和珠海、澳门等六个沿河沿海码头，成为了当时内地港口的最大境外投资者，年处理集装箱量已达全国年总吞吐量的25%，至今中国内地仍是对HPH利润贡献巨大的港口业务区域。

4.1.1.3 1998—2001年，加强重点区域建设，实施全球扩张战略

1997年亚洲金融危机的冲击促使HPH加快了海外拓展的步伐。1999年HPH花巨资收购了荷兰鹿特丹港最大的集装箱码头运营商Europe Container Terminals B. V. （ECT）31.5%股权，之后两年内不断增资，于2001年增持ECT股权到75.5%，处于完全控股地位，将其作为第二母港重点打造。ECT是一家历史悠久的大型国际化码头运营企业，成立于1966年，比和黄旗下的HIT经营历史还要长，在荷兰、德国、比利时等多个国家拥有码头。HPH控股ECT后，花费巨资重点打造ECT下属的Euromax码头，不断提升其港口设施设备现代化水平和吞吐能力，目前该码头一期已经投产，年吞吐量达到230万TEU。

与此同时，HPH继续加大在中国内地的投资，一方面增持已有重要港口的股权，另一方面继续向内地沿海港口扩张，先后投资宁波北仑国际集装箱码头、厦门国际集装箱码头、上海浦东集装箱码头。

在重点打造欧洲与中国内地两大市场板块外，HPH还积极实施全球扩张战略，在东南亚地区收购了印尼雅加达国际集装箱码头和马来西亚巴生西港；在拉丁美洲投资了墨西哥Lazaro Cardenas码头（LCT）、巴哈马自由港、巴拿马港。其中，巴拿马港地处巴拿马运河，连接太平洋与大西洋，无论政治经济战略地位还是国际货运地位在全球都是非常重要的；HPH 1997年在巴拿马国际港口工程竞标中中标，获得了分别位于巴拿马运河南北两端上的巴尔博亚港和克里斯托瓦尔港25年的经营权，极具拓展战略价值。

4.1.1.4 2001年至今，成功并购ICTSI，实现全球码头网络布局

2001年，HPH成功收购了菲律宾国际集装箱码头公司（ICTSI）。ICTSI是一家以菲律宾为基地的国际集装箱码头服务公司，其码头业务分别在南美的墨西哥、阿根廷，中东的沙特阿拉伯，非洲的坦桑尼亚，南亚的巴基斯坦，东南亚的泰国等13个国家经营着23个集装箱及散货泊位。这些码头分布南美、中东、南亚地区，与HPH的业务正好处于互补地位，收购价格低廉且布局合理，无明显的区域竞争。至此，HPH成为全球单一财团拥有最多泊位的码头运营商，实现了其全球码头网络布局。

此外，HPH仍在不断寻求新的市场，不断充实与完善其全球码头网络布局，如：2006年收购了阿曼苏哈尔港国际码头65%股权，西班牙巴塞罗那

TERCAT 70% 股权，2007 年投资越南巴地头顿省港务、厄瓜多尔马达港（Port of Manta）[①]；2008 年投资巴基斯坦卡拉奇港 Keamari Groyne 新集装箱码头，等等。

4.1.2 和记黄埔港口海外拓展策略分析

4.1.2.1 扩张区域选择重点投资枢纽港，强调投资项目盈利性

HPH 投资区位的策略是集中力量投资于各区域航运中心，重点建立枢纽港，通过枢纽港建设引领腹地经济物流走向，确保投资项目的市场盈利（见图 4-2）。

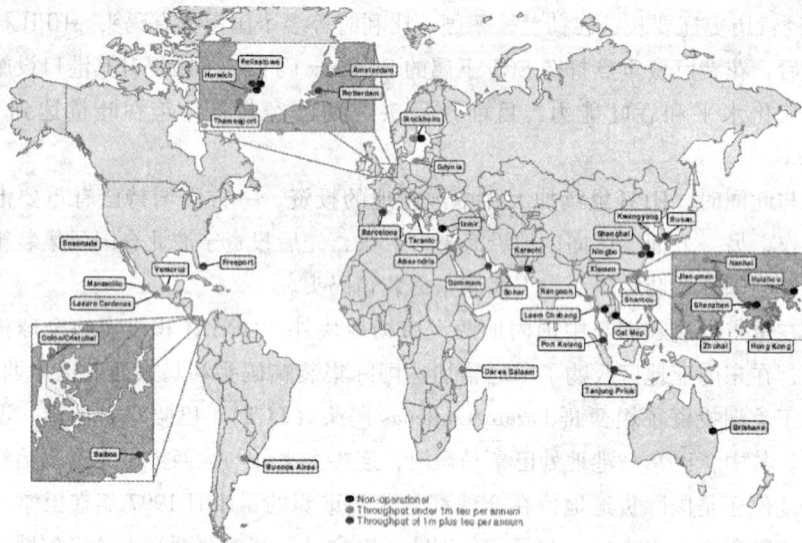

图 4-2　和记黄埔港口港口业务的全球布局图

数据来源：Drewry, Annual Review of Global Terminal Operator, 2009.

在主要的贸易路线上战略性控制原产地和目的地港口是 HPH 全球扩张战略的重点，HPH 不仅在亚欧美等主要经济区域拥有大规模的港口布局，而且在加勒比海、中东和非洲等地区具有战略意义的港口也做了大量投资，且多取得了码头运营管理的控制权。目前，HPH 集装箱业务来源非常多元化（见图 4-3），以 2009 年的统计数据来看，香港港集装箱吞吐量占 HPH 总吞吐量的 18.1%、中国内地占 31.6%、东南亚占 9.1%、南亚占 1.5%、中东占 1.6%、

---

① 2009 年 2 月和记黄埔港口宣布因与当地政府的经营权协议有变，撤出在厄瓜多尔马达港的投资计划。

欧洲占 25.5%、拉美及加勒比地区占 11.5%、非洲及其他地区占 1.1% [①]。

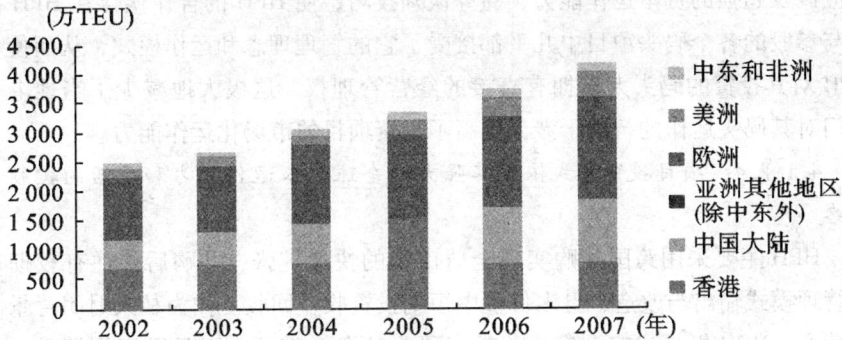

图 4 - 3　2002—2007 年和记黄埔港口权益集装箱吞吐量构成图

数据来源：招商证券（香港）研究报告，2009.02。

据大和证券分析，HPH 超过 70% 的货量来自于原产地和目的地港口。由于这些港口服务于码头的经济腹地位于对进出口集装箱货物有强劲需求的地区，船公司往往不得不挂靠，因此码头运营商在与船公司就港口费率的博弈中往往处于更有利的位置。

4.1.2.2　投资战略规划注重整体规划和协调发展，逐步形成全球网络

HPH 在对外扩张中注重网络效应，在全球码头布局上强调整体规划，努力实现旗下各港口相互协调、配合与发展。HPH 的对外投资往往会采用“集团推进”模式而非“单兵突进”模式，即在投资建设某一枢纽港的同时，非常注重附近区域港口的配合，通过一系列的跟进投资将该区域的支线港或喂给港与枢纽港形成一个区域港口网络。以 HPH 在我国珠三角地区的港口投资为例，HPH 在重点打造母港——香港港和区域性枢纽港——深圳盐田港外，还在邻近区域投资了江门、南海、汕头、珠海高栏和九州等六个中小型集装箱码头，积极参与广州南沙集装箱码头项目，这些中小型码头和 HPH 在中流业务（MSH）、内河码头业务（RTT）和香港港与盐田港组成了三级港口体系，大大拓展了香港港和盐田港枢纽港的市场腹地。

4.1.2.3　项目管控模式上强调对投资项目的控股权和管理权，以及成熟母港管理模式的输出

和黄的品牌和成熟的母港管理模式是 HPH 全球扩张的重要资本，取得投资项目的控股权和管理权，减少当地政府港务部门对其码头运作的干预是

---

① 数据来源：根据和黄集团 2009 年年报、Drewry 2009 报告相关数据整理得出。

HPH 全球扩张的重要保证。HPH 依托和黄集团整体强大的财力、巨大的品牌效应以及超强的资本运作能力、商务谈判技巧，使 HPH 的合作伙伴在 HPH 控股与参股的各个码头项目中几乎都接受了它的管理理念和运作模式，从而使得 HPH 对其投资的码头大多拥有直接的经营管理权，这极大地减少了当地港务部门对其码头运作的行政干涉，提高了投资项目的市场化运作能力。

4.1.2.4　项目投资模式依据其强大的全球资本运作能力和灵活的控股权策略

HPH 主要采用跨国并购实现全球市场的快速扩张，并购后往往有较彻底的管理模式输出与改造，且多偏重中短期投资收益回收。作为私人财团背景的运营商，HPH 极具战略洞察力，投资码头的资金需求大而且投资周期长，运营风险较大，保证项目运营的收益率与尽快收回投资是 HPH 在对外投资中重点考虑的因素。从 HPH 的全球扩张历程来看，HPH 的扩张主要有三个里程碑（见图 4 - 4），每次大规模投资后都带有较彻底的运营管理模式的输出与改造，然后给 HPH 带来较明显的中短期收益增加。

(万 TEUs)

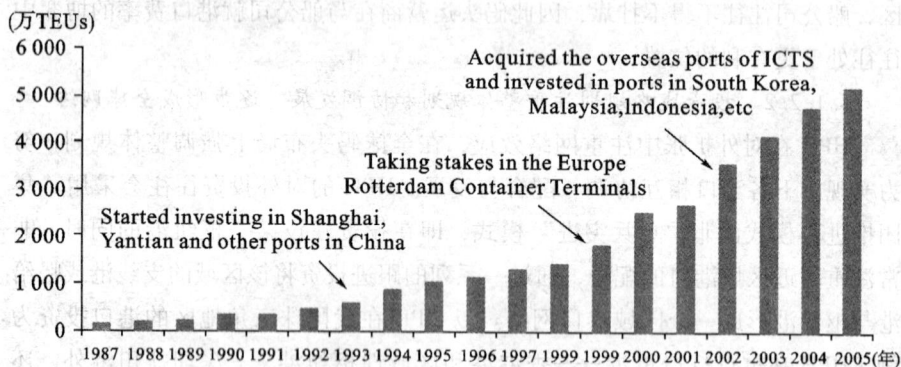

图 4 - 4　和记黄埔港口业务发展的里程碑图

资料来源：大和证券研究报告，2007.09。

4.1.2.5　风险防范与业务保障方面积极向产业上游环节延伸，加强与船公司的合作关系

HPH 非常注重港航之间的合作，为加强港航联盟的深度与广度，HPH 经常采取投资项目部分股权出让的方式，积极与大型船公司建立战略合作关系，吸引船公司将所经营的航线转入共同投资的新码头项目上；这样保证了新投资项目的基本客户群，大大降低了新项目的经营风险。

同时，HPH 在其投资的各码头中使用全球统一的码头管理系统 TOPS 和信息化平台，不仅保证了各码头操作的标准化、系统维护的一体化、提高了管理

效率，还增加了旗下各港口业务的相互协调性。

4.2 新加坡国际港务的海外拓展之路

新加坡国际港务集团公司（PSA International Pte Ltd，PSA）是新加坡政府全资拥有的国有企业（由淡马锡控股，归新加坡财政部直接监管），1997年10月由新加坡港务局（Port of Singapore Authority）改制而来（采用公司化运作模式），具有强大的国家背景，是典型的国家资本输出平台。

PSA 是目前全球第二大集装箱码头运营商，在17个国家运营27个港口项目。2008年，PSA 投资码头的集装箱总吞吐量为6 320万 TEU，仅次于和记黄埔港口；但按照权益吞吐量计算，2008年 PSA 已达到5 546万 TEU，超过了和记黄埔港口的4 261万 TEU，排名全球第一。

4.2.1 新加坡国际港务的海外拓展

与和记黄埔港口的海外拓展路径不同，新加坡国际港务的业务以港口业务为主，港口业务绝大部分为集装箱码头业务，而其他的业务，如散货业务、海运业务（引航及拖轮）和物流业务（仓储）等所占比重极小。在对外扩张区域选择中，PSA 的集装箱码头业务以新加坡、中国和欧洲三大区域为主，其他区域较少涉及（见图4-5）。

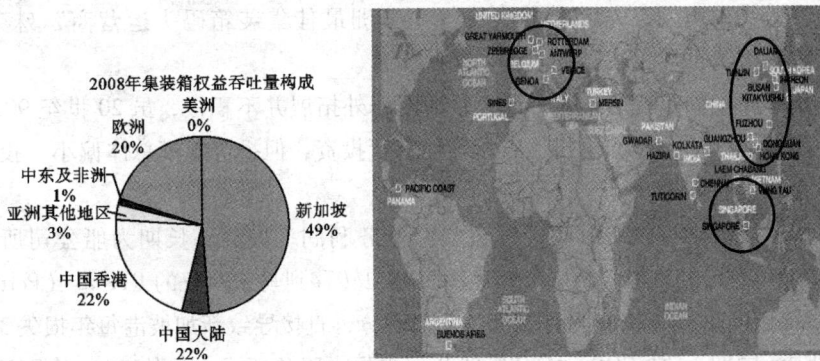

图4-5　PSA 港口业务全球分布图

4.2.1.1　新加坡地区：重点建设新加坡母港，确保母港的绝对控制权

因其独特的地理位置和优越的港口条件，新加坡港长期以来作为全球数一数二的集装箱港口，近20年来随着全球贸易的快速增长一直保持快速且稳定

的发展，长期处于与中国香港争夺世界第一的竞争中，2005 年超越香港港成为位居集装箱吞吐量全球第一的港口（见图 4-6）。

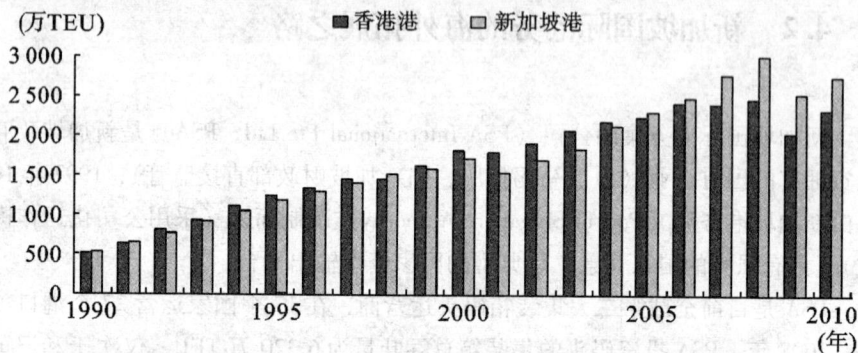

图 4-6　1990—2010 年新加坡港和香港港集装箱吞吐量比较图

数据来源：招商证券（香港）研究报告，2009.06。

2001 年以前是 PSA 的母港发展时期。凭借着其强大的政府背景，PSA 在新加坡母港拥有绝对控制权，其旗下的四个码头吞吐量合计已占到新加坡港年总吞吐量的 97%，处于绝对垄断地位。虽然 PSA 本身没有船公司背景，但作为新加坡政府掌控的三大国有企业之一，与新加坡最大的船公司——东方海皇（Neptune Orient Lines，NOL）关系紧密；而东方海皇 100% 持有美国总统轮船（American President Lines，APL）的股份，这两者都是以新加坡港为挂靠枢纽港的世界知名干线船公司，因此 PSA 港口有着长期而稳定的货源。PSA 在业界也享有较高的声誉，先后十多次获得"亚洲最佳集装箱码头运营商"殊荣，并号称要成为世界枢纽港的最佳码头经营者。

由于长期处于优势地位，PSA 早期对海外拓展并不积极，虽 20 世纪 90 年代中后期在中国大连、福州、广州等地有所投资，但投资规模总体偏小，投资收益也非常有限。

新加坡港码头收费过高，码头装卸业务利润率偏高，长期为船公司所诟病。2001 年马士基航运、长荣海运两大客户转移到马来西亚的 PTP 港（Port of Tanjung Pelepas，离新加坡港仅 30 分钟车程），直接导致新加坡港每年损失 320 万 TEU。同期，COSCOP、MSC 等船公司也提出降价要求，迫使 PSA 不得不转变原来的运营管理模式，一是通过联营、联合等方式与船公司建立港航联盟，如与 COSCOP 合资经营 PPT 的两个泊位、与 MSC 合资经营 MPAT、MSC Home Terminal 等，以提升现有客户的忠诚度、保住货源。二是大力发展海外市场，积极向集装箱市场增长潜力巨大的欧洲和中国大陆地区进军。

4.2.1.2　欧洲地区：收购HNN，打造欧洲港口业务旗舰

2002年PSA收购比利时安特卫普赫兹鲁德港口公司（Hesse‐Nood Natie，HNN）80%的股权，是其有史以来在欧洲最大的一笔港口投资。收购后，PSA通过剥离非港口资产、削减人员、设立全球港口运营体系等构建起了更为简洁、灵活、高效的现代港口运营管理模式。2003年PSA将新加坡港作为全球运营总部，而将HNN作为其欧洲运营中心和欧洲港口业务旗舰，其在欧洲的业务主要由HNN出面经营。

HNN成为PSA重点打造的第二母港，是PSA进入欧洲市场的重要平台，形成业务运营的协同效应，业务范围迅速扩张到荷兰、德国、葡萄牙、意大利、英国和土耳其等国家。HNN公司旗下的安特卫普港是比利时最大、欧洲第三大港，旗下的泽布勒赫港（Zee Brugge）是西欧地区重要的区域性枢纽港。目前HNN在安特卫普、泽布勒赫以及鹿特丹等港口拥有8个集装箱码头，2008年实现集装箱吞吐量980万TEU，占到PSA总吞吐量的20%多。而2007年投资运营的土耳其梅尔辛国际港口和2009年投入运营的英国大雅茅斯（Great Yarmouth）集装箱码头等将给PSA年均新增150万~200万TEU[①]。

4.2.1.3　中国内地市场：介入时间早，但投资规模与投资层次有限，未来增长空间较为乐观

1996—2004年为PSA海外投资的初级阶段。PAS海外扩张的第一步是1996年投资大连港集装箱码头项目；之后继续增加在华投资，1998年投资福州青州港、2001年投资广州港、2003年投资福州新港、2004年增投大连大窑湾二期等。但总体投资额不大，项目规模也偏小，主要处于中国国内的二三线港口，都是位于中国前五名以外的港口项目，且均未获得控股权，投资规模、层次与盈利空间有限。

2005年以后PSA一改前期单一项目投资规模小、所占股权少的策略，加大了对单一项目的投资额和控股权的需求，开始了在华投资的新阶段。2005—2006年PSA投资天津港北港池一期、三期项目，总投资额约96亿元人民币，股权分别占比49%、40%（均为第二股东），投入运营后年均吞吐量达570万TEU，长期投资回报较为乐观。2008年PSA投资东莞虎门港国际集装箱码头，首次将其股份提高到80%，取得了绝对控股权。

---

① 数据来源：招商证券（香港），2009.06。

4.2.1.4 香港地区：全球投资战略出现重大转变，"化敌为友"形成战略联盟

PSA自开始其全球扩张战略以来，在海外拓展中始终保持着咄咄逼人之势，但受到HPH、DPW等国际巨头和地方港务企业的抵制，连续参与收购但连续失败（2002年HPH收购韩国现代商船集团旗下的釜山、光阳、蔚山港的三个集装箱码头；2004年DPW收购CSX WT，2005年DPW收购P&O时，PSA都参与其中，但结果均失败），导致其全球投资战略出现了重大转变——从强调管控型向投资型码头运营商的转变。

2005年3月，PSA投资9.25亿美元收购HPH旗下的香港国际货柜码头HIT20%和中远—国际货柜码头（COSCO－HIT）10%股权，开始介入香港市场。2006年6月，PSA再次做出重大收购决定，以43.88亿美元的巨资向和黄集团收购了和记黄埔港口集团（HPH）20%的股权和Hutchison Ports Investment 20%的股权，从而使PSA成为了HPH的战略投资者，一方面可以分享HPH遍布全球的码头资产收益，另一方面也与长期的竞争对手HPH"化敌为友"，形成了一定程度上的战略联盟。

目前，通过新建合资码头或收购等方式，PSA的集装箱码头业务仍在全球持续扩张中，根据其已经公布的码头项目信息来看，未来数年内PSA在新加坡、中国、韩国、越南、印度、巴基斯坦、土耳其、英国、巴拿马、阿根廷等地均有投资项目，公司目前所投资的建成未达产码头、在建码头的吞吐能力合计接近3 000万TEU。

4.2.2 新加坡国际港务海外拓展策略分析

4.2.2.1 在扩张区域选择上，强调重点区域重点投资

与HPH的全球布局不同，PSA的扩张强调重点区域重点投资，从PSA目前所拥有的集装箱码头吞吐量构成来看，公司集装箱码头业务以亚洲、欧洲为主，在中东、南北美洲、非洲的布局很少；在亚洲和欧洲两大板块中，重点集中于新加坡、中国（含香港）和西欧地区。近些年来，除了不断加强新加坡母港的投资建设，PSA在港口业务上持续加大对外投资力度，投资区域集中在市场发展潜力最大的中国（含香港）与欧洲（见表4-1、4-2）。

表4-1　　　　　PSA 历年港口投资情况一览表　　　　单位：百万新加坡元

年份	2003	2004	2005	2006	2007	2008	2009
港口投资额	297	543	885	827	1 722	1 312	952
港口净资产	3 336	3 922	4 590	5 181	6 882	6 796	6 942
投资占比（%）	8.9	13.8	19.3	15.9	25.0	19.3	13.7

数据来源：PSA 历年年报，招商局国际研究发展部。

表4-2　　　　　　PSA 分地区投资情况一览表　　　　单位：百万新加坡元

地区 年份	新加坡		欧洲		中国（含香港）		其他地区	
	投资额	占比（%）	投资额	占比（%）	投资额	占比（%）	投资额	占比（%）
2006	540	65.3	194	23.5	28	3.4	65	7.8
2007	457	26.5	726	42.2	478	27.8	61	3.5

数据来源：PSA 历年年报，招商局国际研究发展部。

4.2.2.2　在扩张模式选择上，强调以资本收购为主、绿地开发为辅

由于港口土地资源的稀缺与持续开发，在国际干线上的枢纽港基本开发完成，港口绿地开发的机会不断减少，成本逐年攀高且回收期较长；相比而言，并购是进入一线港口迅速扩张的最优选择。由于中国内地集装箱港口市场的发展情况及对港口投资的股权限制（外资股权占比不得超过49%，2004 年《港口法》实施后取消外资股权比例限制），PSA 在中国国内的投资以合资新建的方式为主，且都在国内的二三线港口。但在全球市场的拓展中，PSA 的快速扩张都是以资本收购为主导的，每一次重大收购兼并事项都伴随着海外业务的迅猛增加（见表4-3）。

表4-3　　　PSA 海外市场集装箱吞吐量增长情况一览表　　　单位：百万 TEU

年份 项目	2001	2002	2003	2004	2005	2006	2007	2008	2009
		收购 HNN			收购 HIT 与 COSCO-HIT	收购 HPH			
总吞吐量	19.1	24.5	28.7	33.1	41.2	51.3	58.9	63.2	56.9
海外业务	3.6	7.7	10.6	12.5	18.9	27.3	31.8	34.2	31.8
增长率（%）	33.3	113.9	37.6	17.9	51.2	44.4	16.5	7.5	-7

数据来源：PSA 历年年报，招商局国际研究发展部。

4.2.2.3　扩张战略灵活变动，从前期强调管控型向投资型转变，实现投资收益的最大化

作为新加坡国家资本输出的平台，PSA 长期以来在海外扩张中带有较浓厚的国家行政意志。从 PSA 的发展战略及其实施情况来看，PSA 的发展战略清晰且不固守成规，存在着较大的灵活性。2001 年马士基航运与长荣海运两大客户的流失直接迫使 PSA 改变了原有的强调独立与垄断的码头运营模式，以股权出让的方式建立紧密的港航联盟，以提升客户忠诚度保住货源。2002—2005年在韩国釜山、美国 CSXWT 和英国 P&O 等一系列收购案失败后，PSA 迅速调整了其海外扩张战略，从前期的单一强调项目运营管控模式向码头投资商模式转变，尤其是其战略性地收购 HPH 以及其旗下的香港国际货柜码头和中远—国际货柜码头的部分股权，不仅成功打入了其长期以来想进入却未能如愿的香港市场，使其一跃成为权益集装箱港口吞吐量全球第一的码头运营商；而且"化敌为友"，与其最大的竞争对手 HPH 形成了一定程度上的战略联盟，对于其以后的发展具有划时代的意义。

4.2.2.4　在对外扩张中注重自身实力的培养与提升

成功的对外扩张是需要一定的扩张基础的，这既包括企业的资本实力、也包括国际化人才实力与成熟的码头运营管理经验。在国际化人才的引进与培养上，虽然新加坡是一个弹丸之地、PSA 是一个政府行政意识比较浓厚的投资运营商，但 PSA 在人才引进上是开放的，中高层人才的选择、引进与培养是与政府完全脱离的，其核心理念是坚持在全球范围内寻找最合适的人来从事最合适的工作。目前在 PSA 中高层管理团队中，非新加坡籍人士占了近半数。

同时，PSA 特别重视外脑的作用，在集团总部设立了国际咨询理事会，聘请全球顶级的集装箱船务公司的总裁、集团主席等高层人士担任理事会成员，定期召开会议，详细探讨全球港航业的未来走向、业内的重大事件以及 PSA 的发展战略等。中国远洋运输集团总裁魏家福也名列其中。

在码头运营管理上，PSA 在对现代技术的开发与运用一直走在业内的最前端。通过对科技创新持续不断的投资，PSA 的码头运营科技水平不断提升，其所采用的信息科技方案已经为码头业务的管理工作带来了革命性的改变，这包括先进的计算机综合码头操作系统（CITOS）和全球首创的全球海港网络电子商务系统（PORTNET）。PSA 旗下码头运营技术的现代化水平很高，如新加坡巴西班让码头是目前世界上最先进的深水码头之一，基本实现了全自动化作业，它的泊位水深都在 16 米以上，码头架桥上的起重系统可以允许每个操作员工同时处理六台起重机；综合码头操作系统中设有高技术仓储设备、全自动

立体仓库、无线扫描设备、自动提存系统等现代信息技术设备，可以为客户提供抢班/速遣服务[①]，等等。

4.3 迪拜港口世界的海外拓展之路

迪拜港口世界（Dubai Port World，DPW）是由阿联酋迪拜港务局（Dubai Port Authority，DPA）改制而来的国有企业，由迪拜政府绝对控股（占77%股权），是阿拉伯石油美元输出的国家资本平台，被誉为"天生的港口资本扩张者"，自成立以来就持续不断地以多种方式进行全球扩张，尤其是2005—2006年通过两次举世瞩目的"蛇吞象"式跨国并购大手笔，在短短数年的时间里从一个区域码头运营商一跃成为全球第四大码头运营商。

目前，DPW在全球31个国家里经营着49个码头，另有12个在建码头项目，码头业务涉及欧、美、亚、非各大洲，是大型码头运营商中地理布局最多元化的全球码头运营商（见图4-7）。

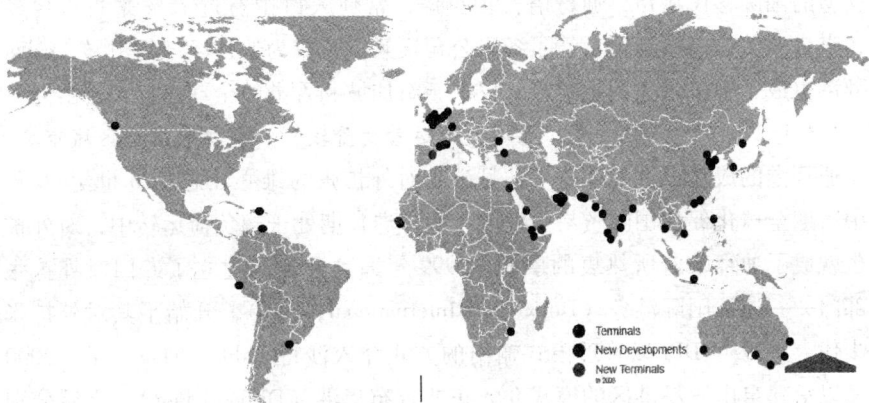

图4-7 DPW港口业务全球布局图

资料来源：DPW公司网站。

4.3.1 迪拜港口世界的海外拓展

DPW的全球扩张之路有一条比较清晰的脉络，即沿着"本地码头运营商

---

① 姚俊. 集装箱码头运营商研究 [D]. 深圳：招商局集团博士后科研工作站，2007：116-118.

（母港）→区域码头运营商→全球码头运营商"的路径前进。

4.3.1.1 1999年以前，母港发展阶段，充分利用迪拜的地理优势和自由贸易政策，重金打造中东最大的枢纽港和自由港

DPW进入港口行业是在20世纪70年代初。在当时迪拜酋长希尔科·拉希德（Sheikh Rashid）的雄心壮志和石油美元的支撑下，迪拜政府先后投巨资于1972年建成拉希德港（Rashid Port）、1979年在沙漠中修建了全球最大的人工港杰贝阿里港（Jebel Ali Port）；1991年为便于统一管理与协调，两港合并成立了迪拜港务局（DPA）。为将迪拜港建成中东地区最大的枢纽港，迪拜政府在两港的建设上不惜投入重金，不仅按照当时全球一流的现代化标准建设港口基本设施和多功能的内陆综合物流运输系统（1978年拉希德港就拥有35个泊位，其中5个深水泊位及其配套设施设备达到全球一流水平）；而且于1980年将迪拜城郊的25公顷临港区域建设成杰贝阿里自由贸易区（Jebel Ali Free Zone Authority，JAFZA），在区内推行最为彻底的宽松自由贸易政策，没有外汇管制，税负极低，此后数年还不断扩展自由贸易区范围。优良的商业环境、开放的国际大都市以及丰厚的石油美元吸引了来自全球的企业与人才，迪拜成了典型的国际移民城市，通行语言为英语，常住人口中有近75%来自世界各地，来自欧美的白领精英掌管了各大公司决策权，成为迪拜经济的引导者，而迪拜港也成了中东最大的枢纽港，仅次于新加坡和香港的全球第三大自由港。

4.3.1.2 1999—2004年，区域码头运营商阶段，积极拓展周边区域市场

迪拜港的成功极大地促进了迪拜政府对外扩张的雄心壮志。20世纪90年代中后期全球化促使国际贸易大发展，迪拜港长期处于超负荷运转中，对外扩张也就成了迪拜政府所热衷的事业。1999年迪拜港务局建立了专门对外扩张的部门——迪拜国际港务（Dubai Port International，DPI），开始了其对外扩张的步伐。1999年DPI以管理模式输出的方式介入沙特Jeddah Islamic港，2000年又以承建自由贸易港区的模式介入东非吉布提港（Djibouti Port），之后分别以新建、管理模式输出等模式介入印度Visakha港（2002年）、罗马尼亚Constanta港（2003年）和印度Cochin Terminal码头（2004年）。

在这一阶段的对外扩张中，有几个比较明显的特点：一是扩张区域都是在中东及其临近区域（如：东非、南亚、东欧）的新兴市场，所选择的项目都属于区域内的中心港或具有潜力的支线港。二是在扩张模式选择上是以迪拜港成熟的码头运营管理模式为依托，采用管理输出为先导，新建、扩建及收购等多种模式相结合的方法积极推进海外拓展业务。三是在投资项目的选择上，由于海外拓展经验与能力的欠缺，主要是机会主导的，在周边区域出现拓展机会

时积极介入，部分项目处于发展初期，市场环境尚不成熟，其投资行为带有一定的战略性。

4.3.1.3 2005 年至今，全球扩张阶段，利用"蛇吞象"并购方式飞速发展，成为全球码头运营商

2005 年 9 月，DPA 将其经营型资产剥离出来与 DPI 重组合并，正式成立了迪拜港口世界（DPW）。DPW 的成立是出于上市和资本输出的考虑，在其企业价值与使命中明确提出了"成为世界领先的全球码头运营商"，被媒体誉为是"天生的港口资本扩张者"。2007 年上市时，其高层管理者透露：DPW 未来十年的发展战略目标是成为并保持世界领先的全球码头运营商，通过持续性的对外扩张，实现 2017 年港口总吞吐量达 8 400 万 TEU，为此预计每年需要保持 150 万~200 万 TEU 的收购或新建。

DPW 的海外拓展战略清晰、志向远大。2004 年底，DPW 仅仅是中东地区的一个区域性码头运营商，只在阿联酋、沙特、罗马尼亚、吉布提、印度 5 国经营着 6 个集装箱码头，年总吞吐量不过 642 万 TEU，位居全球第 10 位。但 2005—2006 年间的两次"蛇吞象"式的并购使其实现了企业组织规模和业务范围的急剧扩张，并一跃成为全球第四大码头运营商。

2005 年 2 月，DPI 以 12.35 亿美元的高价击败 HPH、PSA、CMHI 等竞争对手收购了美国海陆联运港口公司（CSX WT）。CSX WT 是美国 CSX 运输集团旗下专营港口业务的全资子公司，其前身是美国历史最悠久和最大的集装箱码头公司——海陆联运有限公司的全球码头运营及相关服务业务部门，1999 年 3 月经内部业务重组后成立。CSX WT 的主要资产集中在亚洲和南美洲，当时在 7 个国家投资运营了 7 个码头，另有 3 个在建或规划之中，年吞吐量达到 300 万 TEU。其中，通过设在香港的亚洲总部投资中国的天津、青岛、烟台和韩国的釜山新港，在香港拥有葵涌三号码头（CT3）、亚洲货柜码头（ACT）、亚洲货柜物流中心（ATL）以及盐田亚洲货柜物流中心仓储项目等。葵涌三号码头是当时香港国际货柜市场上业务最为繁忙的码头之一，年处理货柜达 130 万 TEU；与之配套的亚洲货柜物流中心是当时全亚洲唯一具备货柜整箱上落楼层运输及装卸功能的物流综合大厦，被视为亚洲第一整箱货柜物流中心[①]。

由于主要客户的流失和企业经营战略的调整，CSX WT 经营出现较大滑坡，不得以提出了出售的意愿，立刻受到全球众多码头运营商的关注。2004

---

① 姚俊. 集装箱码头运营商研究 [D]. 深圳：招商局集团博士后科研工作站，2007：91 -93.

年底 CSX WT 的账面总资产是 8.29 亿美元，净资产约为 6 亿美元；DPI 的出价是 12.35 亿美元，远远高于竞争对手的出价（HPH、PSA 均出价 9 亿美元左右），按股权折算的能力作价，DPI 的收购价格相当于 514 美元/TEU，远高于当时新建码头的成本 400 美元/TEU。这笔并购案创造了当时码头业界并购金额的最高纪录，明显超出了当时业界的预计水平，曾引发业界争议一片。但此次并购的完成对 DPW 意义重大，DPW 通过收购成功进入东亚的核心地区——中国香港以及中国内地、加勒比海、南美地区，从一个区域性码头运营商转变成为了全球性码头运营商；同时，CSX WT 拥有一批高素质的港口管理专业人才，在码头工程设计、建设、咨询、物流、港口 IT 等方面具有丰富的经验，而这正是 DPW 在海外拓展中所急缺的，这次并购案在相当大程度上弥补了 DPW 的不足，较快地提升了 DPW 码头的运营管理能力与国际化运作水平，为其今后的进一步扩张奠定了人才与管理基础。

2006 年 3 月，在尚未对 CSX WT 收购进行充分消化的基础上，DPW 又一次在港口并购市场上果断出手，以 71.92 亿美元高价收购了具有百年历史、当时排名全球第四大的码头运营商英国铁行渣华集团（P&O）。P&O 是一家在伦敦上市的老牌英资企业，有着 160 多年的悠久港口运营历史，曾是英国殖民资本输出与运作的重要平台，在全球港口业和航运业中久负盛名，是当时全球排名第四位的码头运营商，在 10 个国家拥有 32 个运营的码头，其按股权折算的吞吐量约为 1 600 万 TEU，另有 5 个在建或规划中的码头，建成后 P&O 的总吞吐量将在 2014 年达到 2 944 万 TEU，而收购方 DPW 当时的总吞吐量不足 1 000 万 TEU，仅排名全球码头运营商第七位。

P&O 当时的账面总资产是 43.05 亿美元，净资产是 15.07 亿美元；而 DPW 的要约收购价是 71.92 亿美元（含要约收购费用），远远超出当时市场上最大胆的预测，让竞争对手们惊得目瞪口呆，再次创造了港口并购市场上的新纪录。从技术层面上讲，此高估值使用的方法是现金流折现法，不仅对已建成运营资产价值高估，而且对在建中甚至是规划中的泊位价值也计算在内，比如 P&O 的伦敦门户港项目，当时只是规划中尚未开始建设，也作价 2.5 亿美元①。

超高估值的根本原因在于 DPW 对 P&O 资产的志在必得和获得政府雄厚财力的支持。经过多年的专业运作，P&O 的业务遍及全球各地，码头资产质量

---

① 招商局国际研究发展部. DPW 港口业务及其成长历程分析［R］. 2008.07.

与地理分布良好，特别是在英国、中国内地、澳大利亚以及西欧、南亚、美国①等地拥有一批优质的码头资产；收购完成后，DPW 一跃成为全球第四大码头运营商，也是地理布局最多元化的码头运营商。同时，P&O 在港口行业运营上百年，一度被称之为世界港航市场职业经理人的摇篮，积累了极其丰富的码头运营管理经验和拥有一大批高素质的港航专业人士，这些经验和人才的获得为 DPW 的全球扩张梦想插上了现实的翅膀。

DPW 在其全球扩张的大道上疾步飞奔，2007 年继续投资塞内加尔 Dakar 港和荷兰鹿特丹港，2008 年投资埃及 Sokhna 港，2009 年又扩张至阿尔及利亚的 Djen Djen 港。虽然全球金融危机尤其是 2009 年迪拜债务危机的爆发在一定程度上影响到了 DPW 的海外投资计划，但其高层仍于近期表示：DPW 正密切关注着全球港口市场的发展，积极寻求海外抄底的良机。

4.3.2 迪拜港口世界海外拓展策略分析

4.3.2.1 "蛇吞象"并购成功的关键是资本为王和强有力的政府支撑

两次并购资金远超过 DPW 自身的资金实力，并购资金主要来自政府信用担保的银行信贷资金。2005 年以 12.35 亿美元收购 CSX WT 时，DPW 总资产为 14.3 亿美元，净资产为 7.3 亿美元，手持现金仅有 2.4 亿美元；但 DPW 通过其母公司迪拜世界集团（迪拜政府全资拥有）的担保取得了银行信贷 16.56 亿美元，保证了并购业务的顺利实施。2006 年以 71.92 亿美元收购 P&O 时，DPW 总资产为 36 亿美元，净资产为 11 亿美元；并购所需资金量是其净资产的 6.5 倍，仅凭其自身财力是完全无法承担的；而通过母公司及关联公司提供的再一次强力担保，DPW 顺利地获得了国际银团贷款 68 亿美元，让并购交易得以顺利实施。

两次跨越式的大并购导致 DPW 短期盈利能力急剧下降，净资产收益率降低到了 2%～3% 的水平（行业平均水平约为 20%～30%），给公司的现金流造成较大影响。2006 年母公司向 DPW 增加注册资本 64.5 亿美元，以改善其资产负债状况，2007 年 DPW 成功上市，共募集资金 49.53 亿美元，尽管股价受全球金融危机的影响震荡走低，但其市盈率仍在 15～20 倍之间，高于行业平均水平，未来发展仍被各大投行看好。

4.3.2.2 全球扩张战略规划领先，抓住机遇强力收购

在一定程度上，人们不得不佩服迪拜人的精明与魄力，DPW 在短短十余

---

① 由于 DPW 具有的中东背景，美国国会和众议院投票反对 DPW 的收购案；2006 年 3 月 DPW 宣布放弃 P&O 旗下美国码头业务的接管，将其剥离出来后转卖给美国保险巨头 AIG。

年的时间里从一个区域码头运营商迅速发展到全球领先的码头运营商，主要靠的是人为因素。首先，DPW 企业目标定位清晰：作为国家资本输出的平台，担负着扩大国家经济版图的职责，它具有明确的海外扩张战略，其"十年期发展规划"非常清晰地阐述了未来发展的方向与路径选择。其次，DPW 善于抓住机遇，做事有魄力！在任何一项海外拓展业务中都存在着利与弊，如何权衡利与弊、短期利益与长期利益，往往是困扰企业投资决策的一个重要问题。DPW 的两次并购成本都极高，导致其短期盈利能力急剧下降，需在政府强力支持下才能保持财务稳健；在对外扩张的项目选择中，如是其发展战略中所需的项目，只要并购项目的现金流能够覆盖住其贷款利息支出就成为其选择的对象，并不惜投入重金，在业内的一片争议中向着全球领先的码头运营商飞速前进。

4.3.2.3　以跨国并购为主导，并购新建管理输出等多种扩张方式有机结合

跨国并购是码头运营商实现快速扩张的重要途径。全球集装箱码头行业已进入稳定增长期，毛地开发机会越来越少，跨国并购已成为全球扩张的主要方式。并购不仅使 DPW 资产规模和业务范围急剧扩张，而且成熟的全球化港口管理团队和经验的获得极大弥补了 DPW 国际码头运营能力的不足，为其进一步的扩张奠定了人才与管理基础。

DPW 善于将多种扩张方式有机结合，包括：管理输出、新建、扩建现有码头、收购成熟码头、收购大型码头运营商等。其中，管理输出方式是 DPW 开辟国际市场的一个重要手段，即通过与海外港口签署管理合同获得港口/码头经营特许权，管理咨询为先，为进一步市场扩展提供信息与技术支持。

DPW 对旗下港口的控制力很强，海外投资项目强调对项目股权的控制，在业务发展中偏重其股权占比较大的码头。

4.3.2.4　与大型船公司保持战略伙伴关系以共同开拓新市场，使旗下码头保持稳定客户群

港航联盟对码头运营商的海外扩张影响巨大，新市场的开辟与原有市场的整合都离不开码头运营商与船公司之间的战略合作。DPW 之所以有收购 CSX WT 的机会，一个重要的原因是 CSX 集团的班轮业务（海陆公司）被 AP 穆勒公司收购后，许多船公司放弃了挂靠 CSX WT 的码头，如香港葵涌三号码头就失去了韩进航运和马士基航运两大客户，货源锐减七成多；P&O 的情况与此类似，货源的大幅减少迫使原业主对业务进行战略调整，从而给新入者带来了机会。

为保证海外拓展的顺利进行，DPW 与许多船公司建立了战略合作伙伴关系，部分甚至采取股权合作的方式来共同开拓新市场。如：DPW 在收购 P&O

两个月后宣布引入阿联酋航运，数艘配载 3 000TEU 的集装箱货柜船与班轮航线投入新并购码头的营运，这些航线基本都是 DPW 与其主要合作伙伴共同经营的，在相当程度上保证了其新并购项目的货源稳定。

4.4 海外拓展经验比较与借鉴

通过对当前处于全球领先地位的三个主要码头运营商海外拓展历程的分析与比较，可以从中得出如下借鉴经验：

（1）在海外拓展的路径选择上，码头运营商基本都遵循"母港发展模式"，其对外扩张的基点和起点都是长期投资运营的基本港（即：母港），母港的业务吞吐量一般都在运营商总业务量中占有相当的比重，PSA 母港业务量所占比例长期接近其企业总吞吐量的一半（见表 4-4）。母港发展的好坏直接关系到码头运营商海外拓展的成功与否；毕竟目前码头运营商在海外拓展中大多运用管理输出与股权控制的方式，单纯的财务投资方式比较少见，成熟的母港运营管理经验、高素质国际化人才的培养与储备以及长期稳定的客户关系（港航联盟）是码头运营商进行海外拓展的基础。

表 4-4　2006—2008 年码头运营商母港年吞吐量及占企业总吞吐量的比重表

	2008 年全球排名 *	码头运营商	母港	2006 年		2007 年		2008 年	
				万 TEU	占比（%）	万 TEU	占比（%）	万 TEU	占比（%）
全球码头运营商	1	PSA	新加坡	2 397	48.8	2 710	47.5	2 895	45.9
	2	HPH	香港	1 160	19.1	1 232	18.6	1 224	18.1
	4	DPW	迪拜	892	20.6	1 065	24.6	1 183	25.4
国际区域码头运营商	8	Eurogate	不莱梅	443	35.3	486	35.1	550	38.8
	9	HHLA	汉堡	619	86.8	669	91.4	680	92.1
	15	Dragados	瓦伦西亚	189	35.5	342	48.9	194	35.0

* 按权益吞吐量排名，数据来源：Drewry，2009 年。

单一区域市场空间毕竟是有限的，在母港发展到了一定阶段后向海外拓展便是码头运营商的必然选择，海外拓展基本上沿着"母港→区域码头运营商→全球码头运营商"的路径前进。

（2）在海外拓展战略的制定与实施上，全球码头运营商一般都有比较清晰的国际化发展战略，对未来的海外拓展都有一个中长期的发展规划，如DPW的十年期发展规划，明确地提出了未来十年的发展目标与路径。

DPW 的成功在很大程度上是依靠人为因素，首先在于其所制定的清晰明确的发展规划，其次是对发展规划强力推行的魄力。当然，阿拉伯世界富裕的石油美元和迪拜政府的强力支持是 DPW 敢于提出雄心勃勃发展规划和频频强力出手的有力后盾。与 HPH 等私人资本的扩张路径不同，DPW 的扩张优势并不完全靠其业内的品牌优势，事实上在 2004 年以前，迪拜在码头运作管理经验和装卸效率等方面还不及上海、深圳等中国大港，在全球港口网络经营方面较 HPH、PSA 等更是相去甚远，DPW 的扩张更多的是"资本为王时代的扩张"（姚俊，2007），在其标志性的两大收购中，DPW 都运用超乎寻常的高价打跑了竞争对手，同时也以高成本获得了其海外拓展中所最缺失的全球化港口运营管理经验和一批高素质的国际化人才。

如何看待 DPW "蛇吞象"式的飞速发展，一直存在着较大争议；高负债的 DPW 扩张模式是否具有可持续性也一直存疑于人们心中。全球金融危机的蔓延导致 2009 年迪拜债务危机的爆发，DPW 的母公司迪拜世界集团首当其冲。迪拜世界集团旗下拥有四大业务板块：地产、金融、港口、商业旅游（见图 4-8），此次出现金融危机的是地产和金融板块，港口业务板块虽没有受到直接的冲击，但因其母公司深陷债务危机中，其现金流也出现紧张。DPW 2009 年虽然营业收入和净利润都有一定程度的下降，但其年终分红却达到每股 0.82 美元，比 2008 年的每股 0.69 美元增加了 19%；实际分红总额达到 1.36 亿美元，高于 2008 年的 1.14 亿美元。鉴于母公司资金需求的压力，预计 DPW 近期的海外扩张步伐将受到较大的影响。但正如 DPW 高层近期对媒体的表露："DPW 海外扩张的目标与战略并没有改变，我们对未来依然看好，并正在积极寻求海外抄底的良机。"

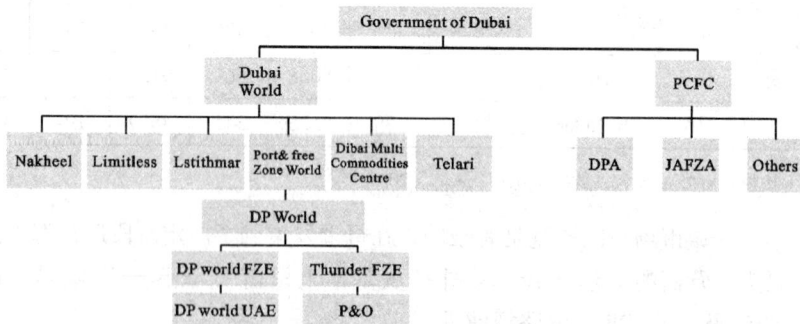

图 4-8　迪拜世界集团组织结构图

（3）在海外拓展的区域与项目选择上，全球码头运营商基本都是根据自身的发展战略展开的，企业业务的多元化程度存在较大差异。HPH 和 DPW 是极力打造多元化的全球码头布局，更加注重集装箱港口的全球网络效应；而 PSA 则强调重点区域重点投资，重点打造欧洲、中国与新加坡母港三大市场（见图 4-9）。

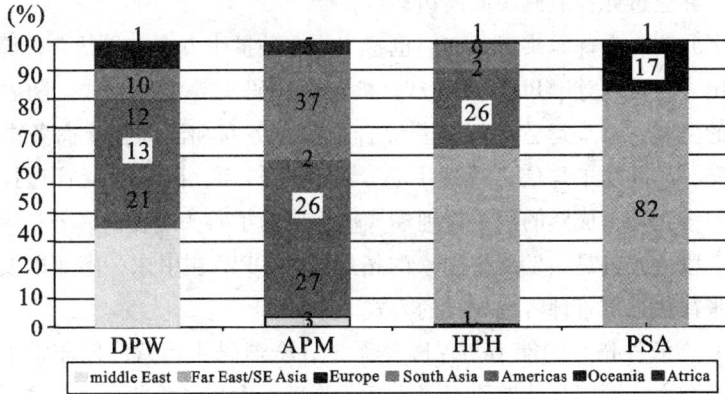

图 4-9　全球排名前四的码头运营商集装箱吞吐量的区域构成一览图

图中数据采用 2006 年权益 TEU，数据来源：花旗投行研究报告 2008.5。

在海外拓展项目的选择上，全球码头运营商不仅仅是为了单一的利润目标（集装箱码头行业利润诱人但资金需求量大、投资周期长），更重要的是通过码头网点布局的扩张把自己的业务向上下游延伸，在长期与短期目标的选择中更多出于战略的考虑，希望能在未来市场中拥有更多的市场话语权，有的项目甚至绕过船公司向着货源腹地延伸。

（4）在海外拓展的模式选择上，以跨国并购为主，绿地建设为辅，多种扩张模式综合利用。根据相关投行研究报告，扩建码头的成本约为 200 美元/TEU，新建码头的成本是 400 美元/TEU，而并购的成本约为 500～700 美元/TEU。但从主要码头运营商的海外拓展来看，跨国并购成为了当前海外拓展的主要方式。其原因在于港口是社会公共产品，码头行业是复杂的社会子系统，港口在经营和发展过程中不仅与船公司和货主发生联系，而且与物流链上的其他环节甚至其他产业之间存在互补、替代与竞争关系；码头运营商必须具有强势的社会资源协调能力，才能保证经营的稳定与发展；并购是整合现有成熟社会资源快速、有效的手法。另外，港口新建投资回收期较长（一般是 20～30 年），而港口土地资源的稀缺性与持续开发，港口绿地开发机会不断减少，成本逐年攀高；相比之下，并购是进入一线港口迅速扩张的最优选择。

从并购目标企业的层次来看，并购可分为两类：一类是收购码头运营商（区域码头运营商、全球码头运营商）的股权，此类并购不一定获得控股权，如 PSA 收购 HPH20% 股权；另一类是收购具体码头运营企业的股权，如 HPH 收购荷兰鹿特丹 ECT，PAS 收购比利时安特卫普的 HNN，将其打造成欧洲母港。前者更关注码头的全球布局和航道网络效应，后者更关注某个具体码头的控制权，并通过此控股码头向周边地区扩张。

除了并购，全球码头运营商们也善于将多种扩张方式有机结合，综合利用管理输出、合资新建、BOT、BOOT、扩建现有码头等多种方式。随着现代港口功能的发展，码头运营商正朝着综合物流服务商和国际物流商务中心（运输、仓储、区内加工与信息管理中心）的角色转换，码头运营管理技术日趋现代化与多元化，成熟的码头管理模式输出成为了码头运营商海外拓展中的一个重要手段，尤其是在发展中国家的拓展，如 DPW 在中东、南亚以及非洲等地的扩张往往采用管理咨询先导的方式。

（5）在海外拓展的能力与保障体系上，全球码头运营商们非常重视母港建设的一个主要原因是能够取得码头运营管理能力与经验的提升，这是企业进行海外拓展的基础。DPW 之所以不惜代价以超高价格收购 CSX WT 和 P&O，一个重要的原因是二者都是业界历史悠久的运营商，自身已经形成了成熟且丰富的运营经验和一定规模的全球码头运营网络，拥有了一批高素质的码头运营管理人才，而这正是 DPW 在海外拓展中所急需的。

政府的支持是码头运营商海外拓展取得成功的一个重要保障。码头项目投资金额巨大而回收周期长，单靠企业自身的资金实力往往难以承担长期的对外扩张；PSA 和 DPW 都有强大的政府背景，是国家资本输出的平台，HPH 虽是私人资本输出的典型代表，但在海外拓展中非常强调与地方政府建立深厚的政企关系，往往能够取得比其他竞争对手更优惠的条件，如 HPH 20 世纪 90 年代在中国内地的拓展与控股。现代码头的运营已不再是简单的装卸、仓储、接驳、运输等功能，保税港水平、自由贸易区政策、临港工业园区综合加工服务等增值功能已成为了港口竞争的重要条件，而这些都离不开当地政府的支持。

港航联盟对码头运营商的海外拓展也影响巨大，尤其是新建项目，往往需要有一个较长时期的建设与业务培育，能否拥有一定规模的稳定客源将直接影响该项目的成功与否。全球领先的码头运营商都是独立的码头运营商，但基本上都通过其母公司拥有世界级船公司的股份或控制权，从而与这些船运巨头们建立起亲缘关系。如：PSA 与新加坡东方海皇（Neptune Orient Lines，NOL）、美国总统轮船（American President Lines，APL）之间，DPW 与阿联酋航运；

而 AP 穆勒码头公司和中远太平洋的母公司本身就是世界领先的船公司。

此外，码头运营商们还常常采用共同开发、股权出让、业务绑定等方式与船公司建立长期稳定的、有共同利益支撑的业务合作关系。可以预测，在国际航线网络发展日趋成熟、干线枢纽港开发基本饱和的今天，没有船公司背景的码头运营商将在未来处境中更加艰难。

第五章 集装箱码头运营商国际化战略研究

5.1 企业国际化战略概述

5.1.1 企业的国际化是否需要战略

战略（Strategy）一词来自于战争，"现代战争之父"克劳塞维茨在《战争论》中对战略的定义是"为了达到战争的目的而对战斗进行的一系列的规划与实施"。企业战略是指企业为了实现长远发展的目标而制定的具有长期的、全局性的发展规划；与战术相比，战略的特点突出体现为：计划性、长期性和全局性。

著名的竞争战略学家迈克尔·波特（Michael E. Porter）指出：一个成功的战略必须具备三个基本要点——定位、取舍、匹配①。

（1）定位（Positioning）：指在 SWOT 分析之上的明确的发展定位，即企业在对自身实力状况（发展阶段、资源水平、配置状况、优劣势）和外部环境（政策、市场、竞争对手、机会与威胁）有了一个比较明确的认识之后所做出的发展定位。这个定位包括两个方面：一是明白企业目前所在的具体位置是什么，即明白企业现在的实力水平如何、居于国际化的哪个阶段、在国内外市场中的竞争地位与水平如何，等等；二是明白企业未来发展的方向与目标，即企业在未来一个较长时间段内所希望达到的目标，人们将其称为：企业愿景。

（2）取舍（Trade - off）：企业的资源总是稀缺的、有限的。有限意味着资源必须进行优化配置，稀缺则意味着价值，如何把稀缺的资源配置得最好，

———————————

① MICHAEL E PORTER. What is Strategy？[J]. Harvard Business Review，2004（1）.

发挥出最大的效应是企业战略制定者应该重点考虑的问题。为此，企业应确定发展的重点，清楚地明白在一个时间段内的目标取向与工作重心；无论是以海外市场的占有为主，还是以生产要素的获得为主，笔者认为，对于一个跨国经营的企业来说，要实现可持续的发展就必须立足于自身核心竞争力的发掘与培育。

（3）匹配（Match）：主要包括两层含义：一是在恰当的时间做恰当的事情，战略一定要与企业的实力、所拥有的资源状况相匹配，一定要与企业发展阶段相匹配；二是战略是要指导战术的，战略的制定应具有现实可操作性。目前国内很多企业在走向国际化的初期就提出超前的战略，刚一走出国门就雄心勃勃地要建成"世界领先企业"、"世界一流企业"，这种提法往往更多的是带有宣传口号性质的大话、套话，缺乏真正意义上的战略指导价值。海信集团在20世纪90年代初期就制定了国际化发展战略，要"把海信建设成为世界知名的跨国大企业"，但至2000年才开始首次对外投资，其长期运作的重心依然是国内市场，虽然近期在南非、埃及、阿尔及利亚等地建有生产基地，产品远销亚非拉多个洲，但其国际化进程仍有相当一段路途要走。

由此，我们认为，企业的国际化战略应是企业在跨国经营过程中所制定的具有全局性的长远发展规划，是跨国经营企业在审慎分析内外部条件的基础上，为了把企业的成长纳入有序轨道，不断增强企业竞争实力和环境适应性而制定的一系列战略性决策的总称。

在全球经济一体化进程中，企业国际化是必然的选择。正如前文所述，在全球化的浪潮中，没有哪一个国家或地区、哪一个企业可以关起门来独善其身，封闭的结果只能是被时代潮流所抛弃。当然，企业的国际化不是一蹴而就的，是有一个逐步提升的发展阶段，在不同的发展阶段对国际化战略的需求是不一样的；国际化战略的制定与实施应随着企业国际化发展阶段的不同而有所不同。现实中，并不是每一个企业都有国际化战略，相反绝大多数企业并没有清晰的国际化发展规划，往往是被动地接受国际化的发展，海外拓展中主要采用的是机会主导或短期利润主导的发展模式。不可否认，在企业海外拓展的初级阶段，国际化战略的重要程度并不突出，毕竟在此阶段企业更多关注的是战术层面，即单个项目的生存发展、短期利润的多寡等问题。但进入国际化的中高级阶段，企业的国际化战略就必不可少；因为跨国经营是企业的一个长期发展重点，单靠短期的机会主导并不能保证企业的可持续发展。企业能否在激烈竞争的国际市场上实现生存与可持续性的发展，关键是看其是否具有超越竞争对手的国际市场竞争优势，而国际市场竞争优势的塑造与提升离不开国际化战略的规划与实施。企业的国际化战略将在很大程度上影响企业的国际化进程，决定企业国际化的未来发展态势。

5.1.2　企业国际化战略的构成

进入21世纪以来，全球经济一体化的发展促使市场竞争的全球化与白热化，战略管理已成为跨国经营企业的一项基本职能。

在战略管理的范畴中，企业的战略应有三个层次：公司战略（Corporate Strategy）、业务战略/竞争战略（Business Strategy）、职能战略（Functional Strategy）。在跨国经营活动中，企业国际化战略的各层次构成要素如下：

（1）公司战略层的构成要素。公司战略是企业最高层次的战略，它是确定企业未来发展的目标方向，并根据该目标方向确定企业的经营活动领域与合理配置资源，是对企业长远发展的总体规划。公司战略层次上战略构成要素主要从经营范围和资源配置两个方面展开；对跨国经营企业而言，海外拓展区域的选择，东道国市场的进入与开发，国际化战略定位（多国本土化还是全球化），经营业务定位（公司的业务布局、归核化与多元化的选择等），核心竞争力塑造与提升（全球资源的寻求、产业价值链的整合、供应链管理等），都是公司战略规划的重要内容。

（2）业务战略/竞争战略层的构成要素。业务战略的主要任务是将公司战略的总体目标与实施计划进行业务层面的具体化，根据本业务单位的经营环境、资源状况与配置水平来形成本业务单位具体的竞争与经营战略。这一层面的战略构成要素主要考虑竞争优势的定位和业务单位的资源配置优化，其具体的战略规划内容包括：海外业务单位的经营环境分析与定位，业务资源的获得与优化配置，基本竞争战略（低成本或低价格竞争、品牌竞争、差异化竞争、集中化竞争）等。

（3）职能战略层的构成要素。这一层次的战略主要涉及企业内部各职能部门的发展规划，如资本经营、技术研发、人力资源、生产经营、市场营销、组织管理、企业文化等。由于各职能部门的资源配置状况不同，主要职能任务不同，部门绩效考核指标体系不同，在公司总体发展战略规划一致的情况下不可避免地也会产生部门职能冲突；因此，职能战略层的战略构成要素着重于各职能部门的资源配置优化与协同作用两个方面，以实现企业整体效率的最优。

事实上，三个层次的战略之间是相互依存、相互渗透的，它们的界限很难简单地割裂开来。如低价竞争战略既是竞争战略的主要手段，又是企业营销职能部门的主要策略；生产运作战略可以看作是职能战略，而它又与产业价值链的整合密不可分①。

　　企业国际化战略在企业国际化发展过程中必不可少，但其自身存在着一个动态发展过程，在不同阶段其作用程度是不一样的，国际化发展阶段越高，其战略重要程度越高。最好的战略应是最合适的战略，不可教条僵化；制定与实施适合的国际化战略必须考虑国际化战略体系的构成要素和内外部限制条件的变化。企业的国际化战略应根据企业所处的国际化发展阶段，依据其所面临的外部宏观经营环境和内部资源配置状况等战略实施条件，明确企业国际化发展目标，并细化到业务和职能层面，以实现企业跨国经营活动的成功与可持续发展（见图 5 - 1）。

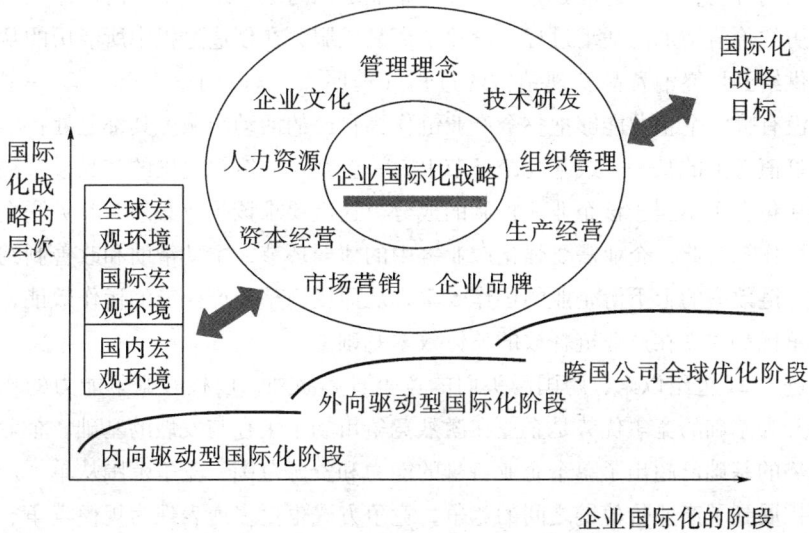

图 5 - 1　企业国际化战略的构成体系图

5.2　基于产业链整合的国际化战略

5.2.1　产业链竞争：全球化时代大企业竞争的根本

随着产业的变迁和全球经济一体化进程的加快，同一产业内企业之间的联

---

　　① 邹昭晞. 跨国公司战略管理［M］. 北京：首都经济贸易大学出版社，2004：36 - 38、42 - 43.

系变得更为紧密和复杂，越来越多的企业开始认识到价值的创造不仅仅来自于企业内部，也来自于企业外部。全球化的发展导致社会分工在全球范围内的专业化与细分化；在全球化时代，没有哪一种产品或服务可以由一家企业完全提供，一家企业所能向顾客提供的价值不仅受制于其自身的能力，而且还受到上下游企业的制约。

企业的价值链条开始突破企业的边界向行业延伸，并进而形成产业价值链条。产业价值链是多个企业价值链的整合，是产业中一个不断转移、创造价值的通道，在产业价值链中，每个节点都由若干个同类的企业组成，它们之间是相互竞争的关系，但与其上下游企业之间是交易关系。产业价值链一般是按照纵向来划分的，它描述的是企业内部和企业之间为生产最终交易的产品或服务所经历的价值增加的活动过程，涵盖了商品或服务在创造过程中所经历的从原材料供给到最终消费品实现销售的过程（芮明杰、刘明宇，2006）①。一般来说，没有哪一个企业能够把整个产业链作为自己的活动领域，其都是处在特定产业价值链上的某一个或某几个环节上。一个企业向客户提供的产品或解决方案往往包含了不属于该企业所控制的成分，这就要求该企业必须与其关联企业进行协作；为此，企业需要强化产业链中的薄弱环节，主动帮助和改善制约自身价值链效率的上下游企业的运作效率，从而提高整个产业链的运作效能，使其竞争优势建立在产业链释放的整体效率基础上。

进入 21 世纪以来，跨国巨头们的竞争日趋激烈，以核心竞争能力的培育与提升为基础的竞争优势是企业在激烈竞争市场中生存与发展的基础。企业竞争优势的基础已超出了单个企业自身的能力和资源范围，竞争范围从单个产品竞争扩展到了产业价值链之间的竞争，竞争方式也更多地表现为规模竞争、速度竞争和创新竞争。与中小企业相比较，现代大企业之间的竞争更多体现为产业链的竞争，产业整合成功与否直接关系到企业能否做大做强。

正如著名经济学家郎咸平所指出的，现代企业竞争的特点是"三流企业争市场、二流企业争品牌、一流企业争规则"。在现代市场竞争中，大企业之间的竞争已从早期的生产要素获取、市场占有发展到了对市场话语权的争夺，谁拥有了市场话语权，谁就拥有了制定或修改市场游戏规则的影响力，谁在市场博弈中的竞争优势和议价能力就强；而产业整合就成为了大企业获得与维持竞争优势的一个重要的战略工具。

---

① 芮明杰，刘明宇. 产业链整合理论述评 [J]. 产业经济研究，2006（2）：60-66.

5.2.2 产业整合的含义、类型与动因

5.2.2.1 产业整合的含义与类型

产业整合（Industrial Integration）是指为谋求长远的竞争优势，按照产业发展方向对同一产业链上的其他企业进行兼并收购与业务整合，以实现生产要素跨企业、跨地域、跨生产链环节的重新配置与优化的过程。

按照产业整合方向的不同，可以把产业整合分为三类：

（1）产业的横向整合（Horizontal Integration），即企业对处于同一产业链上某一特定环节（如研发、生产、销售）上的其他企业进行兼并收购。

（2）产业的纵向整合（Vertical Integration），即企业对其产业链上下游环节上的企业进行兼并收购（如生产制造型企业兼并收购上游的研发型企业或下游的销售型企业），可进一步分为前向一体化整合和后向一体化整合。

（3）产业的混合整合（Conglomerate Integration），即兼具横向整合和纵向整合的整合。

5.2.2.2 产业整合的动因

对于产业整合动因的解释，主要有以下三种理论分析。

（1）产业组织理论。主要解释横向整合的动因，该理论从产业组织的角度出发，从企业获得垄断利润的条件入手得出产业整合的基本动因，包括以下4方面：

① 获得规模经济效应。这是产业整合最基本的动因，当一个企业通过并购活动在产业链的某一个特定环节上达到一定规模后，可以实现规模报酬递增效应，即随着企业经营规模的扩大，可以达到降低成本、提高技术开发能力和生产效率的目的。当然，规模经济效应是有边界的，当在同一环节上的并购规模超过合理水平后就会产生规模的"不经济性"了。

② 获得市场力量（或称为：市场控制力）。这主要包括：一是通过并购同行企业以减少竞争者，扩大优势企业的规模，进而增加优势企业对市场的控制能力；二是并购扩大的规模效应提高市场进入的壁垒，从而巩固本企业对市场的控制能力。

③ 税收规避。这主要包括：一是可以获得并购中的税收优惠收益，如政府给予的税收减免、并购亏损企业可实现税收冲抵等；二是通过整合使外部交易内部化，避免了中间环节交易的税费。

④ 获得协同效应。协同效应主要体现在管理协同和运营协同上。管理协同效应是通过主并购企业优秀管理能力的渗透和释放获得；经营协同效应主要

是指两个或两个以上企业合并之后，由于经济上的互补性、规模经济或范围经济造成收益增加或成本节约的效应。

（2）交易成本论。主要用于解释纵向整合和混合整合的动因，自从科斯开创性地提出企业和市场"都是协调生产的经济方式、可相互替代"的观点后，交易成本理论得到了极大的发展。该理论认为：产业链的纵向整合可以使外部交易内部化，将竞争变为合作，可以有效减少信息的不对称，降低交易成本，提高生产运营效率。内外部交易成本比较决定了产业链的整合方式。

（3）企业能力论。该理论把目光从外部市场环境转移到企业内部，关注企业能力与竞争优势的关系，认为企业竞争优势的形成和拓展与企业核心竞争能力的形成和保有密切相关；核心能力是企业所拥有的超越竞争对手的、独特的生产技能与知识（Prahalad, Gary Hame, 1990）[1]。基于能力的分工可以在一个企业内部完成，也可以由分散在产业链上各个环节的企业独立完成；但在多数情况下，产品或服务的生产会超出单个企业的能力和资源；为了满足客户不断增长的需求，企业就必须将其自身的能力与外部关联企业的能力结合起来，由此，产业链整合成为了企业配置内外能力、获取竞争优势的重要手段。这种整合主要表现在：一是产业整合能够实现企业自身资源与外部资源的优化配置，增强企业现有的核心能力；二是能为企业提供其成长和加强竞争地位所需的缺失或互补性资源和能力，为开发新的核心能力创造条件。三是独特的核心竞争力是企业垄断优势的基础，在变化的环境中，产业链整合是更新企业核心能力的战略工具，它能够有效地促进企业垄断优势的获得与维持。

5.2.3 产业整合的路径与模式选择

5.2.3.1 产业整合的路径

产业整合的路径有多种选择，不同的学者可以从不同的分析角度得出不同的结论。从企业竞争优势的获得与提升的角度来看，笔者认为产业整合的路径主要有以下三条：

第一条：由内而外的整合，称之为补缺式的整合。即以企业自身实力状况为主导，在企业内部资源整合的基础上，根据企业业务发展中所缺失的部分进行外部并购。补缺式整合的直接目的多着眼于企业运营效率的改善，主要运用于企业发展的初期，尤其是在企业刚开始海外拓展时较为多见。

---

① PRAHALAD C K, HAME G. The Core Competences of the Firm [J]. Harvard Business Review, 1990, 66.

第二条：由外而内的整合，称之为外推式的整合。这类整合是以市场为主导，在激烈的市场竞争中根据外部市场环境的变化寻找并购扩张的机会，通过外部并购来实现企业规模的扩张和资源的优化配置。与第一条路径目标相似，这二者都是尽可能打造一个完整的产业价值链；不同的是，前者是根据企业内部资源配置状况通过并购弥补缺口环节，而后者根据行业市场竞争状况，当出现并购机会时迅速出击，通过并购消灭竞争对手，获得规模优势，进而取得行业市场中的垄断优势地位。

第三条：选择性整合，称之为跳岛式的整合。跳岛战术（Island Hopping）是美军著名将领麦克阿瑟将军在第二次世界大战太平洋战场上首创的战术，即不对日军的弧形岛链防御体系进行大规模的攻坚战，而是进行选择性的重点打击，通过对防御体系中关键性岛屿的攻克，迅速瓦解了日军的整个防御体系。遵循跳岛战术的思想，我们的产业整合是建立在对产业价值链各环节进行深入价值分析的基础之上，以战略性资产的获得为主，有选择性地对产业价值链的关键环节进行整合，进而获得对整个产业价值链条的控制权或最大收益权。

争夺产业价值链关键环节的控制权，用较少的资金获得较大的投资收益，是跳岛式整合路径的核心理念，这一理念在国际资本市场竞争日趋激烈、产业集约化程度不断提高的全球化时代逐步得到业界的认同，并将成为产业整合领域的一条重要的路径选择。

5.2.3.2 产业整合的模式选择

产业整合最主要的模式是兼并收购（含控股、参股）。随着全球经济一体化进程的加剧，产业集约化程度不断提高，行业并购浪潮不断涌现，尤其是此次全球性金融危机的爆发，为又一轮全球并购浪潮的兴起奠定了现实的基础。

除了兼并收购外，产业整合模式目前正表现出从单一的资产纽带模式向资产与业务纽带相结合的多元化模式转变，出现了贷款担保、技术合作、联合研发、小企业互助组织、较为松散的企业集团以及战略联盟、分包制等多种以业务为主导的产业整合模式，这些多元化的整合模式在行业巨头间较为多见。

5.2.4 基于产业整合的国际化战略要点

5.2.4.1 正确理解基于产业整合的国际化战略

正确理解基于产业整合的国际化战略，需要把握以下几点：

第一，产业整合是大企业在国际化过程中达到较高阶段的必然选择。此时的国际化战略是一个国际化程度较高的战略，对企业自身实力状况、国际化运营经验与水平等都有一定的要求，一般处于外向驱动国际化阶段的中后期到跨国公司全球优化的阶段。

第二，产业整合的目的应是从单一的国际资源利用者向国际市场开拓者进而是国际市场经营者的转变。从企业运作市场范围和资源配置来源划分，全球化时代企业的国际化历程一般要经历四个发展阶段：本地市场的竞争者→国际资源的利用者→国际市场的开拓者→国际市场的经营者（见图5-2）。

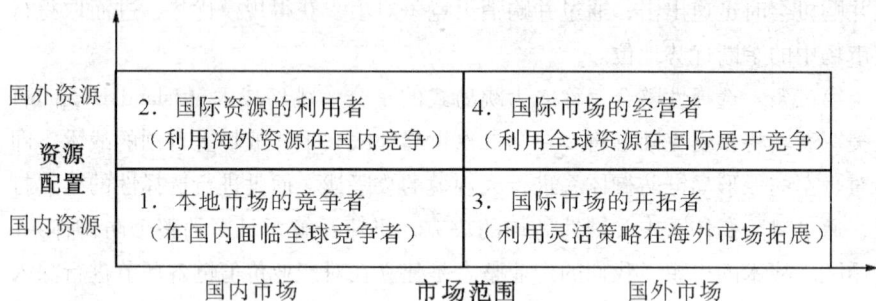

资源配置	国外资源	2. 国际资源的利用者 （利用海外资源在国内竞争）	4. 国际市场的经营者 （利用全球资源在国际展开竞争）
	国内资源	1. 本地市场的竞争者 （在国内面临全球竞争者）	3. 国际市场的开拓者 （利用灵活策略在海外市场拓展）
		国内市场　　　市场范围　　　国外市场	

图5-2　企业国际化的市场范围与资源配置选择图

在不同的发展阶段，企业的角色是不一样的，其发展定位与资源配置状况也不一样。目前，中国企业的国际化进程依然比较初级，大多数仍处于第二阶段——国际资源的利用者，即利用海外资源（生产要素、管理技能、市场资源等）来提升企业的核心竞争力，但其发展战略的着眼点仍在国内市场。随着国内市场趋于饱和，全球竞争者的不断涌入，国内企业发展空间受到了严重挤压，向国际化的深层次发展，进行海外市场拓展就成了国内企业国际化战略的必然选择。

在企业国际化的中高级阶段，产业整合的目的已不再是简单地着眼于海外资源的获取与优化配置，而是将发展战略着眼于海外市场的获取，通过对境外企业的收购兼并或业务整合来实现对海外市场的扩张；并进而将生产要素的配置、组织结构的国际化演变、管理技能与经验的提高等扩展到全球领域，向着跨国巨头全球竞争的方向前进。

第三，企业国际竞争优势的获得应从资源优势（劳动力成本、地理位置）向市场垄断优势转变。跨国企业之所以能在竞争激烈的国际市场生存与发展，一个根本的原因是跨国企业自身所拥有的竞争优势。竞争优势的获得来自于多个方面，既可以是劳动力成本优势、规模经济效应，也可以是稀缺资源、核心技术；从国际市场竞争优势的演变趋势来看，建立在资源优势基础上的国际竞争优势已逐步让位于市场垄断优势，跨国巨头们之间的竞争更多是建立在对国际市场的垄断基础上的，这种垄断主要体现在对产业价值链的关键环节、稀缺资源、核心技术等的占有与掌控。

第四，基于产业整合的国际化战略应坚持主业发展为主导的思想，忌盲目的多元化整合。海外拓展行业和区位的选择与企业国际化战略息息相关；严格来说，企业海外拓展行业和区位的选择应该根据企业国际化战略的展开而合理、有序地取舍。但现实中由于我国企业国际化程度较低，普遍缺乏清晰、务实的国际化发展战略，业绩短期显性化趋势明而国际市场风云变幻，直接导致我国企业在其海外拓展业务中多为机会主导、短期利润主导；尤其是在此次金融危机中出现了一些潜在的并购机会时，易于出现背离企业国际化发展战略的所谓的"超越"。

按照固定思路僵化执行固然易于错过发展机遇，但过分的多元化、过分的跨越也未必是正确的发展道路。笔者认为，为保证企业海外拓展的可持续性，海外拓展行业和区域的选择应遵循"一个主线、一个规划"原则，即：应坚持侧重主业发展的主线和有一个系统的总体规划。企业应着眼长远，坚持主业发展，在主营行业中向产业链的上下游拓展，从现在的以生产加工为主的低附加值环节向上游的稀缺资源、技术研发和下游的渠道与品牌塑造等高附加值环节延伸；在可能的情况下于关键环节上尽量做大做强，以实现纵向规模效应，逐步争取国际市场话语权。

5.2.4.2 把握产业价值链，实现产业整合的优化

从迈克尔·波特（Michael E. Porter）的价值链理论中可以得出两个基本要点：①"战略环节论"：企业的整个生产经营过程就是一个价值创造与实现的过程，不同环节创造的价值是不一样的；其中创造价值多的环节往往是关系到企业能否可持续发展的重要环节，我们称之为战略环节。②"竞争优势论"：保持企业对某一产品的垄断优势，关键是保持该产品价值链上战略环节的垄断优势，而并不需要在所有环节都保持垄断优势。

我们以瑞士手表产业的价值链为例来做个分析（见图5-3），图中是瑞士手表产业价值链及其利润构成比例示意图；我们可以清楚地看到零售和批发环节是价值增值空间最大的环节，占到总利润的70%，而装配环节仅占到总利润的3%，差距极为悬殊。究其原因，一流品质基础上的全球知名品牌与世界级的营销宣传是瑞士手表畅销世界的关键，是其产业价值链的核心，谁掌控了它谁就掌控了这个产业。

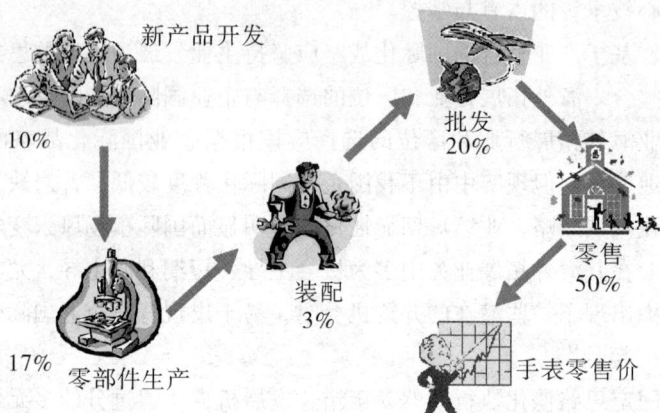

新产品开发

10%

批发
20%

零售
50%

装配
3%

17% 零部件生产

手表零售价

图 5 - 3　瑞士手表产业价值链及其利润构成示意图

正如原外经贸副部长、博鳌亚洲论坛秘书长龙永图所说的，虽然我们号称是世界制造工厂，但在中国制造商出口总利润当中，35%的利润被品牌拥有者拿走了，55%的利润被零售、批发和整个销售渠道拿走了；而品牌拥有者多为国际知名企业，外商之所以拿走大部分利润，一是因为他有核心技术，二是因为他有品牌，三是因为他有全球营销手段和销售网络。

由此，我们认为，基于产业整合的国际化战略是企业从国际资源利用者向国际市场开拓者与经营者转变过程中的必然选择，其战略应强调有所为与有所不为，以打造可持续的核心竞争力，培育与维持企业的国际市场垄断优势为目标。

5.2.4.3　充分利用政府在国际产业整合中的作用

从世界经济发展的规律与经验来看，发达国家在推进本国产业全球化战略的进程中，基本都辅以建立带有明显的各自国家特色的服务链系统，为产业的扩张提供配套和支持，并不依靠企业各自为战。

经济"后起之秀"国家的产业整合更是离不了政府的强力支持，日本和韩国产业整合遵循了这个规律，政府在产业整合中扮演了非常重要的角色。日本形成了"主银行制度"下的企业集团，对日本企业的海外扩张提供强有力的针对性强的金融服务，这是日本政府大力实施金融支持政策的结果。韩国的经济起飞主要在于其成功地实施了工业导向、出口导向和大企业为龙头的经济发展战略，韩国的大型企业集团几乎都是在政府的扶持下发展起来的；没有政府的长期规划和强力扶持，很难想象三星、大宇、现代、韩进航运等韩国行业龙头企业能从 20 世纪 60 年代初的小作坊式企业发展到 20 世纪 90 年代的世界500 强企业。正如有关专家所指出的，在产业整合或资产重组的问题上，"看得见的手"比"看不见的手"更能高效、快捷地实现资源的优化配置（郭恩才，1999）。

充分重视政府在国际产业整合中的作用，并不意味着政府要直接插手企业的海外拓展业务。政府的作用主要表现在宏观政策导向、国家信用担保、综合服务支持体系构建等方面；在涉及港口等战略性、敏感型产业时，政府的影响尤为重要。正如迪拜港口世界（DPW）的两次"蛇吞象"并购中，迪拜政府所提供的强大的政府支撑作用，如金融支持、信用担保、综合服务开发等，对DPW的成功并购起到了至关重要的作用。

在全球化激烈竞争的国际大背景下，中国企业的国际产业整合道路更加艰巨，国家力量在国际经济领域中的作用日益凸显，我们应充分认识、重视与利用国家资源。

5.3　全球化背景下码头运营商国际化战略的选择

纵观港口的发展历史，港口的演变与发展对人类社会的经济生活有着重要的影响。为了发挥港口企业自身能力和优势，培植核心竞争力，港口企业的可持续发展离不开战略的规划。面对全球化背景下日益激烈的国际市场竞争环境，对外扩张成为了大型码头运营商拓展海外发展空间、优化资源配置、提升竞争优势的重要战略举措。在这个过程中，制定并实施国际化战略尤为重要。

5.3.1　全球化背景下港航产业的整合趋势

随着现代港口向着"第四代港口"的发展，未来港口之间的竞争升级为港口供应链之间的竞争，港口不仅仅简单地靠区位优势与高效运营来竞争，它们将主动参与到构筑港口供应链系统中，提高供应链整体效率，为客户带来尽可能多的增值服务。

根据世界发达国家的经验，在产业链转移的同时，物流供应链也会随之发生转移。在全球经济一体化的背景下生产制造型企业日趋国际化，为之服务的港航产业的内在驱动力发生深刻的变化，对港航企业国际化发展的要求日趋激烈。随着现代物流航运能力和信息技术的快速发展，国际贸易条款在贸易实务中发生了深刻的变化，传统的 FOB 和 CIF 价格条款逐渐向 EXW 和 DDP 等贸易方式转变，终端客户（买方）在国际贸易物流流程安排中的影响力越来越大。在国际物流服务链（见图 5-4）中，对出口码头甚至出口国境内的物流服务商选择，大多都由欧美日等终端客户决定，而在海外拥有揽货和服务网络的物流公司和船公司则对进出入港口及码头运营商的选择具有重大影响力。

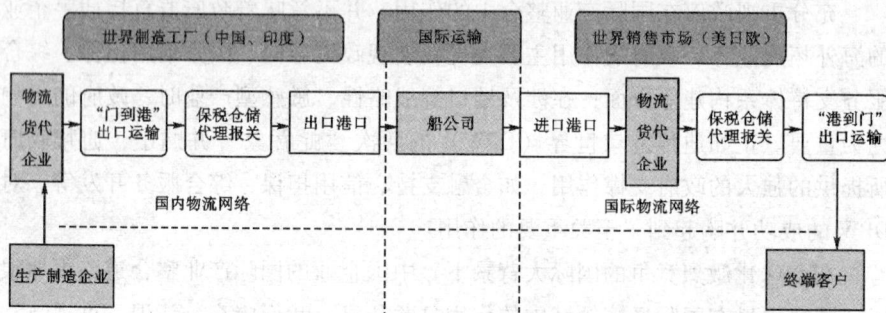

图5－4　国际贸易物流服务供应链示意图

供应链一体化驱动全程物流服务供应商的产生，港航产业的整合趋势日渐明显。从全球航运业的发展趋势来看，世界级的集装箱船运公司在大力进行行业横向整合、提高航运产业集中度的基础上，不断加大行业纵向整合力度，推动着港航产业链的纵向布局。

以全球航运巨头马士基集团为例，马士基集团作为世界领先的港航业巨头，其旗下的马士基航运（Maersk Line）是全球排名第一的集装箱航运企业，拥有全球最大规模的集装箱运输船队，服务网络遍及六大洲；近些年来仍不断地在国际航运业内进行并购整合，1999年收购美国海陆公司、南非比利时集装箱班轮公司，2005年以23亿欧元（约29亿美元）巨资收购了当时世界排名第三的航运巨头英国荷兰联合船公司铁行渣华（P&O Nedlloyd），迅速成为世界第一班轮公司，全球市场份额由以前的12%激增到18%，远远领先于以前与其实力相近的竞争对手——地中海船舶。

尽管全球金融危机给国际航运业造成了沉重的打击，连续保持105年盈利纪录的马士基集团在2009年首次出现年度亏损（亏损10亿美元），但相对其477亿美元的年营业额并不算大。马士基航运行政总裁安仕年2009年年底接受媒体采访时表示，尽管过去集装箱航运业通过收购重新洗牌进展得不太顺利，但收购活动终究是整合市场的可行办法之一；相当部分业内企业将无法安然渡过此次金融危机，此次危机必将导致新一轮并购浪潮的产生，马士基航运已为收购破产同行做好了准备[①]。正如其所言，据媒体报道，2010年3月马士

---

①　危机重重的马士基：全球航运龙头迷航［J/OL］．国际财经时报，（2010－4－21）http://www.ibtimes.com.cn/articles/20100421/maersk.htm.

基航运拟收购陷入危机的希腊老牌船运巨头 Dryship Co.。

马士基集团旗下的 A. P. 穆勒码头公司（APM Terminals）多年来位列全球码头运营商前三甲。与 HPH、PSA、DPW 的发展路径不同，A. P. 穆勒码头公司是由马士基航运的专用码头服务商发展而来的一家公共码头运营商。依托马士基航运在全球集装箱运输市场上的领先地位，A. P. 穆勒码头公司从2001 年正式成为公共码头运营商后得到了迅猛发展。除了关联业务外，A. P. 穆勒码头公司还通过一系列的港口投资活动，进一步加强其在全球范围内的码头业务组合，如 2003 年入股中国青岛港，2005 年收购法国敦刻尔克港，2006年收购尼日利亚 Apapa 港、约旦 Aqada 集装箱码头以及中国天津港、广州南沙集装箱码头，2007 年投资加纳 Tema 港、摩洛哥 Tangiers 港以及中国厦门集装箱码头，等等。至 2009 年底，A. P. 穆勒码头公司已在全球五大洲 34 个国家和地区拥有了 50 个码头项目，2009 年其旗下码头总吞吐量达到 6 030 万 TEU，占全球集装箱港口市场总份额的 12.1%[①]。

除了航运和码头外，马士基集团旗下的马士基物流集团（Maersk Logistics）也是国际航运物流市场上公认的领先者，其业务包括为整合供应链管理提供个性化解决方案、仓储配送以及海空运输代理服务等。近些年来，马士基物流集团在国际航运物流市场上沿着产业链条在其业务的上下游进行了一系列的整合，先后收购了美国配送服务公司（DSL）、芬兰货运代理和报关代理商 OY Arealog 有限公司、法国本土物流巨头 D'Click 公司、澳大利亚货运代理和报关代理商 O'Farrells 国际公司以及美国 Allfreight 空运物流服务公司和 Hudd 配送服务公司，等等。通过上述整合，在已经占据行业领先地位和较高市场份额的基础上，马士基集团进一步沿着产业链的上下游延伸，并且在航运、码头与物流业中均形成了强势的市场品牌，目前马士基集团已基本构建了一个覆盖全球的全程物流解决体系。

为平衡与船公司的谈判地位，领先的码头运营商也纷纷通过全球范围内的产业整合来提升自己的市场地位，码头行业的集中度也呈不断增强的趋势。目前，全球前五大码头运营商旗下的集装箱码头年吞吐量已达到 26 990 万 TEU，占全球市场份额的 51.7%；如按权益吞吐量计，前五大码头运营商的年集装箱吞吐量也达 16 260 万 TEU，占全球市场份额的 31.1%（见表 5-1）。

---

① 数据来源：A. P. Terminal 公司网站。

表 5 - 1　　　　全球前五大码头运营商 2008 年集装箱吞吐量一览表

全球码头 运营商	集装箱吞吐量合计 （百万 TEU）	全球市场 份额（%）	集装箱权益吞吐量 （百万 TEU）	全球市场 份额%
HPH	67.6	13.0	34.4	6.6
APMT	64.4	12.3	33.8	6.5
PSA	59.7	11.4	50.4	9.6
DPW	46.2	8.9	32.9	6.3
COSCO	32.0	6.1	11.1	2.1

资料来源：Drewry, Annual Review of Global Container Terminal Operators, 2009。

　　从世界主要行业集中度的演变趋势来看，集装箱港口行业仍处于规模扩张阶段，行业集中度正处于上升阶段（见图 5 - 5）。经过了二十多年的高速增长后，世界集装箱港口业已进入平稳增长时期；2008 年全球金融危机的冲击导致国际航运发展出现了跳水式的下降，港口业也因此进入发展的寒冬期，但与国际航运业相比，港口业所受冲击相对较轻，并且，随着金融危机冲击力的逐步释放，世界经济逐步触底回升，港口业也从 2009 年第四季度开始回升，2010 年第二季度全球主要港口已出现正增长。可以预期的是，金融危机的冲击将导致国际港口业的发展进一步两极化，相当部分中小码头运营商将面临经营困境甚至破产倒闭，而少数全球领先的大运营商将凭借其雄厚的资金与运营管理实力"扛"过这场危机，并借机拓展业务疆界，国际港口业正进入一个国际产业整合的新阶段。

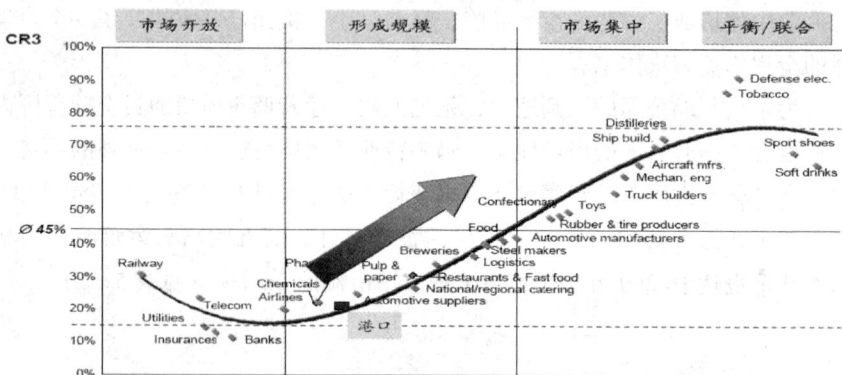

图 5 - 5　世界主要行业集中度一览图

5.3.2 新形势下码头运营商国际化战略的选择

为应对全球化背景下港航产业的整合趋势，码头运营商的国际化战略选择应立足于国际产业整合的思想，通过兼并收购或业务整合等灵活策略从横向和纵向两个方向来详细规划企业未来的发展方向与路径。具体而言，新形势下的码头运营商可有如下的战略考虑（见图5-6）：

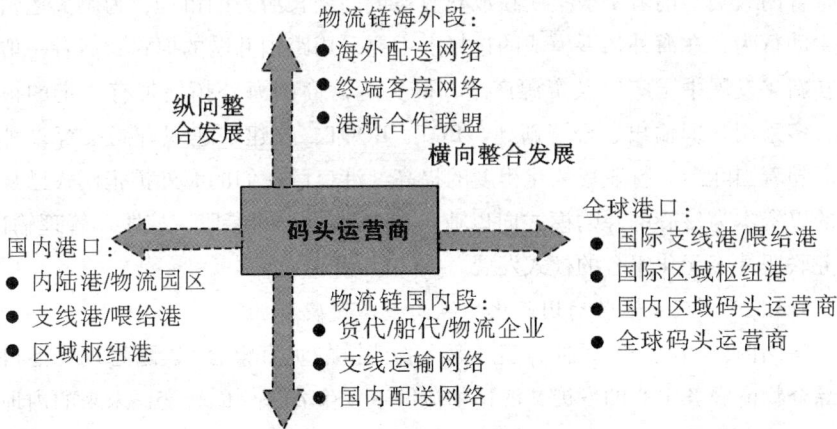

图5-6　码头运营商国际化战略选择：基于产业整合的考虑①

5.3.2.1　码头运营商国际化的横向整合发展

积极实施海外投资业务，力争实现港口全球网络化布局。港口的网络化效应是码头运营商对外拓展的一个基本动因，正如前文所述，码头运营商出于保障母港业务发展的需要，往往会投资到与其有稳定业务来往的喂给港和支线港，通过参股、控股或管理输出等模式将这些喂给港和支线港与其母港形成一个区域性的网络布局，能有效地实现规模经济效应、增加母港在国际航线中的节点作用；向海外的投资布局，不管是投资海外的支线港/喂给港，还是投资枢纽港，都可以使这个区域网络向境外延伸，进而形成国际区域网络甚至是全球网络，原来的区域网络效应得以放大，母港在航运网络中的地位将得以巩固，码头运营商的国际市场议价能力将更强。

优化投资组合，构建多元化港口业务板块。在海外拓展项目的筛选上，应有分层次（喂给港/支线港/枢纽港）、分区域、分模式的考虑。一个集装箱码

---

① 参见：招商局集团业务开发部. 招商局港口国际化战略初探［R］. 2008.02；CMHI国际化的战略思考［R］. 2008.04。

头项目能否成功，不仅在于码头运营商的资金技术水平和揽货能力，还取决于其所依附的货源网络，海外投资项目的选择必须依据项目的地理位置、货源网络、网络层次、政策环境、与母港距离远近等多方面因素进行综合考虑，多层次、多区域的投资布局有利于降低单一市场波动带来的风险，实现企业的可持续增长。

从国际港口横向整合的方向来看，可分为全球网络的扩张与伴随产业转移的整合两大类。前者一般集中在成熟收益或高增长潜力的市场，为码头运营商的主动行为，在海外拓展模式的选择上主要采用跨国并购的模式；后者一般集中在新兴发展中国家以及资源产地，码头运营商的海外拓展带有一定的被动性，多采用管理输出、合资新建、BOT、BOOT、改建扩建现有码头等多种方式。随着国际港口行业集约化程度的提高，港口巨头们的海外扩张模式已从单一的以资本为核心的并购模式向以业务整合为核心的参股、控股、管理输出、业务联盟等多元化组合的模式发展。

5.3.2.2 码头运营商国际化的纵向整合发展

向国内外物流环节延伸，实施海运物流链的垂直整合①。随着现代港口向着综合物流服务中心的发展，海运物流链正发生着深刻的转变，未来的内地加工工厂将会大量地被港口的保税仓储与加工园区所替代，以港口为基地的分拨中心（Distribution Center）和物流园区将在整个海运物流链中起到重要作用。传统的分散型的物流配送模式不利于货物承运人与船公司的运营，集中整合、连续、大规模的跨国物流运营模式要求码头运营商在货物承运人和船公司之间搭建起新型的海运物流与信息沟通平台。为此，码头运营商可一方面重点打造港口保税物流园区，吸引生产加工型企业、物流运输公司的入驻；另一方面采用并购方式沿着海运物流服务链条进行纵向整合，向上下游物流服务环节延伸，如收购货代公司、船代公司、国际性物流公司等，满足工商企业物流服务多元化、连续化、规模化的需求，并以此提升码头运营商自身的竞争力。

与船公司建立战略合作联盟，实现港航运营一体化。建立港口与航运企业的联盟，无论是投资参股或控股还是纯粹的业务联盟，都能有效提高海运链的服务水平和港航运营一体化互动水平。现代物流运输中的门到门服务理念促使大多数的码头运营商从运输服务商转化为多式联运物流服务组织者，拥有港航联盟、国际性海空货代、国内外物流配送网络可以增强对终端客户的掌控能

---

① 参见：傅育宁. 中国海运物流与集装箱码头的发展 [N]. 上海：第十二届码头运营商（亚洲）2008 年度会议，2008.03.

力，提高码头物流供应链的综合服务能力。

与大型生产制造企业建立协作联盟关系，增强对终端客户的影响力和控制力。在全球化物流运输时代，终端客户对物流承运商、进出口港口与码头运营商的选择决策权极大。获取海外终端客户的揽货与物流服务网络将是码头运营商在国际市场纵向整合的方向之一；码头运营商可与大型生产制造企业合作，以驻厂物流等方式进入生产制造企业的物流供应网络中，为其设计综合型物流服务解决方案和承担物流运输业务，发挥各自优势，合作打造专业化的海陆运输网络、码头与岸上物流系统，实现共赢。同时，掌控一部分海外终端客户不仅可以加强对世界经济变化的预警与理解，也可以提高对船公司的谈判/议价能力，增加公共码头运营商的内在价值。

此外，有能力的码头运营商还可以进一步向海运物流链的上游进军，以进一步增强对终端货源的掌控。如欧洲领先的码头运营商 Eurogate 在中西欧地区投资参股铁路、陆运与内陆物流企业，实现欧洲腹地联运的纵向整合；而国内的航运巨头中远集团在继续向下游码头产业发展的同时，也积极筹划进军上游资源行业，拟在海外进行适当的油田、矿产等资源类投资①。

---

① 索佩敏. 中远集团有意在海外进行油田和矿产等资源类投资 [N]. 上海证券报，2007 - 06 - 27.

第六章 集装箱码头运营商海外拓展的区域选择

6.1 世界集装箱港口布局的形成与发展演变

集装箱运输始于陆地，早在 20 世纪初期英、美等国就已经在铁路运输中开始使用，但直到第二次世界大战后才开始海上集装箱运输。自 1956 年现代意义上的集装箱海上运输产生以来，以集装箱运输为基础的多式联运颠覆了传统国际航运，改变了全球贸易的流向、流量和国际航运业的发展形态，也从根本上改变了港口业的发展面貌，集装箱港口在世界运输体系中的地位和作用越来越突出。集装箱港口是强周期的行业，与全球贸易的发展变化息息相关，其建设与布局也随着世界贸易格局的变化而变化。纵观全球各地集装箱港口的发展，世界集装箱港口布局的形成与发展演变大致经历了如下几个阶段：

6.1.1 北北贸易基础上的欧洲—北美双峰格局

第二次世界大战以后，世界贸易迅速从战前的南北贸易格局转向北北贸易格局。南北贸易指发达国家与发展中国家之间的贸易，这是建立在资源比较优势基础上的产业间贸易，主要体现为发达国家从发展中国家进口资源，在国内生产后将工业制成品再销往发展中国家。这种贸易格局大多建立在不平等的殖民统治基础上的，随着第二次世界大战后民族解放运动的兴起，以及机械、电子、交通运输等现代技术的发展，北北贸易迅速取代了南北贸易，占据了国际贸易的主导地位。北北贸易指发达国家之间的相互贸易，这是建立在规模经济基础上的产业内贸易，贸易往来主要集中在北美、西欧以及日本、澳洲等经济发达区域。

现代集装箱运输 1956 年发源于美国，首先在欧美兴起，然后向世界普及。20 世纪五六十年代，集装箱港口业仍处于发展起步阶段，美国、英国、法国、澳大利亚等传统海运强国在其沿海地区积极探索集装箱运输这种新型的海上运输方式，1962 年美国首次将承载量为 220TEU 的集装箱运输班轮运行于往返美国纽约、英国伦敦和荷兰鹿特丹的北大西洋航线，随后北美（东）—西欧/西北欧/南欧、北美（西）—澳洲、北美（西）—日本等集装箱班轮航线相继开通，北美（东西两岸）和欧洲（以西欧和西北欧为主）的沿海港口城市因此得到极大发展，专用的集装箱码头操作设备不断出现，传统的装卸货码头向现代化的专业集装箱码头演变，以美国、英国、荷兰、比利时、德国为主的欧美发达国家纷纷投巨资兴建专业集装箱码头，并逐步形成了欧洲—北美双峰布局的基本格局。

以 1970 年世界集装箱港口的统计数据来看，世界前 30 位港口全部集中在欧、美、日、澳等发达经济区域，其中，欧洲港口（以西欧、西北欧为主）有 15 个，其吞吐总量达到 201 万 TEU，占全球集装箱总吞吐量的 53.75%；而美国东西两岸共有 9 个港口入围，其吞吐量达到 125 万 TEU，占全球总吞吐量的 33.51%（见表 6 - 1）；除此之外，分别为日本的神户、东京和名古屋以及澳洲的墨尔本、悉尼、利特尔顿等 6 个港口。

表 6 - 1　　　　　　1970 年世界集装箱港口前 30 位区域分布

港口区域分布	个数	吞吐量（万 TEU）	吞吐量占比（%）
欧洲	15	201.09	53.75
北美西	5	87.46	23.38
北美东	4	37.91	10.13
澳洲	3	28.73	7.68
日本	3	18.90	5.05

数据来源：中国港口网，http：//www.chinaports.org

根据全球各主要集装箱港口的吞吐量统计数据，可以做出如下世界集装箱港口分布及演变示意图（见图 6 - 1）。

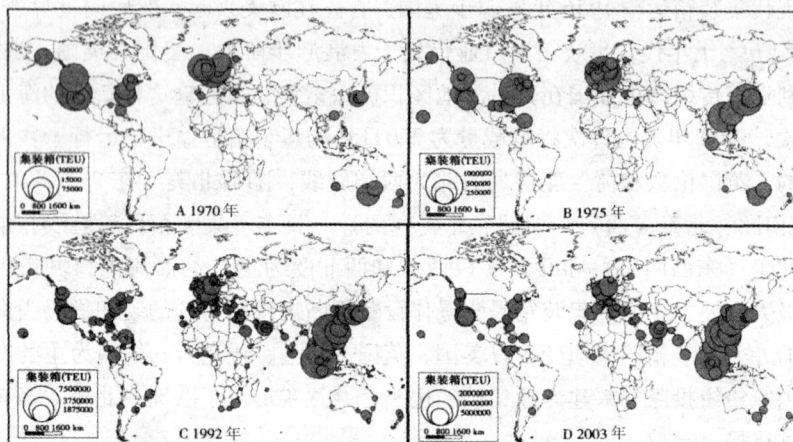

图 6-1 世界集装箱港口的分布与演化示意图①

如图 6-1A 所示，第一阶段的世界集装箱港口布局较为明显地表现为北北贸易基础上的欧洲—北美双峰格局，其主要特点是：

（1）处于集装箱港口业发展的初级阶段，集装箱运输技术正逐步规范化和现代化，能够开展集装箱运输的港口总数较少，至 1970 年全球也仅有 74 个，且基本上都集中在欧、美、日、澳等发达国家，发展中国家极少。

（2）明显呈现出围绕大西洋两岸重点布局的态势，出现了纽约、新泽西等美国东海岸港口群和鹿特丹、安特卫普、不莱梅等西欧、西北欧港口群，集装箱海运航线以北美—西欧/西北欧的北大西洋航线为主干线，欧洲与美东区港口合计吞吐量已占到当时全球总吞吐量的 63.88%。

（3）从集装箱港口功能与生成机理判断，此时全球集装箱港口的类型都很单一，主要是作为集装箱货物中转接驳的节点而已，且基本上都是腹地性港口，这说明集装箱航运初期，腹地经济是集装箱港口形成和布局的主导因素；虽有少数居于国际主航线上的中转型港口出现，如西班牙、希腊等国的港口，但总数量较少，吞吐规模也很小。

6.1.2 新兴工业化经济基础上北美—欧洲—东亚三足鼎立

进入 20 世纪 70 年代以来，现代集装箱运输技术迅速在全球普及，集装箱港口日益成为港口业发展的主流。随着日本经济进入快速发展的黄金时期，以

---

① 王成金，于良. 世界集装箱港的形成演化及与国际贸易的耦合机制 [J]. 地理研究，2007（3）：557－568.

及"亚洲四小龙"的迅速崛起,国际贸易格局发生了重大转变,并导致世界集装箱港口布局的调整。

从20世纪60年代开始,东亚地区在日本经济快速发展的带动下,韩国、新加坡、中国台湾与中国香港等国家及地区抓住西方发达国家产业转移的机遇,先后推行了出口导向型战略,重点发展劳动密集型加工产业,吸引外资和先进技术的大量流入,利用本地廉价而品质精良的劳动力优势承接世界制造中心的梯次转移,在短时间内实现了经济的腾飞,成为继日本以后亚洲新兴的工业化国家与地区,也成了东亚地区(含东北亚和东南亚)经济发展的火车头之一。

20世纪70年代初期的两次石油危机对欧美发达国家产生了较大冲击,进一步加剧了全球经济贸易格局的转变,以东亚为代表的新兴工业化国家和地区开始快速崛起。"亚洲四小龙"开始了快速工业化的进程,工业化比重迅速上升、出口扩张迅速。如:中国台湾地区的工业占国民经济总产值的比重从1952年的17.9%上升到1978年的40.3%;1970年的出口总值是1960年的9倍,而1980年出口总值则是1970年的13倍,在20年的时间内增长了117倍;而同期韩国的出口总值更是取得了534倍的增幅,令人瞠目,被誉之为"东亚经济奇迹"。

随着东亚经济的崛起,世界集装箱港口布局格局开始从北美—欧洲双峰格局逐步转变为北美—欧洲—东亚三足鼎立之势。我们用1975年的统计数据得到图6-1B,从中可得出如下基本特点:

(1)全球集装箱港口迅速增多,尤以欧洲、东亚地区为多;釜山、高雄、基隆和香港等东亚集装箱港口迅速兴起,在1975年世界集装箱港口前30位排名中东亚港口占到7席,共实现集装箱吞吐量337.34万TEU,占全球总吞吐量的30.55%;北美—欧洲双峰格局被打破,全球集装箱港口呈三足鼎立之势,世界海运主航线网络基本形成。

(2)欧洲港口群内部竞争日趋激烈,马太效应开始显现,海运货物向地理位置优良、运营设备先进、服务效率高的少数港口集中;鹿特丹成为了全球最大的枢纽港和欧洲门户港,与纽约、神户和香港一起成为世界航运中心,分别为欧洲、北美和东亚三足的角柱(王成金,2007)。

(3)在集装箱港逐渐兴起的东亚地区,日本神户和中国香港成为东北亚和东南亚地区一南一北两大国际航运中心,分别位列世界第三、第四的位置,基隆、釜山、横滨、高雄、新加坡等区域性枢纽港也得到较大发展。

(4)从集装箱港口功能与形成机理来看,全球集装箱港口布局与世界经济贸易格局基本吻合，进一步反映了腹地经济是港口生成和发展的主导因素；但随着现代港口功能的发展，港口的类型开始分化，除了腹地性港口外，在国际主要航线上的中转型港口开始兴起并渐成规模，新加坡、夏威夷等区位优势明显的港口开始崭露头角，区位优势在港口布局中的作用日趋明显（王成金，2007；武良成，2009）。

6.1.3　全球化浪潮兴起促使东亚地区港口快速崛起

进入 20 世纪 80 年代以来，随着经济全球化浪潮的兴起，国家和国家之间、地区与地区之间的联系更加紧密，全球性的竞争与合作促使国际生产和国际贸易格局发生了历史性的转变。为了在全球化竞争中生存与发展，企业不得不在全球范围内寻找质优价廉的资源并进行全球资源的优化配置，"跨国外包"和"垂直专业化分工"（Vertical Specialization）的新型国际生产和贸易模式得以产生。这种模式将多个国家的产业链条联结到同一种产品的生产链上，产品的研发设计、生产制造、加工组装、营销网络、终端销售等环节得以分布于不同的国家与地区，中间品贸易比重不断增加，贸易品的集装箱化率迅速提高，对集装箱港口的需求也大幅提升，国际贸易进入了集装箱运输时代。

全球化浪潮加速了国际产业转移步伐，具有良好产业基础、丰富优质劳动力资源的东亚地区（含东北亚和东南亚）得到迅猛的发展，世界制造中心从欧美国家转移至日本，然后再转移到亚洲四小龙，进而转移到中国内地，东亚经济迅速崛起。伴随着东亚经济的崛起，世界集装箱港口布局也发生了重大转变：

（1）集装箱运输时代的到来促进了世界各地集装箱港口的迅猛发展，集装箱港口布局迅速在全球铺开，南亚、中东、中东欧、拉美和非洲等发展中地区也出现较大规模的港口或港口群；但北美、西欧和澳洲等成熟地区的集装箱港口发展趋缓，在世界海运系统的地位趋于下降，而东亚地区的港口保持良好的发展势头并逐渐成为世界港口体系的主要支柱，全球港口布局进入了东亚崛起时期。

直到 1985 年，欧美集装箱港口在世界前 30 强中仍占有 22 席，吞吐量总和占到全球总吞吐量的近 60%，全球第一、第二大港口仍是荷兰鹿特丹港和美国纽约/新泽西港。但 1986 年香港港跃居全球第一位，标志着世界集装箱港口布局全面转向以东亚港口为主导的时代，同年世界集装箱港口吞吐量前五强中除鹿特丹外，其余四席都是东亚港口（香港、新加坡、高雄和釜山），东亚港口在世界前 20 位中的总吞吐量占比达 32%；之后，这一比例不断扶摇直上，

1990 年占比为 56%，2000 年则上升到 65%（见表 6-2）。

表 6-2　东亚地区集装箱港口在全球港口布局中的地位（1975—2000 年）

单位：万 TEU

年　份	东亚地区港口数	东亚地区港口吞吐量	全球前 20 位港口吞吐量总计	东亚地区港口占前 20 位港口的比重(%)
1975	5	253	1 071	23.6
1980	8	673.5	1 731.4	38.9
1985	6	744.5	2 472.1	30.1
1990	9	2 483.2	4 436.6	56
1995	9	4 256	6 754	63.1
2000	10	7 116.3	10 947.6	65

资料来源：根据中国港口网数据整理得出。

（2）东亚地区港口内部出现分化，日本港口日趋衰落，而新加坡的枢纽地位迅速提升。日本经济在 20 世纪 80 年代中期进入衰退，持续的经济低迷导致神户、横滨、东京等日本主要港口的地位急剧下降。以日本神户港为例，该港曾在 1976 年位居世界第二，但 1982—1994 年间长期徘徊在第四到第六名，1995 年以后排位迅速落后，1996 年已退至第十五位，1997 年以后更是退到十五名以外了。至 2000 年，世界集装箱港口前十五名中，已彻底没有了日本港口的名字[①]。而与此同时，新加坡港迅速崛起，与香港一起开始占据世界集装箱航运的龙头，其吞吐量远高于其他港口，且年均增幅也高于同行，日益成为全球性集装箱枢纽港。

（3）中国集装箱港口随着改革开放后经济贸易的快速发展而迅速崛起。中国内地集装箱港口的发展始于 1978 年的改革开放，当时中国内地的集装箱港口仍处于发展起步阶段，无论是港口数量、运营规模，还是基础设施建设、码头操作技术水平等各方面，与欧美发达国家相比都存在着巨大的差距，处于与国民经济快速发展不相适应的被动局面。20 世纪 80 年代中后期，随着我国对外经济贸易规模的不断扩大，国家一方面不断加大对港口基础设施建设的投入，另一方面不断加大对外开放的力度与深度，对港口建设管理体制进行了一系列的改革；20 世纪 90 年代初又放宽了外资限制，激活了国内外资本投入港

---

① 武良成，郑宇劼. 中国集装箱港口竞争力研究［M］. 北京：中国经济出版社，2009：56-57.

口业的热情，国内迅速涌现了一批中外合资建设与运营的专业集装箱码头运营商，现代化的操作设备和先进的运营管理经验在国内迅速普及，我国的集装箱港口在现代化的道路上得到了实质性飞跃。伴随着内地经济的高速增长，我国集装箱港口也在 10 多年的时间里持续保持着年均近 35% 的高速增长，至 2000 年共实现集装箱吞吐量 2 268 万 TEU，占全球总吞吐量的 11.8%；上海、深圳、天津、青岛、大连、广州、厦门等一批区域性枢纽港步入世界百强，且其排名呈逐年上升趋势。

（4）干线航班与支线航班、枢纽港与支线港的分离进一步加剧。在集装箱运输技术水平大幅提升的背景下，集装箱运输船舶的现代化与大型化渐成发展主流，超大型的第五代（6 000TEU）、第六代（8 000TEU）集装箱运输船舶相继产生并投入使用。班轮公司出于成本考虑，在船舶大型化发展的同时尽量减少挂靠港，导致国际海运航线的干线航班与支线航班进一步分化，进而导致集装箱枢纽港口与支线港口的分离加剧，港口间的竞争进一步激烈，马太效应日益突出。

（5）从港口功能和形成机理来看，全球化时代枢纽港的货源运输辐射范围迅速扩大，港际联盟效应日益显现，导致枢纽港生成和发展的主导因素逐渐变化，腹地经济的主导地位逐渐让位于区位因素，中转型港口开始在世界集装箱运输中占重要地位，在全球沿主要航线布局渐成主流。

6.1.4 世界港口布局重心位移至以中国为核心的亚太地区

进入 21 世纪以来，全球经济格局随着中国经济影响力不断增大而不断演变，尤其是 2001 年中国加入世界贸易组织，标志着这个全球最大的、经济高速增长的发展中国家正式融入世界经济版图，丰富的劳动力资源、外向型加工制造模式和广阔的消费市场促使了整个世界经济与贸易格局的重心向以中国为核心的东亚地区转移。

从 20 世纪 90 年代中后期开始，中国沿海沿江地区就纷纷兴建大型集装箱港口，各地政府纷纷提出打造百万、千万标箱的大港计划，并通过各种渠道引入巨额资金大兴土木，中国集装箱港口建设进入了飞速发展的时期。全球集装箱港口布局进而有了如下的演变特点：

（1）中国港口的快速崛起进一步提升了东亚地区港口在全球集装箱港口体系中的地位，从 2002 年起，世界前六大港口连续多年均是东亚港口，其中中国港口进步神速。仅以中国内地港口（不含香港、高雄、基隆）为例，2000 年在世界前二十位港口中中国内地港口合计吞吐量为 960.7 万 TEU，占比

8.8%；到 2008 年中国内地港口合计吞吐量就达到 9 044.1 万 TEU，9 年时间内增长了 9.5 倍；即使是遭遇全球金融危机，2009 年全球集装箱吞吐量出现了 11.2% 的大幅下滑，中国内地港口合计吞吐量仍达到 8 858 万 TEU，占比从 2008 年的 36.6% 提高到 40.1%（见表 6－3），世界集装箱港口布局重心正向以中国为核心的东亚地区偏移。

表6－3　从世界排名前二十位港口吞吐量看全球三大区域港口布局的演变

单位：万 TEU、%

年份	前 20 位加总	北美		欧洲		亚洲		其中：中国内地	
		小计	占比	小计	占比	小计	占比	小计	占比
1980	1 731.4	539.7	31.2	411.1	23.7	693.8	40		
1985	2 472.1	701.9	28.4	769.7	31.1	812.3	32.9		
1990	4 436.6	835.2	18.8	980.1	22.1	2 483.2	56		
1995	6 754	877.1	13	1 343	19.9	4 650.3	68.9		
2000	10 947.6	1 248.6	11.4	2 011.7	18.4	7 116.3	65	960.7	8.8
2005	17 635.3	1 898	10.8	2 385.4	13.5	14 351.7	81.4	5 528	31.3
2008	24 737.3	1 960.3	7.9	3 466.5	14	19 310.6	78.1	9 044.1	36.6
2009	22 090	1 143	5.2	2 406	10.9	18 502	83.8	8 858	40.1

数据来源：根据中国港口网数据整理得出。

（2）在中国经济崛起的背景下，香港和新加坡成为了全球领先的主枢纽港和国际航运中心。1986—2004 年间香港长期保持世界第一大港口的位置[1]，但随后上海、深圳、广州等中国内地港口的崛起导致香港腹地经济圈货源分流，2005 年新加坡超越香港成为世界第一大港并延续至今，2007 年上海超越香港成为世界第二大港口，而深圳紧随其后，位居世界第四，广州、宁波、青岛则分列世界第七、第八、第十位。

中东、东南亚、南亚等新兴发展中国家与地区的港口开始快速增长。以中东第一大港迪拜港为例，2001 年迪拜港仅处理集装箱 350 万 TEU，位居世界第十三位；2008 年迪拜港处理集装箱 1 180 万 TEU，跃居世界第六位，年均增长

---

① 1990—1991 年间中国对外贸易大幅回落，香港吞吐量世界第一的位置暂时让位于新加坡港，但二者之间的差距极小；1992 年随着中国改革开放第二春的到来，香港又迅速地回到了世界第一的位置。

率达到40%。同期，马来西亚的巴生港、丹戎佩拉阿帕斯港、泰国的林查班港、印尼的雅加达港、印度的尼赫鲁港以及斯里兰卡的科伦坡港也纷纷跨入世界前三十强的行列。北美、西欧、澳洲等成熟市场的发展依然趋于缓慢，虽有鹿特丹、安特卫普等少数枢纽港出现发展提速，但与东亚相比仍有较大差距；加之此次金融危机对欧美发达国家的巨大冲击，估计欧美集装箱港口业仍将处于一个较长时期的低速发展甚至衰退中。

（3）从港口功能和形成机理来看，中转型枢纽港仍占优势，全球沿主要航线或扼海峡要冲的中转港开始形成规模，形成了"北太平洋—巴拿马海峡—加勒比海—地中海—红海—印度洋—马六甲海峡"的海运轴线，国际海运主航线网络布局已经成型。力争成为主航线网络中的枢纽港成了各集装箱港口发展的主要目标之一，中转型港口竞争形势日趋激化，新兴港口的涌现对传统中转型枢纽港产生较大挑战，少数地区发生了中转枢纽港的转换（如：高雄港的衰落）。另一方面，腹地型枢纽港开始复兴，以中国内地的上海、深圳、广州等港的崛起为代表，说明依托于腹地经济而有充足货源始终是枢纽港发展的基础，以腹地经济为支撑的新一轮集装箱港口发展与布局调整已悄然产生①。

6.1.5 未来发展趋势的展望

（1）集装箱港口业是强周期的行业，其建设布局和兴衰都与世界贸易格局的发展演变息息相关。目前世界集装箱运输的中心在北半球，集装箱港和运量主要分布在东亚、北美、欧洲和地中海及中东地区，这同世界经济格局基本吻合。世界集装箱港口布局经历了"集聚—→分散—→集聚"的发展过程，从20世纪五六十年代的欧洲—北美双峰对峙到70年代东亚港口群的崛起，到八九十年代全球主要贸易区港口的兴起，再到21世纪中国港口群的涌现并迅速占据世界领先地位，承担了全球近50%的吞吐量；中国港口不但以数量夺冠，且以大港、枢纽港为主，全球集装箱运输出现了向以中国为核心的东亚地区集聚的宏观态势，这种集聚的态势在未来十多年内将持续发展②。

（2）在规模经济的推动下，集装箱运输船舶还将朝着大型化方向发展。为了降低费用、提高效率，集装箱海上运输将逐步减少挂靠港口，港口的集中

---

① 王成金，于良. 世界集装箱港的形成演化及与国际贸易的耦合机制［J］. 地理研究，2007（3）：557－568.

② 王成金，于良. 世界集装箱港的形成演化及与国际贸易的耦合机制［J］. 地理研究，2007（3）：557－568.

度将进一步加强，主航线与支航线、枢纽港与支线港、喂给港的分化也将随之进一步加强。正如舒洪峰（2007）[①] 的研究预测，在未来 10～20 年间，全球集装箱运输将出现以赤道环球航线中心港为核心的全球性集装箱港口网络。这个网络由赤道环球中心港、区域性枢纽港、支线港和喂给港等多层级港口组成；中心港数量少而精，主要功能是中转，而区域枢纽港、支线港和喂给港的主要功能是为中心港提供支持，一是集散本地区的贸易货物，二是向本区域的国际枢纽港输运国际贸易货物。在这种发展趋势下，集装箱运输船舶一般仅需停留 5～8 个中心大港，在中心港之间提供货物的区际运输，然后再通过中心港将货物转运到支线港口，并最终到达目的地。由此，在港口网络化发展进程中，那些有能力吸引大型海、陆、空全球联营体和独立承运人的港口将有望成为全球枢纽港乃至于全球中心港，而那些地理位置较差且竞争力不足的港口则只能起到喂给港的作用。

（3）腹地经济、航线网络和区位是集装箱港口产生和发展的基本驱动力。从世界集装箱港口布局演化的影响因素来看，主要有两个因素：腹地因素和中转因素，这两个因素之间会出现交叉演进的规律。无论是腹地型港口还是中转型港口，其地位并不是一成不变的，它可能会随着腹地经济结构、货源范围、邻近港口发展以及船舶航运条件等外部因素的变化而变化。一般来说，到了一定发展规模后，腹地型和中转型港口的业务之间会出现交叉；中转型港口如果没有周边腹地经济的支撑，单靠区位优势难以抵御周边新兴港口的冲击；腹地型港口发展到一定规模后马太效应突出，必然会吸引周边邻近港口货源到本港来中转。纵观集装箱港口发展历程，建立在强大腹地经济基础上的复合型集装箱港口将成为未来发展的一个主要方向。

（4）国际航运中心呈现出从"腹地型→中转型→腹地中转并存型"演变的趋势，港城一体化过程中临港产业向着高端服务业方向发展。随着世界集装箱港口布局的演变，传统的国际航运中心大多是腹地型港口，如美国纽约港、英国伦敦港、日本东京港，近 20 年来其集装箱吞吐量趋于不断下降，逐渐让位于中转型的新加坡港、香港港等；而上海港的快速崛起和打造"世界级国际航运中心"的雄心，必将对现有的国际航运中心格局（尤其是香港的国际航运中心地位）产生较大冲击。在制造业转移、集装箱运输量减少的基础上，传统国际航运中心所在城市积极打造临港高端服务业，其对腹地经济的辐射作用和为转移到周边地区制造业提供进出口服务的国际金融中心、国际贸易中心

---

① 舒洪峰. 集装箱港口发展动态 [D]. 北京：中国社会科学院研究生院，2007：23－24.

以及国际船务中心、供应链综合服务中心的功能将因此而增强[①]，全球港口在功能上存在着进一步分层的趋势。

6.2 集装箱码头发展的制约因素分析

6.2.1 腹地经济的发展与全球产业分工体系的转移

集装箱港口是集装箱海运的起点和终点，货物吞吐量是港口立足的根本，而货物吞吐量的形成受到多种因素的影响，其中腹地经济是决定适箱货物生成能力的最主要的驱动力。集装箱港口的吞吐量长期以来受到多种因素的影响（见图6-2）。

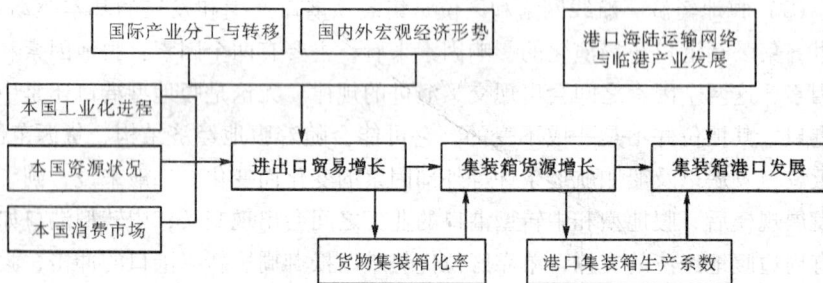

图6-2　集装箱港口吞吐量长期影响因素示意图[②]

从图6-2可以清楚地看到，集装箱港口的发展与所在国或地区的经济发展水平和进出口贸易量直接相关。对历史数据的统计分析也表明，集装箱港口发展水平与其腹地经济的发展水平呈高度相关性，如：美国的相关系数为0.966、英国为0.97、日本为0.99（王成金，2007）。

在全球经济一体化发展的进程中，国际产业的梯次转移促使全球产业分工体系处于动态变化过程中，世界各国在产业分工体系中的地位与作用也在不断地演变。国际产业的转移导致腹地经济发展水平和产业结构的变化，必然会影响到集装箱港口的吞吐量及货源结构，进而影响到该港在区域甚至全球集装箱运输网络中的地位和作用。从根本上讲，集装箱港口是国际海运网络中的一个

---

① 武良成，郑宇劼. 中国集装箱港口竞争力研究 [M]. 北京：中国经济出版社，2009：59-61.
② 原模型参见：武良成，郑宇劼. 中国集装箱港口竞争力研究 [M]. 北京：中国经济出版社，2009：72. 略有改动.

重要组成部分，它产生于全球化时代，也服务于全球化时代，是随着全球产业分工体系的转移与世界经济贸易格局的演变而兴衰的。

6.2.2 港口在全球集装箱航线中的区位

　　航线是船舶的航行轨迹，因经济需求而产生的跨洋运输网络对世界集装箱港口的产生与发展都有着至关重要的影响。经过40多年的发展演化，目前已形成了连接各枢纽港和区域干线港的全球性航运网络，这个网络以世界经济三极（北美、西欧、东亚）之间的东亚—北美、东亚—中东—欧洲、北美—欧洲三大航线为核心，以集装箱定期班轮为载体，以各枢纽港和干线港为主要节点，形成了覆盖全球主要经济区域的集装箱运输网络（见图6-3）。

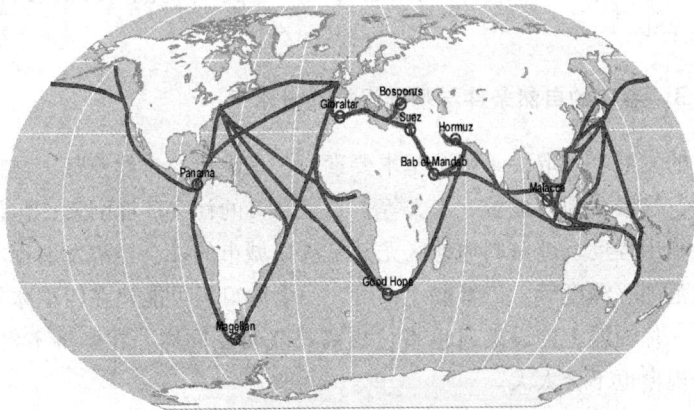

图6-3　世界集装箱海运网络示意图

　　一个港口能否生存以及未来发展规模在很大程度上取决于其在全球集装箱网络中的区位。一般而言，一个港口越是靠近全球的主要航运干线，其所获得的货源尤其是中转型货源就越大，大型班轮公司挂靠的可能性就越大，其发展成为枢纽港的可能性就越大。纵观世界集装箱枢纽港的发展，全球主要的枢纽港基本上都沿着全球三大航线进行布局和发展，尤其是领先的枢纽港往往都处于不同航线的交汇点上，如新加坡、香港、鹿特丹等。

　　进入20世纪90年代以来，区位因素对集装箱港口的影响日益显著，中转型港口日益增多，其数量已从20世纪70年代初期的占全球港口总数不到5%迅速发展到2008年的占比近50%；部分相对落后国家和地区的港口，因其所处的区位优势突出而开始崛起。如：地中海的阿尔赫西拉斯和焦亚陶罗、中东的迪拜、印度洋的科伦坡以及加勒比海的圣胡安等皆因地处或邻近国际主航线而迅速成为该航区的大型中转港。

此外，区位优势在很大程度上也决定了港口的中转货量规模和全球网络通达性。随着全球海运干线网络的形成和运输船舶大型化的发展，未来班轮公司的航线选择将越来越谨慎，所挂靠的港口将越来越少，对港口的区位、货量规模、通达性的要求将越来越高。航线通过船舶将不同的集装箱港相串连，而航线挂靠港口的多少直接影响港口的联系范围，一个港口联系其他港口（Navigable Container Ports，NCP）的数量反映了该港口的组织能力和通达性，NCP数量的高低往往是班轮公司选择是否挂靠该港的决策因素之一。从现实来看，NCP 的数量分布具有明显的马太效应，香港、新加坡等世界级枢纽港的 NCP 数量已达到320 条，全球网络覆盖率达到65%，而法国马赛、南非开普敦、印尼马尼拉等众多的区域枢纽港/支线港的 NCP 不到 100 条，全球网络覆盖率仅有30%左右①。

6.2.3 港口的自然条件与基础设施建设水平

港口的发展基础取决于两个基本要素，一是港口的自然禀赋，包括港口的地理位置、气候、地质地貌、水文等；二是港口的社会环境因素，包括港口的原有开发利用程度、港口周边地区尤其是港口城市的社会经济发展程度以及港口腹地的范围、深度等。二者缺一不可，一个港口不可能建在四季冰封的严寒地区，在一片浅滩上建设港口也将付出高昂代价；同样，在经济不发达地区，港口发展规模也不会太大。

德国著名的区位论学者高兹在《海港区位论》（Erich A. Kautz，1934）中指出：港口的自然禀赋是港口发展的基础条件，对港口的发展有重大影响，具有良好和安全自然条件的港湾，是海港区位布局的主要选择；一般而言，多条航线的交汇点以及与海外港口联系最短的地点是海港形成最有利的条件。

在集装箱运输船舶大型化与港口经济规模化的发展趋势中，港口的规模越来越大，停靠的船舶也越来越大，这在客观上对港口尤其是枢纽港的自然条件提出了更高的要求，这主要体现在：

（1）能满足全年全天候完善服务的天然良港，这是保证班轮公司全年运营的基本需要。

（2）主航道深水化要求，航道的水深标准是反映港口容纳集装箱运输船舶的能力，是港口适应当前国际航运业船舶大型化发展的必要条件。目前，国

---

① 王成金. 全球集装箱航运的空间组织网络 [J]. 地理研究，2008 (5)：636-647.

际枢纽港的主航道水深一般需要达到超巴拿马型船舶的吃水（－14～－16米），新加坡港、香港港等世界领先枢纽港的主航道水深已达到了－16～－18米的标准，能够挂靠 10 000TEU 以上的超大型船舶。

（3）集装箱码头专用泊位的数量与装卸规模，这反映的是港口的船舶接纳能力。泊位的长度根据停泊船的大小而不同，标准泊位长度为 250 米和 300 米；但从目前国际枢纽港大型化的发展趋势来看，300 米以上超长的集装箱专用泊位被不断投入运营，是否拥有长泊位与长泊位的数量已成为国际枢纽港的一个必要条件。目前，纽约港是拥有集装箱码头岸线最长、泊位数最多的港口，岸线总长为 8 750 米，集装箱专用泊位 42 个；新加坡港紧随其后，4 个集装箱码头共有泊位 37 个；上海港目前拥有 8 个码头 37 个国际集装箱泊位，其中在洋山港有 4 个水深超过 15 米的深水泊位，年泊位通过能力达到 1 000 万 TEU 以上。

集装箱运输不仅对港口的自然条件有基本要求，而且对码头及配套的基础设施也有相应要求。以岸边集装箱桥吊为例，为适应集装箱运输船舶大型化发展的需要，岸边集装箱桥吊不断更新换代，科技含量越来越高，正朝着大型化、高速化、自动化、智能化以及低耗能、环保型的方向发展。其中，设备大型化表现为吊具的额定起重量已从 30.5 吨逐步增加到 61 吨，最大已达到 65 吨；外伸距离也增加到能满足超巴拿马型船舶，轨上的升起高度和自重都得到了极大提高；设备高速化表现为吊具的起升速度已从巴拿马型岸桥的 50～120 米/分钟增加到现在的 90～200 米/分钟，同时还采用双箱吊具作业。目前，新加坡港共拥有 40 吨以上起重重量的集装箱桥吊 112 台，已远超过全球主要港口的平均水平；该港仍不断增加港口设备建设投资，在 2011 年前达到 15 个集装箱泊位，且全部配置外伸距为 67 米的巨型集装箱装卸桥吊，以保持其全球第一的集装箱枢纽港地位[①]。

6.2.4 港口腹地运输网络及临港配套产业的发展水平

在以多式联运为主要模式的集装箱运输时代，作为海陆运输的连接点，港口的发展受到其腹地运输网络的直接影响。这一运输网络主要表现在：一是腹地集装箱中转网络的规模及管理水平。在网络化、层级化发展的集装箱运输网络中，枢纽港的发展离不开各支线港和喂给港的支撑，由支线港和喂给港组成

---

① 武良成，郑宇劼. 中国集装箱港口竞争力研究 [M]. 北京：中国经济出版社，2009（8）：130－132.

的腹地中转网络的发展规模及管理水平将在很大程度上影响到枢纽港集装箱货物的生成水平。二是集装箱货物的港口集疏运网络（包括内陆集疏运系统和疏港集疏运系统）及发展水平。集装箱港口货物的集疏运方式包括港口公路、铁路、内河、管道和城市交通系统等多种方式，该网络的集疏运能力和发展水平将直接影响港口的吞吐能力和运营效率。目前，随着集装箱运输船舶大型化的发展，一艘大型集装箱运输船舶在港口可以一次性卸下上万个集装箱，对港口通往内陆的疏运网络是个挑战。出于对运输成本和效率的考虑，货主和海上承运人将更多地从内陆空间的通达性方面，即集散转运频率、压港时间、内陆疏散运输方式与在途时间等来评估和选择挂靠港。

实践表明，现代枢纽港的发展与其腹地运输网络的发展呈现明显的正相关，腹地运输网络越强大，对枢纽港的支撑作用就越明显；反之，就会严重制约枢纽港的发展，进而影响到该港口在整个集装箱运输体系中的地位和作用。

随着现代港口功能的不断深化与拓展，港口在现代物流中扮演着越来越重要的角色。传统的港口活动仅具备中转与产品分流功能，随着多式联运的发展与综合运输链复杂性的增加，港口作为全球综合运输网络的节点，其功能不断地以港口为中心向内陆扩展，为客户提供方便快捷的运输、商业和金融服务，正向着全方位增值服务的方向发展，其国际航运物流调度中心、综合型服务加工中心等功能正不断被强化。为实现这些功能拓展，要求在港区内或毗邻港口地区建立相应的专门服务区，如自由贸易区、保税物流园区等，将港口经济与自由贸易区或保税区的功能加以配套，使港口成为国际生产要素无缝对接的最佳结合点。目前世界上绝大多数枢纽港都是"前港口、后园区"的布局，是当地重要的外向型物流及生产加工基地。

临港园区及相关产业的发展是促进港口发展的重要因素。一个功能齐全的保税物流园区可以提供拆装箱、仓储、再包装、组装、贴标、分拣、测试、报关、集装箱堆存修理以及向内地各收货点配送等多种服务，有利于形成一个以港区及广泛辐射地域为服务对象的综合物流服务网。物流化的港口不再只具备货物装卸的简单功能，它将仓储、包装、配送、加工、信息服务等多种物流功能集成化，使港口从交通枢纽转变为内涵更广、层次更高的物流网络中心；货物不仅能在物流网络上畅通流动，而且可以根据客户需求开展物流加工服务，通过加工服务使货物在港口转运过程中得以增值，从而达到提升港口功能的目的。

纵观世界主要枢纽港口的发展，港区联动是国际大港发展成功的基本经验。香港政府专门设立物流发展督导委员会和香港物流发展局，强化与港口物流相匹配的服务功能，健全相关法律制度，提高金融、保险、航运中介等一系列物流援助或专业服务，发挥港口物流一体化服务功能。而内地的上海港自2003年12月启动外高桥保税物流园区以来，充分发挥保税区的政策优势和港区的区位优势，重点发展仓储和物流产业，进一步拓展国际中转、国际配送、国际采购和国际转口贸易四大功能，有力地促进了上海港航、仓储和物流产业的联动发展。

6.2.5　港口运营效率及商业环境

集装箱运输作为一个复杂的运输系统，其本身也对管理提出了较高的要求，港口管理水平的高低在很大程度上决定了港口运营效率与成本的高低，这也是集装箱班轮公司选择挂靠港的一个重要决策因素。

衡量港口运营效率的一个基本标准是集装箱船舶的港口周转时间，包括进港时间、装卸时间和离港时间。船舶港口的周转时间取决于挂靠港口是否拥有充足的现代化大型装卸设备、先进的信息化管理系统以及合理有效的港口管理流程与运作。高水平的港口不仅可以减少班轮公司在港的时间，也可以降低整个运输过程中的运营成本，提高其在国际航运市场上的竞争力。

集装箱港口作业效率高必须有先进而完善的信息化管理体系的支撑，港口应具备与海关、货代、船代等有关业务部门和管理机构实时共享的数据资源动态交换系统（Electronic Data Interchange，EDI），以电子化的方式连接港口管理、集装箱场站经营者、卡车公司、海关、货代、船代以及港区的其他港口成员，向港口使用者提供有关货物、单证操作以及港口设施的实时数据，使得船舶、港口、运输以及场站成为一体化办公系统的组成部分，进而提高港口操作的整体效率。如果不能或不愿跟上信息技术的发展，港口在日益激烈的国际竞争中将处于不利地位。

集装箱港口所在地区的商业环境也是影响班轮公司进行选择的重要决策因素之一。港口竞争力的一个重要方面是尽量减少船舶在港周转时间，这主要包括货物装卸时间和通关时间两方面；作为港口企业，其所决定的只是货物装卸与集疏运时间，而船舶与货物通关时间的长短取决于港口当地的政策环境。如果是在实行自由贸易制度的港口（如自由港），可以大大简化手续，通关时间和相关费用压缩在最低的限度；而在没有实行自由贸易制度的港口，通关时间取决于查验机关（包括海关、检验、检疫、边防、港监）的制度、效率、设施水平，以及港口企业与其他为船舶和货物服务企业的协调程度。港口当地政府的海关监管制度、行政管理规范化、透明度与效率，以及对港口发展的支撑力度（如行政管理与监管信息化系统、港区外疏港交通设施的建设等）都是决定港口企业竞争实力的重要影响因素。

实践证明，集装箱枢纽港的形成和发展与其所在城市的经济发展呈互动促进的正相关关系。国际枢纽港所在城市一般都是国际贸易中心和国际金融中心，有数量众多的发达的航运贸易中介、保险、银行信贷、通信、货代等港口服务业务机构。纵观世界主要港口城市的发展历史，不难发现港口城市的金融业和贸易业基本都是因港兴而兴、港衰而衰，而金融业和贸易业的兴旺又反过来直接支撑了港口航运业的进一步发展，如：为港口航运的基础设施（航道、码头、仓库、堆场、通信、车船等）的建设提供资金支持，为远洋航运提供贸易中介、保险、货代等服务①。

自由、宽松、管理透明而规范的商业环境往往是集装箱枢纽港发展壮大的重要保障。以香港为例，香港是一个自由港，除了烟、烈酒和动力用的燃油之外，香港不对其他进口物品征收关税。香港的经济素以自由贸易、低税率和少政府干预闻名。香港连续多年被国际著名评级机构评选为全球最自由的经济体系，被称为"自由经济的典范"。香港是亚太地区乃至国际的金融中心、国际航运中心、地区贸易中心，拥有邻近很多国家和地区难以替代的优势。时至今日，香港已成为全球第十一大贸易实体、第十五大银行中心、第六大外汇交易市场和亚洲第二大股票市场，是一个充满活力的、开放型的港口城市经济体。

港口航运业是香港经济的支柱产业之一，也是香港特区政府重点打造的经济支柱之一。经香港特区政府和航运界多年的不懈努力，目前香港已与中国内地、美国、英国等12个国家与地区签订了避免双重征税双边协定，与更多国家和地区的双边协定也正在紧锣密鼓地商定之中。同时，为推动香港国际航运中心的发展，香港特区政府2003年6月将原来的港口及航运发展局一分为二，成立了香港航运发展局和港口发展局，积极致力于提供公共服务，规范行业秩序，进一步巩固和提升了香港国际航运中心的地位和国际竞争力。

6.2.6　港口市场的竞争格局与船公司的战略定位

世界经济一体化的推进、运输技术的进步和港口内陆网络体系的完善使港口之间的竞争日趋激烈。在集装箱运输的内在规律作用下，集装箱海上运输形成了不同规模和层次的集装箱港口体系，不同规模和功能的集装箱港口在这一

---

① 参见：韩增林，安筱鹏. 集装箱港口发展与布局研究 [M]. 北京：海洋出版社，2006：68，76，82-83。

体系中的地位和作用是不同的，其中，枢纽港是这一网络体系的核心。现代港口竞争的一个主要目标就是成为区域甚至国际的枢纽港。

作为集装箱海陆运输体系的核心，枢纽港自身的发展水平不仅影响到港口、港口城市以及腹地经济的发展，而且对于集装箱运输船公司选择国际航运网络的挂靠港也有直接的影响。对于船公司而言，营运船舶必须保持一定的箱位利用率才能有利润回报。这就给船公司带来两个基本问题：一是航班密度。如果班期过密，集装箱集聚时间太短，难以达到箱位利用率的要求；而加大时间间隔，则降低了服务质量，客户满意度下降，不利于市场占有率的提高。二是挂靠港的数量。船舶大型化使单船营运成本提高，为减少运营成本，就必须尽量减少挂靠港口，以增加航行时间和降低港口的使用费；但集装箱货物的批量大多比较小且分散，中小型港口的货量可能达不到保本载箱量，枢纽港的作用由此突显，集装箱干支线运输网络在此背景下产生。枢纽港作为连接干线的纽带，处于运输体系的枢纽地位；除自身有一定的基本货源保证外，还通过短程航运，与支线港、喂给港形成有效的货物集疏运网络，以保证枢纽港有充足的货源。

不同班轮公司的战略定位与对航线、挂靠港口的选择对集装箱港口的形成与发展有着直接的影响。随着全球主要航运网络的发展与成熟，集装箱运输市场呈现出高度竞争的态势，船公司往往会根据市场竞争格局及自身实力来考虑其枢纽港的选择。船公司在做航线和挂靠港口的选择时，都要客观深入地分析当地航运市场及相关产业的发展情况，调查航线现有货源数量、货物种类及货源充足程度，了解航线竞争状况和竞争对手的情况等；只有在满足了一定货源规模（或潜在规模）的基础上，船公司才会考虑将该港作为挂靠港。在港航一体化的背景下，不同的班轮公司在考虑枢纽港的选择时存在不同的战略定位。一般而言，大的班轮公司具有较大的议价能力，往往具有港口挂靠的优先权和港口费率的优惠，其航线的调整对挂靠港有较大的影响。如 2001 年因对新加坡港码头收费过高、压港现象严重等不满，马士基航运和长荣海运两大班轮公司将其东南亚挂靠枢纽港从新加坡港转到与之仅有 30 分钟车程的马来西亚丹戎帕拉帕斯港（Port of Tanjung Pelepas，PTP），直接导致新加坡港每年直接损失 320 万 TEU，迫使 PSA 对经营战略做出重大调整。

6.3　码头运营商海外拓展区域选择策略要点

经过以上分析，笔者认为，码头运营商在海外拓展的区域选择策略上应坚持如下要点。

6.3.1　海外拓展区域选择的基本思路

世界集装箱航线的布局最终取决于世界各地区域经济的发展，集装箱航线的形成和发展在某种程度上反映了在全球经济一体化进程中各国参与国际分工的深度和广度，运输本身只是不同经济地域系统之间经济联系的外在表现形式。正如前文所述，从世界经济发展演变的趋势来看，世界经济发展的基本格局是以东亚、北美和欧洲三大经济板块为核心，这也决定了世界三大集装箱海运主航线的形成，即：远东—北美航线、远东—欧洲/地中海航线、北美—欧洲/地中海航线（见图6-4）。

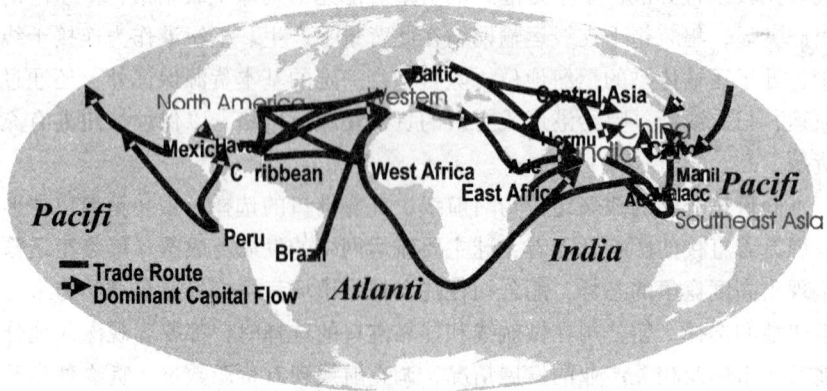

图6-4　全球贸易的主要海运航线示意图

目前世界集装箱运输的中心在北半球，集装箱港口和运量主要分布在东亚、北美、欧洲和地中海及中东地区，这是与当前世界经济发展格局相吻合的。从目前世界经济发展的趋势来看，在未来10～20年间，全球集装箱运输将出现由赤道环球航线枢纽港、区域枢纽港、支线港和喂给港等多层级港口组成的全球性集装箱港口网络，在港口规模经济效应和集装箱运输船舶大型化发展趋势的推动下，港口行业的集中度将进一步加强，主航线与支航线、枢纽港与支线港、喂给港的分化将随之进一步加强，港口业的马太效应将更加明显，全球航线主干线的集聚效应和轴心化趋势将更加突出。

从世界各主要经济区域的发展情况来看，因各地受金融危机冲击程度的不同，未来5年内各主要经济区域集装箱货量供需情况将有较大差异（见表6-4）。其中，以中国为核心的东北亚地区仍将是一枝独秀，该地区的集装箱港口吞吐量将保持年均4.3%的增幅，预计将从2008年的1.94亿TEU增长到

2014 年的 2.5 亿 TEU，占全球总吞吐量的 40.5%。紧随其后的就是保持稳健增长的东南亚地区，该地区的集装箱吞吐量预计将从 2008 年的 7 112.7 万 TEU增长到 2014 年的 8 023.5 万 TEU，占全球总吞吐量的 13%（见图 6-5）。纵观全球各主要经济区域的未来发展趋势，整个东亚地区（包括东北亚和东南亚）仍将是世界经济未来一二十年内最重要的经济增长极，其集装箱货物吞吐量将占到全球总吞吐量的一半以上，该区域应是码头运营商海外布局的首选区域。

表 6-4 世界主要经济区域集装箱港口供需量预测（2008—2014 年）

单位：千 TEU

		2008	2009	2010	2011	2012	2013	2014	年均增长率 2008—2014 （%）
North America	Throughput	45 888	40 442	41 199	43 048	44 746	46 504	48 323	0.9
	Capacity	76 547	76 805	79 478	82 038	84 368	86 193	88 448	2.4
	Utilisation	59.9%	52.7%	51.8%	52.5%	53.0%	54.0%	54.6	
North Europe	Throughput	56 347	49 245	49 121	51 783	54 178	56 927	59 479	0.9
	Capacity	82 214	83 564	87 164	89 239	92 259	95 569	98 859	3.1
	Utilisation	68.5%	58.9%	56.4%	58.0%	58.7%	59.6%	60.2	
South Europe	Throughput	35 416	30 636	29 933	31 345	32 475	33 775	35 263	−0.1
	Capacity	56 329	57 029	58 036	59 011	60 326	62 156	63 286	2.0
	Utilisation	62.9%	53.7%	51.6%	53.1%	53.8%	54.3%	55.7	
Far East	Throughput	194 218	176 973	180 485	195 222	211 964	230 641	249 963	4.3
	Capacity	270 207	275 213	282 509	289 094	296 984	302 509	311 109	2.4
	Utilisation	71.9%	64.3%	63.9%	67.5%	71.4%	76.2%	80.3	
South East Asia	Throughput	71 127	63 162	64 094	67 796	71 892	76 385	80 235	2.0
	Capacity	92 963	94 368	97 672	100 929	101 964	102 964	104 164	1.9
	Utilisation	76.5%	66.9%	65.6%	67.2%	70.5%	74.2%	77.0	
Middle East	Throughput	31 711	29 486	30 187	32 682	35 536	38 621	40 838	4.3
	Capacity	39 015	37 915	39 265	41 165	43 415	43 715	46 815	3.1
	Utilisation	81.3%	77.8%	76.9%	79.4%	81.9%	88.3%	87.2	
Central Americal/Caribbean	Throughput	18 971	16 937	16 961	17 571	18 197	18 847	19 523	0.5
	Capacity	28 376	28 676	29 751	29 903	31 278	31 458	32 033	2.0
	Utilisation	66.9%	59.1%	57.0%	58.8%	58.2%	59.9%	60.9	
South America	Throughput	18 425	16 481	16 595	17 487	18 683	19 948	21 640	2.7
	Capacity	24 546	25 060	25 585	26 295	27 050	27 925	28 715	2.6
	Utilisation	75.1%	65.8%	64.9%	66.5%	69.1%	71.4%	75.4	

表6-4(续)

		2008	2009	2010	2011	2012	2013	2014	年均增长率 2008—2014 (%)
Australasia	Throughput	9 406	8 856	8 912	9 388	9 873	10 381	10 848	2.4
	Capacity	12 458	12 518	12 573	12 773	13 088	13 263	13 628	1.5
	Utilisation	75.5%	70.7%	70.9%	73.5%	75.4%	78.3%	79.6	
South Asia	Throughput	14 723	13 186	13 505	14 638	15 937	17 433	19 371	4.7
	Capacity	19 963	20 813	21 590	23 465	24 115	24 865	26 065	4.5
	Utilisation	73.8%	63.4%	62.6%	62.4%	66.1%	70.1%	74.3	
Africa	Throughput	20 643	19 340	19 261	20 199	21 262	22 544	23 885	2.5
	Capacity	27 550	28 450	30 022	30 597	32 435	33 705	35 915	4.5
	Utilisation	74.9%	68.0%	64.2%	66.0%	65.6%	66.9%	66.5	
East Europe	Throughput	7 987	6 229	5 589	6 269	7 053	7 990	9 203	2.4
	Capacity	11 232	12 067	12 446	12 610	13 310	13 460	14 030	3.8
	Utilisation	71.1%	51.6%	44.9%	49.7%	53.0%	59.4%	65.6	
Glcbal Total	Throughput	524 860	470 973	475 843	507 427	541 795	479 997	518 571	2.8
	Capacity	741 397	752 475	776 090	797 118	820 590	837 780	863 065	2.6
	Utilisation	70.8%	62.6%	61.3%	63.7%	66.0%	69.2%	71.7	

注：2008、2009 两年为实际数据，2010—2014 年为预测数据，预测基础是全球经济持续平稳恢复，无重大突发性事件发生。

数据来源：Drewry, Annual Review of Global Container Terminal Operators, 2009。

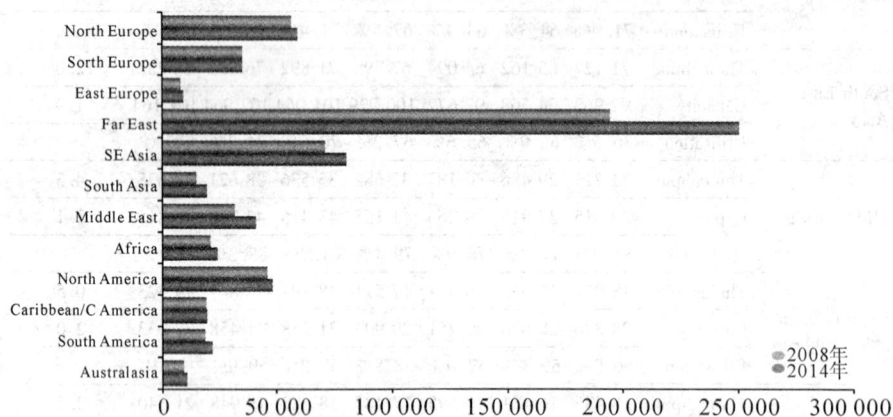

图6-5 世界主要经济区域集装箱吐量增长情况预测

数据来源：Drewry, Annual Review of Global Container Terminal Operators, 2009。

作为成熟的国际港航市场，欧洲①和北美虽然其年均增长率不高，但因其所拥有的雄厚市场经济基础和广阔的市场需求，仍将继续保持世界经济增长三极之另外两极，在未来5年内其集装箱吞吐量仍将达到1.43亿TEU，占到全球总吞吐量的1/4。与此同时，以金砖四国为代表的新兴工业化国家在全球各地的兴起，也促使了南亚、中东、南美、东欧甚至非洲的部分地区经济快速增长，其中以南亚和中东地区的发展尤为明显。中东地区位于全球海运主航线上，区位优势突出，长期作为东西方货物运输、集散、接驳的中转节点；在全球经济贸易三极增长格局长期存在的发展趋势中，中东地区港航业发展将保持强劲增长，年均增幅达4.3%，2014年集装箱吞吐量将达到4 083.8万TEU，占全球总吞吐量的6.6%。南亚地区的集装箱吞吐量虽然现在的规模不大，但随着印度新兴经济的快速发展，未来5年内该地区预计将保持年均4.7%的增幅，为全球各主要经济区域集装箱吞吐量增幅之首。而该地区因经济基础薄弱、集装箱港口建设较为滞后，未来数年内港口建设（包括新建、改扩建）存在着较多的需求，为海外码头运营商的介入提供了一定的机会。

总的来说，参考国际领先码头运营商海外拓展的经验，从长远来看，区域码头运营商海外拓展的目标应定位于海运主航线上，且是国际贸易海运通道未来发展大趋势的中心或重点区域；东亚、南亚、中东等新兴区域与欧美成熟区域的核心港口，基于各自的增长性与稳定性优势，均可作为码头运营商海外拓展早期阶段的目标区域；亚洲（类似高增长地区）及与亚洲往来密切的其他地区港口应作为海外拓展的首选区域，外贸增长潜力是区域选择的重要决策因子。

6.3.2 海外拓展区域选择的两个基本方向

6.3.2.1 沿着国际产业转移的路径进行扩张

产业的国际转移必将带来国际经济与贸易格局的转变。在全球化背景下，国际产业转移的路径基本是沿着"发达国家→新兴工业化国家→发展中国家"进行着梯度转移的，由此带来国际贸易格局朝着"北北贸易→南北贸易→南南贸易"的方向前进。

目前，国际贸易格局仍处于南北贸易为主导的阶段。欧美成熟工业经过20世纪七八十年代向亚洲"四小龙"的转移，再到90年代向中国沿海、21世

---

① Drewry报告以直布罗陀海峡为界将欧洲航运市场分为北欧和南欧两大区域；其中北欧区域包括西欧、西北欧、北欧航区及大西洋沿岸各国（含法国西北部港区），南欧区域为地中海航区及地中海沿岸各国（含法国南部港区）。

纪以来加快向中国沿海及中西部地区的大幅转移，世界经济增长重心从西欧、北美逐渐向东亚转移，国际航运业的发展重心也经历了从西欧到北美再到东亚的转移，以外向型发展为主导策略的中国已成为世界制造工厂和全球最大的集装箱货源产生与集散地，东亚、北美、西欧这三极之间的贸易量已占到世界贸易总量的60%以上。

三极增长、南北贸易仍将是未来世界经济发展的主流格局，但本次金融危机和随之而来的全球经济衰退对该格局产生了严重的冲击，是对现有的"中国低价生产、欧美超前消费"模式的否定，全球经济一体化的演进路径有可能因此改变，世界经济需要寻找新的平衡点，经济结构调整和转型在所难免。欧美国家受此次金融危机冲击较大，国内需求的萎缩与金融体系的重整导致欧美国家仍处于衰退中，南北贸易将在未来较长的一段时间内处于低速增长甚至负增长阶段，南南贸易将随着发展中国家的快速发展而加速崛起（见图6-6）。

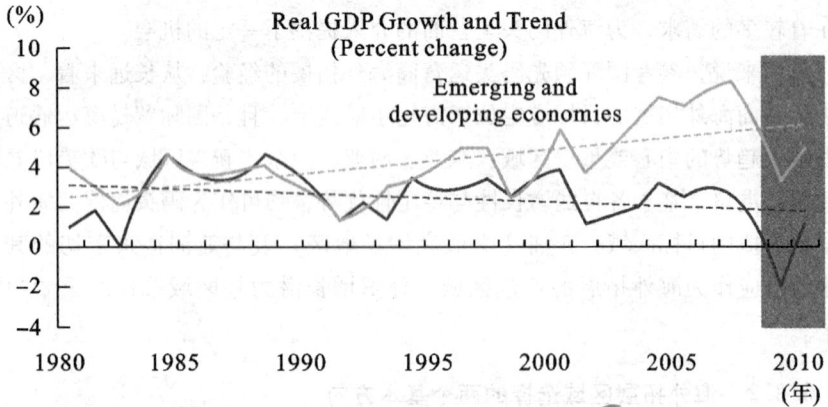

Real GDP Growth and Trend
(Percent change)

Emerging and developing economies

图6-6 发达国家和发展中国家 GDP 增长趋势图

国际产业转移将进一步深化，中国经济发展模式正逐步转向扩大内需和产业结构升级调整，其产业转移的路径一是向中国中西部地区的深入推进，二是向临近的越南、印度等新兴经济体的国际转移。与此相类似，全球各地的产业结构也在此次金融危机冲击下发生着深刻的转变，新兴的发展中国家正积极承接国际产业的新一轮转移浪潮，显示出勃勃生机。

顺应国际产业转移的潮流，码头运营商在海外拓展的区域选择中可优先考虑经济正处于起飞阶段的新兴发展中国家，具有经济增长潜力的南亚、东南亚、南美及东欧等地区可作为重点考虑的范围，这些地区的部分港口发展较为滞后，国际化程度较发达地区尚有较大差距，但新兴的市场具有较大发展潜力，这意味着未来投资和增长的空间。对于此类海外拓展，码头运营商将以合资新建、改扩建、管理输出等模式为主。

6.3.2.2 沿着全球网络布局的路径进行扩张

追求全球网络效应是码头运营商海外拓展的一个重要动因。集装箱港口因班轮的运输而形成航运网络，并以航运网络为载体向市场提供服务，具有明显的网络效应。如果一个港口游离于世界主航运网络之外或者与主航运网络联系很少，那么该港口对于货主和船公司的效用就会很小；反之，如果一个港口在世界航运网络中占据了较重要的地位，具有较高的通达性，则会吸引更多的货主和船公司选择该港作为发货、中转和挂靠的港口，港口的发展就会呈现加速发展的态势。

码头运营商可以通过海外拓展来实现港口网络效应，这主要体现在：

（1）通过海外拓展直接介入世界航运主航线网络上的现有港口或潜在港口，以投资并购、参股或管理输出等方式获得该港的运营权，进而获得该港现成的全球或区域网络效应。

（2）加强母港与境外拓展项目之间的业务联系，形成企业内部业务网络，有助于提升母港地位，并且随着企业海外拓展项目的增多，企业的网络效应将有放大效应。

按此思路，码头运营商海外拓展的区域选择应紧紧围绕着全球航运主网络，以赤道环球主航线及临近地区为主要拓展区域，这一区域包括：以中国为核心的东亚—马六甲海峡/东南亚—印度洋—南亚—中东/苏伊士运河—地中海—西欧/西北欧—北美东岸—巴拿马运河/加勒比海—北美西岸—北太平洋航线区—东亚。此世界航运主航线网络经过多年的发展已趋成熟，除南亚等少数地区还存在一定的新建需求外，现有港口网络布局已比较成型，后来者介入这一成熟网络将以跨国并购、港际联盟等为主要扩张模式，以中转型港口的获得为多，区位优势将成为海外目标选择的一个重要决策因素。

此外，还可考虑资源输出类地区，如南美、非洲、俄罗斯、澳大利亚等。作为世界经济发展必需的基本生产要素，矿产、石油等资源的国际贸易规模将随着世界经济的恢复与发展而不断增加，这些资源类输出地区也将获得较快的发展。尽管这些地区的海运贸易将以干散货为主，集装箱货物为辅，但随着该地区工业化进程的加快，适箱货物量将不断提升，集装箱港口仍存在较大的发展潜力。由于该类投资布局属于战略性投资，建议在海外拓展中可与资源类企业（如中石油、中石化、中国铝业）进行战略合作，采用资本与业务相结合的多元化扩张方式，以实现海外拓展的集合效应。

第七章　集装箱码头运营商海外拓展的模式选择

7.1　码头运营商海外拓展的主要模式及其比较

7.1.1　新建投资模式

新建投资模式，又称为绿地投资模式（Greenland Investment Model），它是指投资商以新建的方式承担海外投资项目，既可以是一个全新的码头建设项目，也可以是现有码头的扩建项目。

由于港口行业属于一个国家或地区的战略性基础产业，除英国等少数国家允许私人拥有港口外，绝大多数国家或地区对港口采取的都是地主港管理模式（Landlord Port Model），即政府通过设立港口管理机构（如港务局）或成立由政府主导的一个公司制企业成为港口开发运作的"地主"，代表国家拥有某一港区及临港地区的土地所有权，制订港口长远发展规划，并按照规划进行港口基础设施的建设，然后采用特许经营权的方式将符合码头建设条件的岸线、土地等资源"出租"给码头运营商用于开发建设与运营管理。

目前在海外码头新建项目上主要采用 BOT 方式，即建设—经营—转让（Build - Operate - Transfer）。具体来说，码头投资商与当地政府港务管理部门或政府主导的港口管理企业签订特许经营权协议，特许期一般为 30～50 年；在特许经营期间内，投资商按照协议建立项目公司，负责根据港区发展规划与具体项目要求来筹资与开发建设；项目公司在特许期内拥有该项目的运营管理权，通过运营收益获取投资回报；特许期满后，投资商将该项目移交给东道国政府，退出该项目的运营管理，投资项目结束。

BOT 是目前世界各国加大基础设施建设所常用的一种项目融资方式。除了标准的 BOT（建设—经营—转让）外，现实中的 BOT 模式有多种变形，如 BT 模式（Build‐Transfer）：投资商只负责项目建设，不负责运营，项目建成后将交由本地企业或第三方企业运营；DBOT 模式（Design‐Build‐Operate‐Transfer）：即投资商从该项目的设计环节上就开始介入，涉及项目设计—建设—运营—转让的全过程；BOO 模式（Build—Operate—Owner）：即投资商取得项目的特许经营权后，在特许期间内按照协议建设完成项目并进行正常运营，特许期满后投资商可以根据特许经营协议规定，以一定的代价（如低价购买、或其他补偿）获得该项目的所有权，持续运营。

允许采用何种 BOT 模式，实质上反映的是东道国政府对基础设施私有化程度的认可态度。BT 模式是一种高度国家掌控模式，反映了东道国政府不希望投资商在该基础设施领域获得运营垄断优势，只希望借助外来资金建设而已。BOT 模式是一种态度较为居中的私有化模式，在东道国政府掌控的整体发展规划中，将某一特定项目特许给投资商，要求其按照规划进行项目的建设和在特许期内进行运营；投资商在项目的整个建设运营过程中只拥有运营权而没有所有权。BOO 模式代表一种较为开放的私有化模式，在项目运营期满后投资商可以选择是否拥有该项目，获得永久经营权。一般而言，由于码头项目是战略性基础设施，大多为港口城市或腹地经济区域对外联系的门户与枢纽，涉及岸线、土地、公路、铁路、管道、临港配套设施等诸多公共资源，除英国等少数国家外，目前世界大多数国家采用的是低私有化程度的 BOT 模式，具体可采取何种方式则需根据东道国政府的相关法令法规而定。

在新建投资的具体模式选择中，还存在着合资与独资、参股与控股之比较与取舍的问题。

独资模式即由码头投资商拥有项目公司 100% 的股权，公司的所有运营管理活动由投资商一家掌控，项目运营盈亏也由投资商独自承担。独资模式的好处在于：一是投资商拥有项目公司的全部经营管理权，可以按照自己的战略构想来详细策划项目公司的组织架构设立、人员雇佣、运营管理模式选择等，确保项目公司的所有经营活动符合投资商的战略利益要求，实现企业国际化战略的统一部署。二是可以保证投资商转移到项目公司的财产，特别是无形资产（如：专利技术、核心技术、管理技巧、知名商标）不会流失，维持投资商对上述特有资源的垄断。三是可以保证投资商企业文化与管理模式的顺利输出，在管理思想、管理组织和方法上实现一致，减少内部矛盾和管理文化冲突①。

不利的方面主要表现在：一是码头建设是资金与技术密集型项目，一个码头项目建设资金额一般需要 12 亿~15 亿元人民币，运营时间长达 30~35 年；项目投资额大、投资固化率高、回收期长，单靠投资商一家来承担，往往会给投资商带来较大的资金压力，项目运行财务风险较大。二是码头项目是强周期性行业，易于受到宏观经济形势与东道国政策的影响，外商独资模式对外联系渠道相对较窄，文化融入难度较大，容易受到东道国政府及当地社会的排斥，受到不公正待遇，在日常运营中会有种种不利的影响；尤其是发生本地员工雇佣纠纷、土地拆迁等冲突时，独资企业往往处于比较被动的境地；如果发生大的国家风险，即东道国实施对外资的国有化，独资公司将首当其冲。这种风险在市场经济制度建设欠完善的发展中国家较为多见。

与独资模式相比较，合资模式的好处在于：一是项目公司由几家企业共同出资，共同承担项目的盈亏，减少了我方企业的投资额和财务风险压力。二是与东道国企业合资，可利用东道国企业的本土关系了解当地市场，与当地政府、港务管理部门、社会公众等建立较好的沟通渠道，易于被当地政府与社会民众所认可，可获得一些优惠政策待遇或非歧视性国民待遇。三是利用合资伙伴在资金、技术、管理、市场渠道等方面已有的优势，既可获得一些稳定的当地货源，也可帮助企业学习合资伙伴的先进技术和管理技能，提高自己的国际化运营管理水平。

合资模式不利方面主要体现在：合资各方在运营管理中存在着不同的战略规划、管理模式、企业文化与利益诉求，因而在合资项目公司中往往存在着如何协调各出资方的权责与利益问题，内部管理冲突尤其是在跨国经营中常见的管理文化冲突极易导致管理效率的下降，利益冲突严重时甚至导致合作关系的破裂。此外，合资企业不利于投资商全球战略的统一部署与实施，降低了全球业务网络联动效应；而投资商投入到合资企业的专利、专有技术、管理经验等无形资产易于被合资伙伴所学去，可能培养起一批未来的竞争对手，增加了其未来市场拓展的难度。

在合资模式中存在的一个主要问题是对项目公司的控制权问题，对投资商来说，就是参股（少数股权）与控股（多数股权）的选择问题。鉴于码头项目建设周期长、运营周期长，面临的不确定性多等因素，一般而言，全球领先

---

① 鲁桐，等. 中国企业海外市场进入模式研究 [M]. 北京：经济管理出版社，2007：194-195.

的码头运营商在码头新建项目中多采用控股模式。控股，即获得项目公司51%以上的股权，有利于投资商在新建项目中占据主导地位，按照投资商的战略构想快速推进，加快母港成熟管理模式的输出，减少项目建设周期，降低运营风险。

当然，投资商的投资模式选择必然会受到东道国投资环境的限制。以我国为例，改革开放以来，我国不断实施港口管理制度的市场化改革，引进外资进行码头建设；但明文规定，外商投资我国码头项目必须采用合资模式，且项目公司必须由中方控股。这一规定直到2001年底中国加入世界贸易组织后调整《外商投资产业指南》时才予以取消，2004年1月1日正式实施的《中华人民共和国港口法》则规定了港口经营准入许可制度，明确提出"鼓励国内外经济组织和个人依法投资建设、经营港口，保护投资者的合法权益"，允许外商控股或独资建设运营码头项目。

7.1.2 跨国并购模式

跨国并购模式包括跨国兼并和跨国收购两大类。其中，跨国兼并是吸收合并模式，即投资商投资收购一个国外现有的码头项目或码头运营商后，将该项目公司或码头运营商直接并入自己的组织机构中，被兼并的企业予以注销，丧失法人地位；而跨国收购是投资商出资购买一个国外现有的码头项目或码头运营商的股份，或参股或控股，被收购的企业依然保持独立的法人地位，自主经营。

从国际港口行业的跨国并购经验中看，跨国收购的方式较为多见。这主要是因为码头项目主要采取特许经营权的方式运营，特许经营权往往是与某个特定的项目公司绑定的，而特许经营权主体的转换难度较大、成本较高；因而，投资商在海外拓展中往往会非常重视这个"壳"资源的。

与新建模式相比较，并购是外生增长型模式，它通过对外部现有资产的整合进入新的市场，快速形成生产能力，具有运作灵活、并购对象针对性强、易于形成协同效应、投资回收快等优势，但后期整合风险较高、运营管控难度较大。从现代跨国企业的成长来看，新建投资和跨国并购是两种最主要的跨国扩张方式；但随着世界经济一体化趋势的不断演进和现代资本市场的发展，伴随着全球兴起的五次世界级并购浪潮，跨国并购已成为对外直接投资的主流形式，目前全球跨国投资额中超过70%是以收购方式进行的。正如诺贝尔经济学奖获得者、美国著名经济学家乔治·斯蒂格勒（George J. Stigler, 1989）在考察美国企业成长路径时指出："美国没有一家大公司不是通过某种程度、某种形式的兼并收购成长起来的，几乎没有一家大公司主要是靠内部扩张成长起来的。"

世界港口业在经历了 20 余年的高速发展后现已进入稳定发展时期，市场趋于饱和；而此次全球性金融危机导致国际贸易量大幅萎缩，虽近期有所复苏，但全球港口业总体产能过剩的格局已基本形成。加之世界港航运输干线网络已趋成熟，留给后发的区域码头运营商海外新建的机会并不多。

根据投行报告的测算数据，扩建码头的成本约为 200 美元/TEU，新建码头的成本是 400 美元/TEU，而收购的成本约为 500～700 美元/TEU。从财务成本的角度来看，收购模式的成本最高；但收购依然成为全球领先码头运营商的主要业务扩张模式。其原因在于：港口新建投资回收期较长，由于港口土地资源的稀缺性与持续开发，港口绿地开发机会不断减少，成本逐年攀高。相比之下，收购是进入一线港口迅速扩张的最优选择；港口是社会公共产品，码头行业是复杂的社会子系统，港口在经营和发展过程中不仅与船公司和货主发生联系，而且与物流链上的其他环节甚至其他产业之间存在互补、替代与竞争关系。码头运营商必须具有强势的社会资源协调能力，才能保证经营的稳定与发展；而收购是整合现有成熟社会资源最快速、有效的手段，可实现跨越式发展，并获得成熟的经营管理团队及经验，提升整体竞争实力[①]。

跨国并购的一个重要决策问题是参股与控股的选择，即对码头项目公司的控制权问题。除了东道国政府的相关法令限制外，是否控股项目公司主要依据企业自身实力、国际化发展战略以及并购对象的选择。全球领先的码头运营商往往拥有较成熟的母港运营模式与海外输出经验，在企业全球运营战略的统一规划与部署下，多倾向于控股，以掌控项目的运营管理权。而在跨国并购对象的选择上，既可以是具体的码头项目公司，也可以是拥有多个码头项目、已有较成熟区域或全球码头网络的码头运营商。如果并购中小型项目公司或码头运营商，由于涉及资金规模不大，投资商倾向于采用控股收购方式；而对于大型项目公司或码头运营商，对并购方的资金、管理能力等方面的要求较高，在寡头竞争格局下多采用战略联盟性质的参股方式，如 PSA 战略性收购 HPH 以及其旗下的香港国际货柜码头和中远—国际货柜码头的部分股权，不仅成功打入了它长期以来想要进入的香港市场，使其一跃位居权益集装箱港口吞吐量全球第一，而且化敌为友，与其最大的竞争对手 HPH 形成了一定程度上的战略联盟关系。

---

① 招商局国际研究发展部. 新加坡港务集团业务综述 [R]. 2008.06.

这里也不排除极个别的如 DPW 的"蛇吞象"式并购模式。DPW 连续两次以巨额资金收购规模实力大于自己的大型码头运营商，使自己从一个区域码头运营商迅速成长为世界排名领先的全球性码头运营商，成就了一段港口业跨国并购的历史奇迹。当然，DPW 的海外扩张模式具有特定的政府背景，很难具有可复制性。无论是参股还是控股，没有哪一种方式可以在任何情况下都占据绝对优势；企业在对外投资时，应根据内外部限制条件综合考虑两种方式的各自特点与利益得失，力求综合投资收益最大化。

7.1.3　战略联盟模式

战略联盟（Strategic Alliances）的概念最早由美国数字设备公司（Digital Equipment Corporation，DEC）总裁简·霍普兰德（J. Hopland）和管理学家罗杰·奈格尔（R. Nigel）提出的，自提出后引起了管理学界和企业界的广泛关注，从 20 世纪 80 年代开始逐渐被欧美发达国家企业所认可并在实务界迅速普及，成为企业尤其是跨国企业参与全球竞争的一种主要方式（项枫，2002）。

所谓战略联盟是指两个或多个企业之间为了实现一定的战略目标而达成的战略共识或协议，并通过这些共识或协议结成资源共享、优势互补、风险共担的松散型网络组织。与新建投资和跨国并购相比较，战略联盟模式强调的是一种业务合作关系，联盟成员企业之间是彼此平等的关系，是一种双赢或多赢格局；即使有股权参与，但不会发生联盟方运营控制权的转移。战略联盟的目的是为了实现某一特定目标，联盟形式较为多样，约束力相对较弱；当目标已实现或联盟协议到期，联盟即宣告结束，联盟方无义务继续执行联盟协议。

战略联盟模式之所以在海外拓展中迅速兴起，在理论上有多种解释。交易成本理论认为战略联盟是一种介于市场与企业之间的"半市场化"运行机制，联盟企业间的长期业务合作关系能够降低市场交易的盲目性和交易风险，稳定而信任的交易关系和高频率的交易活动能够有效降低双方的交易成本，提高企业运营管理效率；产业链上下游之间的企业所结成的战略联盟多出于这种考虑。企业能力论和价值链理论则认为：企业的自有资源有限导致企业的运营管理能力也是有限的；海外拓展业务需要企业具有多种运营管理能力，企业往往难以具有所有必需的能力，或是需要花费较长的时间、较高的成本才能获得。在产业价值链各环节日益分离的全球化时代，企业可以通过联盟方式来获得合作伙伴的互补性资源，快速而低成本地弥补自身不足，从而在整个价值活动中创造出更大的价值。合作竞争理论则从市场竞争规律的演变趋势入手，指出在全球化竞争时代，传统的你死我活的零和博弈竞争理念已逐渐被非零和博弈的合作竞争理念所替代，竞争模式已逐渐从单一的对抗性竞争走向合作竞争、从单打独斗走向集团式竞争、从单一的产品竞争走向产业链的竞争，合作与竞争的对立统一成为了现代竞争形势下的基本要求，而战略联盟是适应这种竞争新形势的一个重要途径。

当然，战略联盟模式也有其自身的缺陷，其最大的不足就是联盟的稳定性差、约束力弱。战略联盟之所以存在是因为联盟方利益的一致性，当联盟方利益发生严重冲突时，如协调未果，将导致联盟的解散，这在以业务为纽带的战略联盟中尤为多见。

目前对跨国战略联盟进行分类的标准很多，但常见的是把跨国战略联盟分为股权式联盟和非股权式联盟两大类。

股权式联盟是以资本为纽带的联盟方式，在海外拓展中常见的是相互持股和联合投资的方式。相互持股方式通常是联盟企业之间通过购买彼此的部分股权建立一种利益与共的长期合作关系；与合资企业不同，相互持股方式不涉及企业之间的资产与业务的整合，更多的只是战略投资。如上文所提及的 PSA 收购 HPH 及其旗下香港货柜码头的 20% 股份就是一个现实的例子。

联合投资方式是港口业海外拓展中较为多见的方式。鉴于港口的行业特性，码头投资商在海外扩张时往往会选择与联盟方联合投资的方式，既可减轻自己的资金压力，又可充分利用联盟方的资源与社会关系，保障拓展项目的顺利实施。如招商局国际（CMHI）2010 年 7 月收购尼日利亚 TICT 码头公司，采用联合中国国家开发银行下属的中非基金共同出资 1.5 亿美元，成立合资公司收购 TICT 码头公司 47.5% 股权；其中，招商局国际出资约 9 000 万美元，占与中非基金的合资公司的 60% 股权（占 TICT 码头公司的 28.5% 股权），由此进入非洲市场，开创了其在新建和并购之外的一条新的海外拓展模式。

非股权联盟是以业务为纽带的联盟方式，联盟成员企业通过各种功能性的协议结成业务联盟关系，在各种具体领域进行业务合作。由于非股权联盟更强调成员企业之间的协调与默契，在经营模式的选择、企业运营自主权、经济效益见效期等方面比股权式联盟更为灵活，在现实中运用较多，联盟形式更为多样，如联合采购协议、共同市场销售协议、联合开发产品协议、技术性协议等①。

在港口行业中，主要表现为港航联盟和港际联盟。港航自古不分家，建立

---

① 项枫. 战略联盟的经济学解释及其对我国企业的启示 [J]. 青海大学学报：自然科学版，2002（5）：69 - 73.

港口与航运联盟，无论是投资参股或控股还是纯粹的业务联盟，都能有效提高海运链的服务水平和港航运营一体化互动水平；而港口与港口之间的业务联盟有利于形成合理定位、错位发展、优势互补的港口业务网络，达成业务流程一体化的利益共同体，减少恶性竞争与无序竞争；这也是海外拓展项目得以成功的一个重要保证。如 DPW 在收购 P&O 之后就引入其战略合作伙伴——阿联酋航运，数艘配载 3 000TEU 的集装箱货柜船与班轮航线投入新并购码头的营运，这些航线基本都是 DPW 与其战略合作伙伴共同经营的，在相当程度上保证了其新并购项目的货源稳定。

7.1.4 管理输出模式

现代集装箱港口是一个资金和技术密集的综合型运营管理体系，不仅仅是海陆运输网络中的中心环节，也是区域经济体系的门户与枢纽，其服务功能已从传统意义上的运输、装卸、仓储等简单物流服务向集物流供应链服务、工业生产、商业、贸易服务业等多功能的方向发展，是区域经济体系中的人、财、物及信息等各类生产要素的集散地，其产业集聚效应在很大程度上已成为港口城市及临港区域经济发展的重要引擎之一；因而，港口所在地政府都非常重视港口的运营管理能力与实际运营水平。

20 世纪 90 年代以来，世界各国纷纷采取了港口管理体制的市场化改革措施，促进了港口建设的大发展。但随着近些年来世界经济贸易周期开始进入下行阶段，港口产能过剩问题日趋突出，港口间的竞争日益激烈，如何改善港口运营管理能力，提高港口竞争力已成为了各国港务管理部门与港口运营企业所关注的重点问题之一。

管理输出模式是迎合这种需求的一个重要渠道，这在后发国家与地区（尤其是发展中国家与地区）有着较大的需求。这种模式依靠管理输出企业与海外某港口运营企业或港口管理部门签署管理合同，通过运营模式与管理团队的输出，参与或承担整个港口或某个特定码头的经营管理活动，从中获得管理收益（如管理咨询费、经营业绩提成等）。

根据管理参与程度的不同，管理输出模式可细分为指导型和经营型两大类。指导型管理输出模式一般不具有管理项目的经营决策权，管理输出企业只派出少量管理人员进入管理项目，在管理项目运行中起着决策参谋与管理咨询顾问的作用，通常管理输出企业只收取管理咨询费用，不承担管理项目的经营风险。而经营型管理输出模式则强调获得管理项目的运营管理权，管理输出企业派出一个系统的管理团队进入管理项目，独立或合作承担该管理项目的整个运营管理活动，对管理项目的经营业绩和风险直接负责；管理输出企业的收益除了来自于管理咨询收益，更多的是来自于对管理项目经营业绩的提成。

管理输出模式在世界港口业中比较常见，世界领先的码头运营商在海外拓展的初期大多采用过这种模式，如 DPW 在其成长过程中就曾多次采用管理输出模式，先后进入沙特 Jeddah Islamic 港（1999）、罗马利亚 Constants 港（2003）、印度 Cochin Terminal 码头项目（2004）。这种模式对海外拓展的码头运营商来说，需要有比较先进而成熟的运营管理经验、高素质的运营管理人员以及业界较为公认的管理品牌，对管理输出方的资质与能力要求较高；但这种模式投资成本极低，几乎不需要固定资产投入；运营管理准备时间短，可以在短时间内形成生产能力，易于与企业现有的码头网络形成较为紧密的业务联系，快速增进其全球码头网络效应。

由于管理输出模式只是一种契约进入模式，协议约定期有限而约束力较弱；领先的码头运营商在其全球拓展的发展战略中多将其作为一种阶段性的拓展模式，以管理咨询为先，对管理项目及项目周边区域有了深入而系统的调研与分析，与管理项目的东道国港口管理部门、码头项目公司、相关业务单位等保持良好关系，为后期的进一步拓展（如收购、兼并、合资新建）提供了良好的信息、技术以及社会公关等支持与准备。

7.1.5　其他模式

除了以上常见的海外拓展模式外，还有以下模式：

7.1.5.1　租赁经营模式

租赁经营模式多为船运主业延伸型码头运营商所采用。此类码头运营商的母公司基本是大型的船运公司，在主要航线挂靠港投资建设与运营码头，有利于船运公司将其航线与码头对接成为一个可控的港航一体化运输网络，既能够为客户提供个性化服务、保持稳定的货源，也能避免在码头环节受制于人。目前，世界上主要的船运公司几乎都已进入了码头运营行业，如：APMT、中远太平洋、东方海外、长荣海运，等等。

此类码头运营商海外拓展的着眼点主要在于港航一体化的运输网络，即当其母公司的海运航线拓展到海外某区域后，在该区域投资运营码头项目有利于实现集团公司内部港航资源的有效整合，确保集团公司在该区域的整体利益最大化。一般来说，此类码头运营商多首先采用租赁方式获得海外目标区域的某个码头运营管理权，该码头项目只服务于本船运公司及其联盟船运公司的集装箱船，如 AMPT 的全球码头网络在 2001 年以前只服务于马士基航运及其联盟企业，属于专用码头。当码头运营规模扩大以后，该码头开始向第三方提供服务，并逐渐转变为公共码头运营商。在此过程中，部分码头运营商会与码头租赁方（东道国港务管理部门、码头项目公司等）进行更深入的谈判，以收购或参与现有码头扩建项目等方式获得该码头的全部或部分股权，实现其全球港口网络布局的战略。

7.1.5.2 综合园区开发模式

综合园区开发模式是码头运营商在海外拓展的一种新模式。随着中国经济影响力的不断提升以及中国—东盟自由贸易区、中国—东非贸易合作区等的建成，中国企业海外投资正表现出从单打独斗到"抱团出海"的趋势；在海外建设工业园区，大批吸引国内外企业入园投资生产已成为一种新颖的投资模式。

中国目前已在巴基斯坦和赞比亚建立了两个境外经济贸易合作区，正发挥着承载国内企业到南亚和东南非跨国投资的平台功能，起着积极的示范作用。在金融危机后中国经济结构面临重大调整的背景下，纺织服装、家电、轻工、机械和原料药等技术成熟、生产能力过剩的行业普遍面临着向生产要素成本更低的发展中国家转移的压力。有学者预测，在未来二十年里，随着国内产业向国外转移规模的不断扩大，境外加工贸易和"抱团式"投资模式将在东南亚、南亚、拉美、非洲等地得到相当的发展。

港口作为商品物资的重要集散地，不仅仅是船舶进出停靠、旅客上下、货物装卸储运的运输节点，而且作为全球供应链中的重要节点，港口利用其日益丰富的综合物流服务功能，已形成系统化、国际化、信息化，具有高度社会综合效益的物流供应链体系；同时，现代港口往往还配有保税物流园区、加工贸易区、保税港区等，有利于吸引外向型生产企业尤其是两头在外的加工贸易型企业入驻，已成为现代工商业活动的重要基地。

综合园区开发模式强调在海外拓展中以码头项目为依托，通过码头项目和临港服务产业区的建设，吸引国内外生产制造和贸易服务企业的入驻，重点打造一个人、财、物等生产要素集散的中心，形成临港产业集聚效应，并进而带动码头业务的发展。为此，在码头项目开发中投资商要向东道国政府积极争取保税物流园区、加工贸易区、保税港区等临港配套优惠政策，同时要吸引金融、贸易服务、商业、房地产等企业来联合开发，共同打造以港口为依托的临港产业园区。此时的码头运营商已不再是单一的码头服务提供者，而是以港口为核心的物流供应链一体化服务以及综合园区开发的运营商。

7.2 码头运营商海外拓展模式的选择策略

7.2.1 码头运营商海外拓展模式选择的制约因素

码头运营商海外拓展模式的选择必须考虑企业内外部众多因素的影响与制约。

首先，从企业外部因素来看，东道国对本国港口业外商投资的相关限制性法律法规是制约企业海外拓展模式选择的首要因素。由于港口属于战略性基础产业，其在一国或一地区的国民经济对外交流中起着枢纽作用，不少国家对港口的外商投资往往有着明确的限制条件。如前文所述，中国政府在2002年以前就明文规定，外商投资中国码头项目必须采用合资方式，且必须由中方控股，外资所占股份不得超过49%；这一规定直到2001年中国加入世界贸易组织后才予以取消，2004年我国《港口法》进而明确规定：允许外商控股或独资建设运营码头项目。又如，2006年DPW在收购英国老牌码头运营商P&O时，美国国会和众议院以DPW的中东背景涉及国家安全为由断然否定了DPW的收购案，直到DPW宣布放弃P&O旗下的所有美国码头项目后才得以通过。

随着世界各国港口管理体制市场化改革的推进，越来越多的国家与地区采取了市场化管理手段，积极引进外资开发、建设与运营码头业务，码头运营商海外拓展模式的选择空间也越来越大；但东道国政策法规限制仍是拓展模式选择中的首要制约因素，尤其是在市场化程度较低的发展中国家与地区所受到的政策性限制更多。

其次，东道国政治经济的稳定性和风险程度是制约海外拓展项目成功与否的重要外部因素，也是影响模式选择的重要因素。一般而言，当东道国政治经济格局不稳定、社会较为动荡、对运营商存在较大敌意、项目市场发展前景不明时，项目运营将面临较大的风险，此时应考虑尽量采用短周期、低介入程度的拓展模式，如管理输出、战略联盟或与当地企业合资收购现有项目等。反之，则可采用长周期、高介入程度的拓展模式，如新建BOT、独资收购等。

最后，港口运营具有明显的规模经济效应和马太效应，海外拓展项目的运营规模及市场发展前景决定了该项目的市场地位，进而也决定了该项目可选的拓展模式。现代港口之间的竞争主要是货源竞争，竞争的目的是力争成为区域甚至全球的枢纽港。一个港口拓展项目只有达到了一定的运营规模水平后，才能产生规模经济效应，才能在与周边港口的竞争中取得马太效应，进而成为区域性枢纽港；要实现这一点，决定因素主要在于港口的区位优势、腹地经济范围及港口自身的竞争实力。一般而言，对于枢纽港或有可能成为枢纽港的项目，码头运营商会尽量采取高控制的海外拓展模式，如独资新建、投资控股等方式；反之，对于那些市场地位偏弱、对腹地经济区域辐射力较差、市场前景不乐观的支线港或喂给港项目，码头运营商应采用低控制的海外拓展模式，如管理输出、业务联盟、投资参股等方式。

从企业内部因素来看，海外拓展模式的选择往往要受到企业国际化发展阶段、国际化发展战略、企业海外投资运营能力、企业自有及所可能获得的资源等因素的制约。一个海外拓展方案①的确定与实施往往需要经过一个规范而系统的比较筛选过程，其具体工作流程如图 7 - 1 所示。

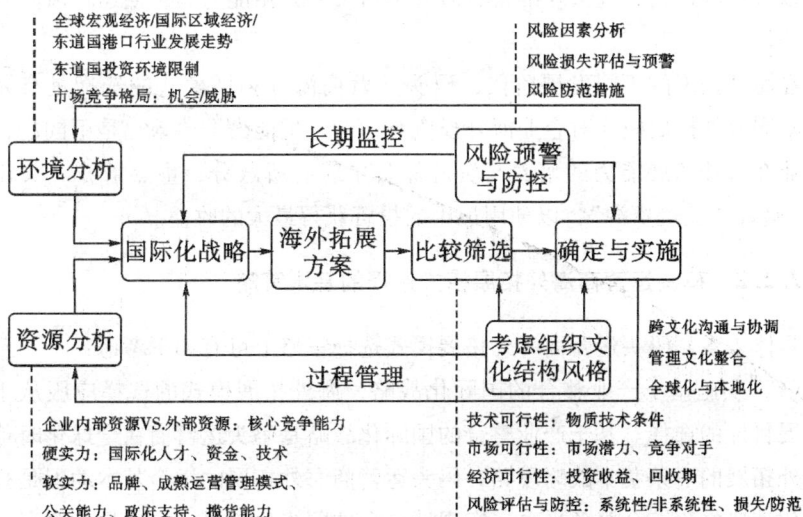

图 7 - 1　海外拓展方案的确定与实施流程

正如前文所述，企业国际化战略在企业国际化发展过程中必不可少，但其自身存在着一个动态发展的过程，在不同阶段其作用程度是不一样的，国际化发展阶段越高其战略重要程度越高；国际化战略是根据企业所处的国际化发展阶段，依据其所面临的外部宏观经营环境和内部资源配置状况等战略实施条件，明确企业国际化发展目标，并细化到业务和职能层面，以实现企业跨国经

①　海外拓展方案是企业海外拓展业务的行动纲领，包括海外拓展的指导思想、行动规划、拓展区域选择、模式选择、投入资源部署以及风险防范等多个方面。鉴于本章节的研究内容，此处仅探讨海外拓展的模式选择及相关问题。

营活动的成功与可持续发展。

海外拓展是码头运营商国际化发展到高级阶段的必然选择。因其投资资金大、运营周期长、涉及企业运营管理的诸多方面，码头运营商的海外拓展业务基本上都是战略性业务活动，必然受到企业国际化战略的指导与制约。

一个码头项目的海外拓展业务往往涉及国际化管理团队、跨国运营管理能力、国际资本运作能力、国际市场开拓能力、国际化沟通能力、风险管控能力等多方面的要求；码头运营商自身的实力和所能利用的资源是其海外拓展模式选择的基础。如采用跨国并购模式，要求码头投资商有短时期内的大额资金筹措能力、高超的国际谈判技巧与经验、跨国并购整合的能力等；而新建模式则往往要求码头投资商有较丰富的码头投资建设经验和成熟的母港运营管理模式，以及跨国运营管理人才准备、海外项目市场开拓能力、长期运营风险管控能力等。

在海外拓展的不同发展阶段，码头运营商海外拓展模式的选择是有差异的，不同海外拓展模式对企业海外投资与运营管理能力的要求也是不同的；因而企业在海外拓展能力的培养与资源储备中应有所区分，重点培养"关键能力"、储备"关键资源"，以期用最小的投资获得最大的收益。

7.2.2　码头运营商海外拓展模式选择的基本策略

具体来看，码头运营商海外拓展模式选择策略上可有如下考虑：

（1）实施基于产业整合的国际化战略，海外拓展模式的选择应服从于海外拓展目标的选择。基于产业整合的国际化战略是码头运营商在全球化时代进行海外拓展的一条基本战略思路，码头运营商海外拓展的一个基本动因是打造国际化港口物流综合服务平台、实现港口全球网络化布局。无论是投资海外的枢纽港还是区域支线港/喂给港，或是海运物流服务商，海外拓展目标的选择必定是依从于企业的国际化战略的；须先有拓展目标，再有拓展模式的选择，即企业海外拓展模式的选择是服务于企业的国际化战略目标的。

（2）根据企业海外拓展的不同发展阶段选择不同的拓展模式，模式的具体选择上应坚持量力而行、循序渐进的原则。企业的海外拓展存在着一个由浅入深的过程。在海外拓展的初期，企业往往面临着国际化经验的欠缺，国际化人、财、物及运营关系的不足，海外拓展风险防范意识与措施的缺乏等问题，在海外拓展模式的选择上应多采用低介入程度的模式，如管理输出、业务联盟、租赁经营、合资新建、参股收购等，以尽量利用合作伙伴的现有资源和社会关系弥补自身的不足，降低海外拓展风险，保障拓展项目的成功。当企业有了一定的海外拓展经验，国际社会关系，国际化运营管理人、财、物等方面的储备时，企业可逐步采用高介入程度的模式，如独资或控股收购、独资或控股合资新建、综合园区开发等。

不同拓展模式对企业海外投资与运营管理的能力要求是不一样的，尤其是在关键能力、关键资源的要求上差异较大。企业的海外拓展活动不可能是一蹴而就的，其关键能力、关键资源的获得也不可能从天而降，必然有一个不断学习、不断积累的循序渐进过程。从码头运营商海外拓展的经验来看，越是高介入程度的拓展模式，企业所面临的风险越高，拓展项目的运营管理难度也越大，对企业国际化经营管理的能力与资源要求也必然越高；过分超前的拓展模式往往会让企业"力不从心"，最终失去对项目的控制力，导致项目的失败。根据联合国贸易与发展会议（UNCTAD）对近十余年来世界跨国并购案的统计，高达六成的跨国并购案是失败的（含未达到预期并购目的），而导致并购失败的最大原因是并购后的整合问题。跨国并购整合问题涉及投资商与项目公司之间的资产整合、管理整合、企业文化整合、人员调配、业务调整等多个方面，易于产生整合冲突而导致项目的失控，对投资商海外运营管理能力与经验要求较高。国际化运营管理能力与经验的欠缺，尤其是应对冲突、化解风险的能力与经验的欠缺是导致海外拓展项目失败的一个主要原因。

（3）综合利用多种海外拓展模式，巧用投资组合提高海外拓展总收益。码头运营商在海外项目的选择上，应有分层次（喂给港/支线港/枢纽港）、分区域、分模式的考虑。一个集装箱码头项目能否成功，不仅在于码头运营商的资金技术水平和揽货能力，而且还要看其所依托的货源网络，海外拓展项目的选择必须依托项目的地理位置、货源网络、网络层次、政策环境、与母港距离远近等多方面因素进行综合考虑，多层次、多区域的投资布局有利于形成全球网络效应，降低单一市场波动带来的风险，实现企业海外拓展的可持续增长。

为此，码头运营商可依据企业自身实力和可利用的资源状况，综合利用多种海外拓展模式，巧用投资组合实现海外拓展收益的最大化。如可伴随着全球产业转移浪潮进入新兴的发展中国家和主要资源产地，由于存在着一定的市场不确定性和潜在收益性，建议采用合资新建、现有项目的改扩建等投资成本较低、管理与整合风险较低的方式；或是采用战略联盟或管理输出等模式，对新领域与新市场做试探性进入，这样既可与运营商现有运营网络快速形成经营协同效应，又可为进一步的拓展做好铺垫。而对于欧美发达国家的成熟市场、尤其是全球港航运输干线网络上的项目，在运营商能力与资源条件许可的情况下，可采用收购或兼并的方式进行码头行业的横向或纵向扩张，此类拓展模式往往并购资产的溢价较高、投资巨大且并购后的管理整合风险较高，对运营商海外投资运营能力要求较高；但这类模式有助于提升运营商的国际市场知名度和品牌价值，投资周期短而可控程度高，可快速形成较大规模的运营能力，对运营商自身实力与企业价值的提升往往具有质的帮助。这也是在全球化时代，港口行业集约化竞争背景下，区域码头运营商成长为全球领先的码头运营商的必然路径选择。

第八章 码头运营商海外拓展的主要风险及其防范

8.1 码头运营商海外拓展的风险识别[①]

8.1.1 如何识别海外拓展中的风险

风险即不确定性以及由此可能带来的损失。风险总是客观存在的，不以人的意志为转移的，它既可能来自于外部宏观经济环境，也可能来自于企业内部。在海外拓展的不同发展阶段，随着企业内外部条件的不同，其所面临的风险因素也是不同的。虽然风险是否发生和可能造成损失的大小往往事前难以测定，但可以通过主动实施风险管理措施（Risk Management），建立风险识别防范体系，对风险因素进行系统的跟踪了解、识别、评估、预警、防范等，以达到化解和降低风险的目的。

一个系统的风险管理过程主要包括三个阶段：风险识别、风险评价和风险控制。风险识别是企业海外投资风险管控的首要步骤，它要求通过建立科学客观的风险识别机制，对企业海外投资的具体项目所面临的不确定性进行系统而全面的分析，根据不确定性的性质、特征、影响程度等对所涉及的风险进行分类，考查目标风险的来源、发生概率、影响程度及损失暴露等因素（许晖，2009）；在此基础上对企业海外投资项目给出正确的风险评估和判断，以此作为企业海外投资决策的重要依据。

---

① 本文所研究的风险是从码头运营商的角度来研究如何进行海外拓展，所探讨的风险仅限于国际投资运营领域的政治、经济类风险，不涉及港口/码头工程建设、安全施工、自然气候灾难等建筑、地质、工程技术类风险。

具体来说，识别海外拓展中的风险一般应包括：风险感知→风险分析→风险评估→风险预警等过程（见图 8-1）。风险感知是风险识别的起点，这一阶段企业需要做到两点：一是构建风险测度指标体系，将可能导致风险发生的主要因素进行系统的梳理与各因素合理值区间的判断，如东道国经济风险因素可包括通货膨胀率、财政赤字规模、政府负债率、GDP 增长率、失业率、汇率/利率波动等。二是动态把握企业海外拓展中所面临的现实情况，将现实情况与风险测度指标进行动态比较，从中得出是否存在潜在的风险。当发现现实情况超出了风险测度指标的合理值区间，就需要对该潜在风险因素进行深入分析。这包括对风险因素现状与未来发展形势的预测，建立风险清单（将需要识别的潜在风险因素进行分类列表），然后对风险清单中所列出的潜在风险因素的可能危害类型、风险源、风险发生概率、可能造成的损失等做出系统分析，从中判断风险类型及危害程度。之后进入风险评估阶段，即对风险清单中关键风险进行监测、诊断与评估，重点在于分析风险发生的可能的原因、途径、征兆等；最后进入动态监测和风险预警阶段。

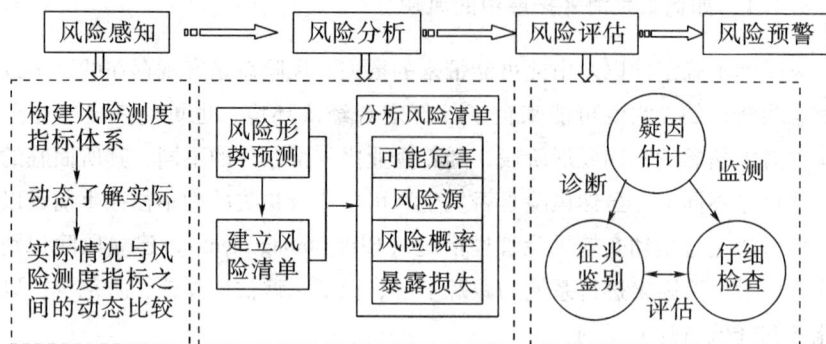

图 8-1 国际投资风险识别机制模型①

目前中国企业在海外投资风险管控上普遍存在着防控体系建设重视不足、重短期轻长期、投资随意性较大等弊端；缺乏对风险的系统识别和有效防控是导致中国企业海外投资失败率过高的一个重要原因。笔者认为，我国企业海外投资风险防控的重点应放在企业"走出去"之前，即在事前的风险识别、判断和预控上，应通过科学客观、详尽负责的可行性分析和项目评估等手段，充分考虑该项目所涉及的各种内外部因素和可能的风险，逐一进行必要而详尽的

---

① 参见：许晖，李硕. 我国高新技术企业国际化经营中的风险管理研究［J］. 国际贸易问题，2009（2）：78-86，略有修改.

分析；在必要的时候可以考虑借助第三方评估机构的力量，以使该项目的可行性分析深入细致，避免因对风险识别与分析不够而导致的风险管控失效，进而导致投资项目的失败。

8.1.2 码头运营商海外拓展中所面临的主要风险

码头运营商海外拓展所面临的风险按其来源可划分为外部风险和内部风险两大类。外部风险主要指企业跨国经营所处的外部环境及其变化给企业跨国经营带来的不确定性，进而对企业既定目标的影响与制约，如政治风险、东道国政策法律风险、宏观经济环境风险、国际文化冲突风险、港口行业环境风险等。内部风险主要指企业自身的决策和经营活动给企业跨国经营带来的不确定性，进而对企业既定目标的影响与制约，其风险主要来自企业内部业务流程和职能部门的各种决策、实施、协调等具体的经营活动（邢必刚，2008）。具体来看，码头运营商海外拓展中所面临的风险主要有：

8.1.2.1 政治风险

政治风险是指由于一国的政治原因、特定的政治问题或出于维护国家安全的需要而采取的行动等，对企业跨国经营造成不利影响的可能性。政治风险与东道国的国家政策变化等行为有关，包括：政府征收、国有化、政局变化、政权更替、政府法令和决定的颁布实施，以及种族和宗教冲突、叛乱、战争、恐怖活动等引起的社会动荡，等等。由于政治风险具有高度的不可预测性、不可控制性和产生高额损失的可能性，往往会给企业的海外拓展活动造成直接而巨大的冲击，是企业能否进行海外拓展活动的先决条件。

由于我国实行的是社会主义市场经济制度，在意识形态、民主政治、制度安排等方面与西方资本主义国家存在着较大的差异，随着中国经济实力持续快速的增长，"中国威胁论"甚嚣尘上，加之地缘利益冲突和经济主导权（全球性/区域性）争夺日益明晰化，政治因素正日益成为中国企业海外拓展中所面临的第一大风险因素。

作为战略性基础产业，港口行业的跨国经营活动往往牵扯着过多的政治关注，政治风险频现。如前文所述，在 2006 年 DPW 收购 P&O 案例中，由于 DPW 的中东背景，当 DPW 拟收购 P&O 的消息一经披露，就遭到了美国朝野各方的反对；美国时任总统布什甚至表态，出于国家安全考虑，如果国会通过赞同收购的提案，他将动用总统的否决权予以否决。2006 年 3 月 8 日美国众议院投票反对 DPW 收购案，第二天 DPW 被迫宣布放弃对 P&O 旗下的美国码头业务的接管，将其剥离出来后转卖给美国保险巨头 AIG 集团。

同样的事例还有：2006 年印度在孟买货柜码头项目全球招标中，就曾以"和记黄埔港口的华资身份将对其构成国家安全威胁"为由而将和记黄浦港口拒之门外。而中国内地企业所遭受的政治性歧视更是频繁，2004 年 7 月，中国五矿集团对加拿大最大的矿业公司诺兰达（Noranda）的收购案，因为遇到强大的海外政治因素和舆论压力而夭折；2005 年 8 月，中海油也无奈地表示放弃对美国第三大石油公司——优尼科的并购努力，中海油的报价是 185 亿美元且并购条件优厚，超出竞争对手雪佛龙公司的报价约 10 亿美元。同一年，海尔集团也宣布放弃以 128 亿美元收购美泰克，而深圳华为与英国电信设备制造商马可尼公司的长期兼并谈判也在政治力量的干预下音讯全无。2006 年，中国移动以 53 亿美元左右的报价竞购米雷康姆国际移动通信公司，也因政治压力而中途放弃；而联想集团与美国国务院签署了电脑供销合同，交易额高达 1 300 万美元，但美国美中经济及安全评估委员会（USCC）以国家安全为名，对此交易提出了种种限制性措施，等等。

可以预见的是，随着中国经济的持续发展和中国企业实力的壮大，将会有越来越多的中国企业走向国际市场，其更深入、更广泛地参与经济全球化的尝试将会遭遇更多更大的政治风险。

8.1.2.2 宏观经济环境与港口行业变动风险

港口行业是一个强周期性的行业，与世界经济贸易格局的变化密切相关，更易受到宏观经济环境变动的影响。一个集装箱港口能否生存与发展取决于其所能吸引到的集装箱货源，这包括腹地货源与中转货源。根据国际相关统计数据显示，在当今全球化竞争的时代，一个集装箱港口得以生存与可持续发展的门槛是年吞吐量不低于 200 万 TEU。只有达到年吞吐量 200 万 TEU 以上的水平，港口才能保持正常的运营，产生自我良性循环的马太效应，逐步成为区域性的航运节点，并最终在全球航运网络中得以立足，否则将被不断地边缘化，沦为区域性的支线港或喂给港，并最终被市场所淘汰（舒洪峰，2007）。

港口所在国家以及其所辐射的腹地经济圈的经济发展水平与宏观经济环境往往是港口能否生存的先决条件。从世界领先码头运营商的海外拓展经验来看，一个海外拓展项目在发展初期往往需要有一定的本地箱量做支撑，东道国及腹地经济圈的经济发展水平与产业结构直接决定了本地箱量的产生水平，东道国宏观经济环境因素也是影响能否吸引到中转箱量的重要条件。东道国（含腹地经济圈）经济发展水平与景气程度、利率、汇率、通胀率、产业结构调整等宏观经济环境因素的急剧变动都将给码头运营商的海外拓展活动带来较大的不确定性和可能的投资损失。在世界集装箱港口的发展史上，因腹地经济宏观经济形势恶化、产业外移导致港口衰败的例子比比皆是，此类风险已成为了企业海外拓展中必须重点关注与防范的风险。

此外，在目前海外拓展中常遇到的宏观经济环境风险还有汇率风险，即汇率的急剧波动造成企业海外投资与跨国经营结果的不确定，尤指蒙受损失或丧失所期待利益的可能性。近年来，随着美元的大幅贬值和人民币的持续升值，我国企业在海外投资中显得"底气"更足、海外拓展的力度也更大，但在跨国经营活动中所面临的汇率风险却不断增大。据中石油 2008 年半年报披露，因国际汇率的大幅波动造成中石油在 2008 年上半年间外汇净损失达到人民币 10.28 亿元，是上年同期的三倍多。这其中，既有因当前特定的时代背景，中石油的海外投资大都集中在经济欠稳定地区，如委内瑞拉、苏丹、哈萨克斯坦、印尼等，东道国宏观经济形势不稳定，汇率急剧波动；也有中石油企业风险预防意识的薄弱及相关防范工作的不足。

8.1.2.3 东道国政策法规风险

由于不了解或不熟悉东道国法律法规或其他原因，导致企业在海外拓展活动中发生违反东道国法律法规的情况，或者东道国执法不当甚至故意借法律形式制造障碍而导致投资商遭受东道国法律惩罚的风险，都可以归为海外拓展的法律风险。目前，世界上已经有 60% 的国家有反托拉斯法及管理机构，虽然管理重点、标准及程序各不相同，但都给投资商海外拓展带来不同程度的法律风险。

中国企业由于轻视法律风险而导致跨国经营损失的例子也有不少。如：2004 年 1 月，TCL 收购法国汤姆逊公司的彩电业务导致巨亏的一个重要原因就是不熟悉欧洲法律制度，在并购后承担了过多的或有债务负担，拖累了整个并购业务。近些年来西班牙、俄罗斯、吉尔吉斯斯坦等国对外国零售商的种种法律限令使很多华商亏损回国。2004 年底，中化集团拟斥资 5.6 亿美元收购韩国第五大石油炼制企业——年生产能力达 1 400 万吨的仁川炼油公司，在并购合同已基本签署的情况下，却在签署的排他性谅解备忘录中忽略了应该加上的附加限制条款，结果导致该公司最大债权人美国花旗银行利用该法律条款在债权人会上提出溢价收购要求（抬价至 8.5 亿美元），超出了中化集团的承受能力，最终导致此笔跨国并购的失败①，等等。

与其他风险相比，法律风险的特殊性还在于它不仅会造成企业海外拓展活

---

① 宋雪莲. 商务部总结跨国并购得失、政治风险最为突出 [EB/OL]. (2007 - 07 - 09) http://www.china.com.cn/policy/txt/2007 - 07/09/content_8495468_4.htm.

动的重大财产损失，而且会对企业声誉和品牌形象等造成较恶劣的国际影响，严重的甚至还会追究企业领导人或主要员工的刑事责任，对企业的海外拓展活动造成直接而影响深远的危害。

8.1.2.4　国际人文冲突风险

企业实施海外拓展战略时，往往会遇到由于母国与东道国之间在风俗传统、宗教信仰、价值观、文化观、语言、民族等人文因素方面的差异带来的冲突，从而可能给企业海外拓展活动带来损失。企业的海外拓展及跨国经营活动是通过来自不同人文背景的企业管理者、普通员工、中介机构专业人士、政府工作人员等共同推进的，不同的风俗习惯、宗教信仰、价值观、文化观等之间的冲突将集中体现在跨国企业内部具有不同人文背景的管理者与员工之间在公司经营方针、目标市场选择、管理决策方式、员工行为准则等方面认知不同的交锋上，体现在跨国并购双方企业文化的冲突方面，体现在企业跨国经营的东道国和母国之间国际人文冲突方面，等等。

据有关资料统计显示，全球范围内近一半的跨国并购失败案例主要是由于文化整合不力所造成的，由于不能与东道国被并购企业的管理团队及员工进行良好沟通，不能及时将自己企业的文化价值观、管理理念植入并购后的新企业，或是忽视跨国并购后企业文化的协调和整合，从而导致并购后企业内部人文冲突不断，难以有效整合人、财、物、信息资源等要素，造成企业跨国经营困难重重，最终甚至导致跨国经营的失败。

8.1.2.5　海外运营管理风险

现代集装箱码头项目是一个资金与技术密集的长周期运营项目，从项目的规划投入到项目的运营终结一般需要 35～40 年的时间，部分项目的运营周期可能更长。由于项目的初始投资额大、投资固化率高、运营周期长，海外运营管理风险对码头运营商海外拓展与跨国经营的影响巨大。

海外运营管理风险是来源于企业内部的风险，主要体现在：

（1）企业海外投资决策风险。投资决策的失误是企业最大的失误，是海外拓展的方向性错误，对企业海外拓展活动往往是致命的。海外投资决策风险的产生往往是因为缺乏对项目深入而系统的分析，信息不充分、不对称导致盲目决策，或是决策程序的不完善、主要决策人的主观失误导致轻率决策。

（2）企业国际化经营管理失控的风险。企业在海外运营要面临着比在国内运营复杂得多的内外部环境，不仅对企业管理者的自身素质与国际化管理能力提出了更高更新的要求，而且在跨国运营企业中存在着当地员工招聘与使用管理，与当地政府、港务管理部门、合作伙伴、社会民众等建立良好协作关系等跨文化交流沟通问题。这些都加大了企业管理的难度，企业内部管理制度设计能否适应东道国的市场环境和基本文化价值观将在很大程度上影响企业的跨国经营绩效。内部管理制度设计的失误、员工素质的欠缺以及管理文化的冲突都易导致跨国企业经营管理的失控，导致项目进展的挫折甚至是失败，而码头项目过长的运营周期无疑加大了这类风险。

中远集团希腊码头项目频遭罢工就体现出了这一风险。2008年中远集团竞标投得希腊第一大港比雷埃夫斯港口（Piraeus）的二号、三号码头扩建项目特许经营权，2009年10月1日开始正式进驻。合同落定之时，希腊正处在经济危机敏感时期，而该码头又是希腊政府实现港口私有化改革的第一个项目，因而该项目受到了希腊社会各界的高度关注；出于对中方运营主体的不信任以及对项目整合可能带来裁员的担忧，自中方进驻以来希腊码头工人就频频罢工，导致项目管理失控，进展缓慢或致停运①。

（3）企业风险防控机制失控的风险。建立和完善风险防控机制是规避和减少风险危害的重要制度安排，但现实中不少企业缺少风险防范意识，在海外拓展中抱着侥幸的心理，对风险防范机制的建设不够重视，人、财、物投入不足，缺乏规范化运作程序与制度保障，没有建立起规范化的事前、事中监测预警与防范措施，在内外部运营环境发生变化产生风险时，缺乏有效的风险防控措施，导致企业所面临的风险将进一步加剧。

英国《经济学人》杂志（The Economist）2010年3月在一份对中国企业海外拓展的专题研究报告中指出，通过对中国110家大中型企业海外拓展活动调查统计的结果表明，中国公司海外拓展业务普遍存在着准备不充分的问题，目前海外拓展中所面临的最大挑战是缺乏海外拓展的国际化人才与管理经验，企业海外运营管理风险较大，仅有39%的受访企业认为自己已具备了海外拓展的专业技能和运营管理风险防控能力。

---

① 郝倩. 中远雅典港口项目遇"寒流"罢工或致停运［N］. 第一财经日报，2010－05－19.

8.2 码头运营商海外拓展的风险防范

8.2.1 海外拓展风险的动态监控与预警

在风险识别与判断的基础上，还应建立健全海外拓展风险的动态监控和预警机制，设立专门的风险管控职能部门，培养或引进专业化、高素质的国际化风险管控人员来从事海外投资风险的识别、评价、预控、预警和保障等技术性要求较高的业务，有意识地加强监控体系收集信息、甄别信息的能力，为企业海外投资决策提供重要的风险监控和预警制度保障。

风险监控与预警系统是一种前馈控制系统，它是在对企业海外拓展业务中涉及风险的相关信息进行动态收集的基础上，对风险清单中的风险因子和风险表现进行连续、系统的监测与追踪，分析可能导致风险的根源性因素以及风险的发展趋势与危害程度，从中发现企业海外拓展活动中的潜在风险并发出警示。一个完整的海外拓展风险动态监控与预警系统需要四个基本步骤：监测风险、发现警兆→识别风险、警源分析→预测风险发展趋势、判断风险危害程度→启动预警机制、采取防范措施。

具体的操作思路可借鉴世界 500 强企业普遍采用的风险预警分级管理制度，即建立一套科学合理、项目针对性强的风险管控指标体系，定期或不定期地对海外投资项目所面临的风险进行评估打分，根据风险危害程度将风险进行分级，针对不同等级的风险采取不同的管控措施。一般来说，投资风险可分为红色、橘色、黄色和绿色四个等级。其中，绿色代表该项目不存在明显风险，可以按计划继续推进；黄色表示该项目存在一定风险，需要对该项目的主要环节进行关注；橙色表示该项目存在较大风险，需要对该项目的各个环节进行详细的跟踪检查和论证，必要时可对部分关键环节进行修订；红色则表示该项目存在极大的风险隐患，部分风险具有高危险性，因而需要对该项目的运行做重新系统的考虑，必要时可终止项目运行。当出现黄色、橙色或红色的评级时，就要启动海外投资风险的预警机制，提醒企业采取相应的风险防范措施。

8.2.2 海外拓展风险保障机制的建设

国际风云变幻莫测，海外拓展风险难以完全预测与防范。仅有风险的监控、分析与预警机制是不够的，码头运营商还需要充分利用境外投资保护制度、建立行政化与市场化措施相结合的海外拓展风险保障机制，尽量转移海外拓展风险，减少可能的损失。

境外投资保护制度是一个国家为本国投资者在境外投资可能遇到的非商业性风险提供的保护措施体系，这个体系一般包括三个方面：

（1）通过国内立法确定境外投资的合法地位，指导与促进境外投资的健康发展。美国是世界上最早对境外投资进行立法保护的国家，1948年通过的《经济合作法案》确立了对本国企业境外投资给予"安全保证"的立法原则，其后经过多次的修订与完善，至今已形成了系统的境外投资法律保护体系，对境外投资的指引、促进、保护、管制以及投资人的权益保障等都有详细的法律规范。

与欧美主要国家普遍采用立法手段保护境外投资有所不同，我国目前仍没有一部专门针对境外投资的法律，相关的法令法规都是由国务院、发改委、商务部、国家外汇管理局等部门分别颁布实施的。这些政策措施多只是从不同的角度对境外投资的某一方面做出规定，且多以内部文件的形式下发，没有上升到立法高度，缺乏系统性、稳定性、连续性和透明度；同时政出多门也常导致政策"打架"，行政干预频繁。目前我国政府对本国企业境外投资的宏观管理还处于比较初级的阶段，主要采用项目审批制等行政管制手段来控制境外投资的规模与流向，行政干预较多而市场引导不足，随着我国市场经济体制的完善，需要在行政管理中引入更多的经济和法律手段①。

（2）通过签订国际多边、双边或区域性投资保护协议，保障本国企业境外投资的安全。签订双边或多边投资保护协议是国际上通行的一种保护本国企业境外投资权益的做法，一般而言，这类投资保护协议主要约定：东道国政府本着国民待遇和最惠国待遇的原则，对协议国投资人实行公平合理、无差别、非歧视性对待；东道国政府对政府征用、国有化等政治性风险做出明确保证，保证投资人的合法权益；东道国政府承诺禁止实行歧视性外汇政策，保障投资人资金与利润的自由汇出；投资争端解决机制的建立、程序及双方责任权限，等等。

截至2009年年底，我国已与世界上100多个国家与地区签订了双边投资保护协定，与90多个国家与地区签订了关于避免双重征税和防止偷税漏税的协定。这些双边协定虽然内容不尽相同，但它们都以保护境外投资人的利益为核心内容，为我国企业的海外投资提供了政府层面的法律保障。

---

① 许奇挺. 关于建立我国企业境外投资保护制度的思考 [J]. 国际贸易问题，2005（7）：107-112.

（3）建立境外投资保险制度，运用市场化手段分散海外投资风险。境外投资保险制度是一项专门针对境外投资的政策性保险制度安排，具有境外投资损失补偿、提供融资便利、促进市场开拓、提升企业信用和投资风险管理等职能，一般由政府设立专门的保险机构或指令某保险机构承担该项业务，并给予一定的政策补偿或经济补偿。

目前我国执行海外投资保险业务的机构比较单一，主要是中国出口信用保险公司。该公司成立时间较晚，针对企业海外投资的保险品种也是 2003 年才推出来的，整体仍处于发展的初级阶段，存在着起步晚、品种少、费用高、条件苛刻、保障范围有限等问题；其业务主要侧重于与出口有关的保险，跨国经营类投资保险业务所占比重较小，且中国出口信用保险公司自身的理赔实力也比较有限，对我国境外投资保险的覆盖面较小，支持力度较弱。

为此，中国各级政府应加强对企业海外投资风险保障机制的建设，引导与扶持更多的市场力量（含国有资本、民间资本、外资）进入该领域，构建起多元化的海外投资风险保险市场体系；而企业自身则可积极主动地利用这些市场化风险防范措施，通过购买相应的风险担保产品来分散投资风险，甚至可以考虑利用海外市场先进的金融工具（如套期保值交易）来减少项目风险，等等。

8.3　新形势下中国码头运营商防范海外拓展风险的思考

8.3.1　加强对企业海外拓展活动的国家政策支持与引导

近年来，我国政府为促进中国企业海外的拓展，先后出台了多项相关的扶持和保护政策，在一定程度上为防范海外投资风险创造了有利条件，如 2009 年商务部颁布的《境外投资管理办法》。但与发达国家出台的相关法规政策相比以及与我国企业海外拓展实践的需要相比，我国政府在支持企业海外拓展方面还存在较大的不足，应从如下几方面加强对企业海外投资与经营活动的宏观政策支持和引导：

（1）加强和完善与海外拓展和跨国经营相关的立法。我国目前与此相关的配套政策法规还很不完善，有关企业海外拓展尤其是跨国并购的立法散见于公司法和证券法中，政策有效供给不足，相对于日益兴起的海外并购实践活动已显滞后；与海外并购相关的法规主要由国务院各部委颁布的办法、意见、条例等构成，缺乏约束力和权威性①。目前应加快制定并完善"境外合资经营企业法"、"境外投资促进法"、"海外并购促进法"及《境外投资风险管理办法》等相关法律法规，为企业海外拓展活动提供全面可靠的法律支持与保障。

（2）加强配套政策的支持力度，尤其是金融、财税、外汇管理服务等政策的支持力度。此次金融危机后中国政府积极鼓励中国企业"走出去"，先后出台了一系列促进海外投资的政府指导意见和优惠政策（含银行信贷、税收减免、外汇管理、简化投资审核手续等），加强为企业对外投资活动提供各类服务保障，为中国企业在后危机时代的海外拓展提供了更多的政策和制度保障。中国企业可深度挖掘当前的国内优惠政策，增加海外投资资金来源与规模、降低投资运作成本、巧用国家信用来拓展海外市场，尤其是那些具有国家战略意义的海外收购业务（如能源、矿产、码头等战略性资源/资产的海外收购），更应充分利用国家扶持政策和中国政府的国际影响力。

（3）加强对企业跨国经营行为的引导服务。从历史经验看，发达国家在推进本国产业全球化战略的进程中，基本都辅以建立带有明显各自国家特色的服务链系统为产业的扩张提供配套和支持，并不依靠企业各自为战。为此，可参照大国崛起的经验，着手建立由政府牵头引导、相关龙头企业广泛参与的服务链体系，为中国经济适应全球化发展构建国家级的服务平台。同时，应加强行业协会的组织协调力量，成立相应的专业性领导协调小组，如可建立一个跨部门、跨行业、跨地区的全国企业跨国经营信息服务中心，加强跨国经营企业、相关管理服务部门、国际中介等机构的联系、合作和交流，提高跨国经营信息服务的及时性和可靠性，完善政府对企业的引导服务工作；政府定期发布包括风险提示、比较优势、投资机遇分析等信息在内的企业跨国经营地区、行业指导信息，预警世界各地区和行业的跨国经营风险。

8.3.2 提升企业核心能力、构建海外拓展风险防控体系

企业要实现可持续的海外拓展，必须具有国际市场竞争优势；可以说，国际市场竞争优势是防范海外拓展风险（尤其是非系统性风险）的最有效、也是最根本的措施，而要有可持续的国际市场竞争优势，就必须着力提升企业的核心竞争力。

核心竞争力（Core Competence）概念最早由美国经济学家普拉哈拉德和哈

① 熊焰. 扶持企业走出去、政府急需完善配套措施［EB/OL］. 第一财经日报，（2009 - 07 - 03）http：//money. 163. com/09/0703/08/5D9KAG64002534M5. html.

默于 1990 年在《哈佛商业评论》（Havard Business Review）中提出的，认为"就短期而言，公司产品的质量和性能决定了公司的竞争力，但长期而言，起决定作用的是造就和增强公司的核心竞争力"，它是企业内部一系列互补的知识、技能、优势整合在一起形成的多元复杂系统，是企业在长期经营过程中所形成的不易被竞争对手效仿、能带来超额利润、使企业保持持续竞争优势的能力。

当今世界港口业排名第一的码头运营商和记黄埔港口（HPH）之所以能在全球扩张中频频得手，是基于和黄集团的世界级品牌和举世认可的成熟母港管理模式。HPH 依托和黄集团整体强大的财力、巨大的品牌效应以及超强的资本运作能力、商务谈判技巧，以财力、品牌和母港管理经验作为全球扩张的重要资本，使得 HPH 的合作伙伴在其投资的码头项目中几乎都接受了它的管理理念和运作模式，从而使得 HPH 对其投资的码头大多拥有了直接的经营管理权，这极大地减少了当地港务部门对其码头运作的行政干预，提高了投资项目的市场化运作能力。

我国国内码头运营商的海外拓展虽有一定的经验和基础，但从严格意义上来看，它们与真正的跨国公司相比，在具备明确的全球战略目标、较为完善的现代企业制度和全球资源配置系统，并依靠全球性市场形成竞争优势等许多方面还存在相当大的差距。从目前整体情况来看，国内的码头运营商大多是脱胎于地方港务局和国有航运企业，普遍核心竞争实力不足，码头运营管理模式还带有比较明显的国有大企业病症，即企业规模大、人员多；公司治理不完善，管理层级多而效率低；技术陈旧、创新意识差；行政化趋势严重，企业的业绩提升主要靠行业/地区垄断和政策红利，而非技术红利、管理红利，在技术创新、国际化战略管理、跨国经营与资源整合、品牌塑造、人才培养等方面与世界领先的码头运营商有着较大的差距。

以如此实力进行海外拓展、参与国际化竞争，所面临的风险可想而知；提高企业核心竞争力是中国企业成功实施对外扩张及跨国经营的基础和根本。为此，中国企业应进一步完善现代企业制度，完善公司治理结构和国际化防控体系，努力提高企业内部资源整合能力、自主创新能力、品牌竞争力等，在此基础上增强上述多种能力的整合优化能力，以此提高自身的核心竞争力，为构建海外拓展风险防范体系打下良好的内部基础。

8.3.3　优化投资策略、综合利用各种风险防范手段

加强投资风险管理、优化投资策略是企业在海外拓展中有效化解风险的一

种重要途径。一般来说，码头运营商在海外拓展中仅仅是投资东道国政治、经济、文化和法律环境的被动接受者，无法改变外部环境，只能通过企业内部投资风险管理的方式来防范外部环境风险，主要包括：

（1）在投资决策前，必须对投资东道国的政治、经济、文化和法律环境等进行全面评估以及对未来发展趋势进行判断与分析，对投资项目可能遇到的风险及其防范措施、防范效果等进行详细的预测与情景模拟，做到心中有数。其途径可由公司派出专人或海外招聘人员常驻东道国，及时提供投资所在地的政治经济环境与政策动态；也可利用大型国际投资咨询公司的专业力量实地考察和环境评估，或借助我国政府机构或行业协会的力量，如：商务部定期发布的《对外投资合作国别（地区）指南》；我国驻外商务参赞、国际贸易促进委员会等在全球各地所设立的分支机构。

（2）加大海外投资本地化策略。鉴于港口业的特殊行业属性（战略性基础设施、区域垄断性、不可移动、大投资长周期等)，积极采用本地化策略是减少东道国政策障碍的一个重要途径。如在出资方式上可采用与东道国企业合资的方式，既可享受东道国本土企业的待遇，又可借助本土合作企业的渠道加强与当地政府、港务局和社会民众的联系；在员工雇佣和设备采购上，可通过增加当地员工雇佣数量和部分设施设备的本地化采购等增加当地就业机会、形成与当地企业的产业关联效应，增强我方在当地市场的认可度。同时，还应加强企业在东道国的公关工作，多参与一些东道国的社会福利活动，突出企业的社会责任感，在当地树立起良好的企业品牌与社会形象。

（3）巧妙利用财务杠杆优化投资策略。海外投资业务本身就是一个高风险的活动；较之一般行业，港口行业的海外拓展因其初始投资额巨大、投资固化率高、运营周期长等因素使其面临的风险更高。为此，在投资资金的筹集与使用上应充分利用财务杠杆效应，这一方面在资金募集上可利用国家资本或国际资本杠杆效应，减少自有资金输出压力；另一方面在投入上应坚持"分阶段、按进度"的投入原则，实施区港联动、滚动开发，强调项目的中短期投资收益、早收益早回流，力争尽早实现项目的自我运营机制，控制好企业的总投资额，严防"钓鱼"项目，控制总公司的财务风险。

（4）综合利用各种风险防范手段，这既包括利用境外投资法规、双边投资保护协议等政策性措施，也包括购买海外投资保险、利用先进金融工具（如汇率掉期、套期保值交易）等市场化手段；此外，巧妙利用香港等中介地位、离岸公司也是当前我国内地企业顺利进行海外拓展的一个重要渠道。

8.3.4 重视国际化人才培养、提高跨文化交流整合能力

跨国经营企业要提高跨文化交流和整合资源的能力需要做好以下几方面工作：第一，要加强企业的全球学习能力，在企业内进行必要的跨文化培训。除了培训职员学习东道国企业的先进技术和管理知识外，尤其要注重加强职员对东道国文化的学习和理解，通过对东道国文化的认识、语言的学习、跨文化沟通、冲突处理及地区环境模拟等方面的培训，培养企业员工对东道国文化特征的理性和感性分析能力，并尽可能地尊重东道国的文化价值观。第二，要有意识地在企业内部建立起各种正式及非正式的跨文化传播和沟通机制，通过招聘东道国职员融入公司跨国经营团队，通过安排来自不同国家的职员形成团队以便开展工作，如外派职员去国际知名跨国公司学习、交流等，促进企业员工之间的跨文化交流、学习和沟通理解，增强全体职员的跨文化交流能力和适应能力。第三，要在跨文化交流沟通的基础上，尊重各国的文化价值观，整合双方甚至多方的企业文化，以此不断创新完善企业自身的经营理念和企业文化，并通过多种手段有效传播，取得广泛的国际认同。

一些知名大型跨国公司成熟的企业管理理念体系值得我们学习和借鉴；如IBM公司"尊重个人、服务、追求卓越"的企业哲学，日本松下集团的"自来水哲学"及由此而来的企业定位①。此外，本土化策略是许多企业跨国经营常用并被认为是最有效的跨文化管理策略，对于企业提高跨文化交流和整合资源的能力具有重要意义。如联想集团在收购IBM的PC业务以后，继续委任原业务主管全权负责PC业务运营，且没有立即对其原班人员采取大的改动，其后再通过潜移默化的资源整合，将双方PC业务有机地融合起来，最终实现了赢利，这是本土化策略取得成功的一个典型案例。

国际市场的竞争归根到底是人才的竞争，跨国经营企业要想有效地防控跨国经营风险，人才因素显得尤为重要。不论企业建立了怎样完善的风险防控体系和机制，但所有一切防控措施最终都要依靠人来完成，因此企业应加强对谙熟国际市场的国际化人才的吸引、培养和储备，特别是专业化高素质的国际化风险管理人才。企业通过培养或招揽一批熟悉国际法律、精通跨国经营管理的复合型人才，或将熟悉跨国经营、资本运作、公司改制、环境保护、知识产权、外经贸的专家型法律人才组成顾问工作团队等方式，为跨国经营提供强大

---

① M. G. DUERR. International Business Management：It's Four Tasks ［J］. Conference Board Record, 1996（10）：21-25.

的人才支撑。

此外，企业还需要建立健全专门的跨国经营风险管理机构或部门，培养或引进专业化、高素质的国际化风险管理人才来从事跨国经营风险的识别、评价、预控、预警和保障等技术性要求较高的业务，加强对跨国经营风险相关知识的学习与研究，加强对企业所有员工跨国经营风险意识和风险识别能力的培养，不断提高企业防控海外拓展风险的能力和水平。

8.3.5　充分认识与利用香港的海外拓展平台作用

改革开放以来，香港为我国内地的外向型发展做出了特殊而重大的贡献。长期以来，香港是我们学习市场经济知识和运作经验、了解国际市场动态、发展对外贸易的重要窗口，是内地从海外引进资金、技术和先进管理经验的重要来源地，是内地与国际社会开展对外贸易和经济交流与合作的重要桥梁和纽带，是内地企业利用国际资本市场筹集资金、进行国际资源配置的重要平台。

时至今日，香港仍是内地第五大贸易伙伴和第三大出口市场，2008 年香港与内地间的进出口额约占内地外贸总额的 8%，内地对香港的出口占内地出口总额的 13.4%。在我国直接利用的外资总量中，港资占 40.9%，累计达到 3 700 多亿美元①。

改革开放三十多年来，中国内地经济持续高速发展，有力地改变了全球生产与贸易格局，全球工业制造的中心已经逐步转移到亚洲，特别是以中国内地为主的东亚地区；全球航运业的重心也逐步向东亚地区转移，这为地处东亚中心位置的香港提升航运中心的层次、实现航运中心内涵的转变提供了千载难逢的机遇。

目前，中国每年对外贸易量的 30% ~ 35% 经由香港，香港的集装箱吞吐量已跃居世界领先地位，1998—2004 年连续 6 年位居全球第一大集装箱吞吐港；虽然 2005 年以后随着内地港航业快速发展导致内地货源分流，香港先后被新加坡和上海赶超，但在全球金融危机冲击下的 2009 年，香港依然是全球第三大的集装箱吞吐港，2009 年全年实现港口吞吐量 2.43 亿吨，集装箱吞吐量 2 098 万 TEU。可以说，香港是内地与世界联系的重要门户，具有不可替代的作用，它是中资港航企业参与全球港航业竞争的一个举足轻重的节点。

---

① 香港经济的新挑战与在国家战略中的新机遇：访中央人民政府驻香港特别行政区联络办公室彭清华主任 [EB/OL]. 中国经济杂志网，2010 - 2 - 3. http：//qzone. qq. com/blog/622006287 - 1265178516.

实践证明，在中资企业海外拓展的进程中，香港起着独特而又意义重大的中介平台作用。香港作为沟通中国与世界的桥梁，拥有国际性的金融中心、贸易中心、航运中心的地位，中西文化汇聚于此，使香港与世界各地有着广泛的商业联系，信息高度发达，法律、会计制度和市场惯例与西方基本接轨，是内地企业了解世界、熟悉国际惯例、寻找合作伙伴的合适地点。在国家实施"走出去"战略的过程中，港商不仅能扮演积极的中介角色、提供各种支援服务，也可成为内地企业拓展海外市场的重要合作伙伴。

香港有着内地不具备的独特优势，那就是完善的法律体系、市场经济制度和市场监管体制。香港在"一国两制"的政治体制下，拥有廉洁、奉公、稳定且财政储备充分的特区政府和高度法治的社会；自由港政策、简单税制及低税率，加之信息自由流通、不存在外汇管制、优良的物流基础设施、高效的投融资环境和专业化服务水准，是世界跨国巨头们纷纷在香港设立亚太运营中心或海外业务总部的重要原因①。

目前，香港是全球跨国企业在东亚地区设立地区总部最多的城市，有着内地城市无法比拟的运营环境优势。充分利用香港独特的国际城市地位，在香港设立海外拓展平台公司或离岸公司，淡化中资企业身份，有利于减少我国内地企业海外拓展中的政治干扰因素。较之目前以国有大中型企业海外直接拓展、国内金融强力扶持为主导的国家队模式，这种"披马甲"的方式不易于引起对方国家、地方政府及外界的关注，类似跨国并购所可能遭遇的政治阻力将不同程度降低；而外资的身份、高效融资平台和高度国际化的香港资本市场，能有效降低内地政府的行政审批复杂程度与官僚干预，提高企业海外拓展的管理效率和防风险能力。

---

① "背靠祖国、面向世界"：访香港特别行政区行政长官曾荫权 [EB/OL]. 中国经济杂志网，2010 - 2 - 3. http://qzone. qq. com/blog/622006287 - 1265179408.

第九章 对招商局国际海外拓展的思考

9.1 招商局国际的海外拓展之路

9.1.1 招商局国际的基本情况

招商局国际有限公司（简称招商局国际或 CMHI）的母公司招商局集团（China Merchants Group）具有辉煌的历史和雄厚的实力。招商局集团 1872 年 12 月 26 日由清朝洋务派领袖李鸿章创立，是中国近代创立的第一家民族工商企业，也是中国目前历史最悠久、持续经营 139 年的真正意义上的近现代工商企业，在中国近现代史上留下了一系列辉煌的足迹，先后开创了多项中国第一，如组建了中国近代第一支商船队，开办了中国第一家银行、第一家保险公司、第一家矿务局等；1978 年以来又作为改革开放的排头兵，独资开发了新中国第一个对外开放的工业区——蛇口工业区，创办了第一家股份制商业银行——招商银行、第一家股份制保险公司——平安保险公司等，"蛇口模式"成为了改革开放的历史性标杆；招商局集团被誉为"中国近现代民族工商业的先驱和旗帜"，其发展历程也被形象地称之为"中国民族企业百年历程的缩影"。

目前，招商局集团是国家驻港大型企业集团，经营总部设于香港，业务主要分布在中国香港、中国内地、东南亚地区等极具经济活力和潜力的新兴市场，是中央直接管理的国有重要骨干企业，被列为香港四大中资企业之一。招商局集团是一家综合性的大型企业集团，其三大核心产业是：交通运输及相关基础设施建设、经营与服务；金融投资与管理；房地产开发与经营。经过多年的市场化扩张与经营，招商局集团无论是在香港还是在内地，在其所经营的产业领域里都有着举足轻重的市场地位；2004—2009年连续6年被国务院国资委评为A级中央企业。截至2009年年底，招商局集团共拥有10个一级子公司，控股或参股21家国内外上市公司（含中国内地、中国香港、新加坡），集团总资产规模达2 682.76亿元（人民币，下同），管理资产规模总额达到2.2万亿元；其中，母公司净资产为718亿元，利润总额为178.52亿元，净利润为97.99亿元，集团利润总额在央企排名中名列第七位。

招商局国际有限公司是招商局集团三大业务板块之首——交通运输及相关服务中的港口业务旗舰。招商局集团1982年投资建设蛇口港，成为深圳第一港，也是国内第一个由企业自筹资金兴建的港口；1991年投资建设蛇口集装箱码头，成为深圳第一个集装箱码头。作为中国改革开放的先驱，招商局集团投资兴建与运营管理蛇口港开创了新中国港口建设的先例，实现了具有划时代意义的三大突破：最早突破了单独依靠国家财政投资建港的港口建设体制，最早突破了依赖行政保护、计划分配货源的生产管理模式；最早突破了港口政企合一的管理体制。

1992年7月，招商局国际的前身——海虹集团在香港联合交易所上市，成为在香港上市的第一家内地企业，被誉为"香港第一红筹股"。上市后受到市场疯狂追捧，获374倍超额认购，首日升幅即超过200%，创当时的香港股市历史最高纪录。直到1997年以前，海虹集团还是以油漆制造、集装箱制造及油轮运输为主要业务的多元化经营企业；从1997年起，该公司开始向港口业务和收费公路方向转型，并更名为招商局国际有限公司。1998—2000年年间，招商局集团先后将其所持有的香港现代货柜码头、蛇口集装箱码头、南山开发（集团）等股权注入招商局国际，将其作为整个集团重点打造的上市旗舰。

从2001年开始，在招商局集团"总公司多元化、子公司专业化"的发展战略的指导下，港口及相关业务被确定为招商局国际的核心业务，招商局集团旗下的港口资产不断被整合、注入，而招商局国际的非核心业务则不断地被剥离，如2001年出售上海外航国际旅行社，2004年出售油轮船队，2007年出售高速公路业务，2008年出售香港西区海底隧道项目公司股权，2009年出售海虹油漆业务等。随着一系列的内外部资产与业务的整合，招商局国际朝着专业化、归核化的方向快速发展，以港口及港口相关业务为核心业务的资产规模比重不断提升，从2001年的不到40%提升到2006年的86.1%，进而提升到2009年的94%（见图9-1），招商局国际正朝着专业化码头运营商的方向大步前进。

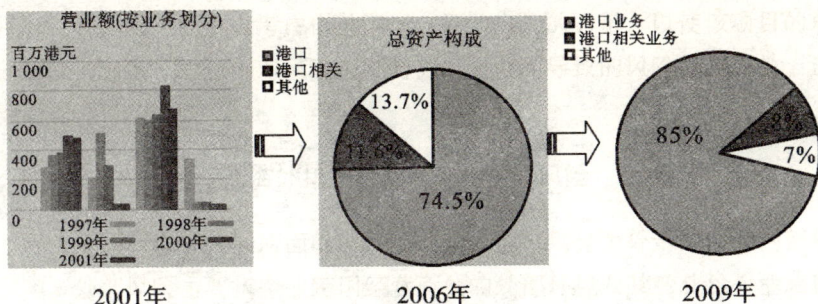

营业额(按业务划分)　　　总资产构成

百万港元

港口
港口相关
其他

港口业务
港口相关业务
其他

1997年　1998年
1999年　2000年
2001年

13.7%
11.6%
74.5%

85%
8%
7%

2001年　　　　　　2006年　　　　　　2009年

图9-1　招商局国际业务/资产构成情况演变示意图

数据来源：招商局国际历年年报。

在中国入世效应不断显现，国内集装箱运输市场持续高速增长的背景下，2003年招商局国际的发展战略做了进一步的战略延伸，开始实施从码头投资商向码头投资运营商的战略转变，构建全国码头网络，成为中国领先的公共码头服务商成为了招商局国际这一阶段的战略目标。围绕这一战略目标，招商局国际以"中国码头行业整合者的身份"（王玉德等，2008）在中国码头行业狂飙突进，通过一系列的投资新设、并购、股权重组、资产置换等方式，在完成深圳西部母港整合的同时，先后在青岛、宁波、天津、上海、湛江、厦门等地进行码头投资扩张。经过以上投资布局，招商局国际成为了目前国内唯一在珠三角、长三角、环渤海、东南沿海和西南沿海同时拥有并管理港口的公共码头运营商，已基本完成其全国网络布局（见图9-2）。到2009年年底，招商局国际旗下的港口泊位数已达233个（其中，集装箱港口泊位90个），年集装箱吞吐量达到4 387万TEU，国内集装箱码头市场占有率达31.5%，年散杂货吞吐量达2.32亿吨，已成为中国排名第一的公共码头运营商。

与港口业务的全国性战略布局快速推进相匹配的，是伴随着国内集装箱运输市场持续高速增长所带来的行业市场周期性红利，招商局国际的经常性盈利持续快速增长，2003—2007年的年均复合增长率达到27%，2005年公司经常性净利润突破20亿港元，2007年进一步突破30亿港元（见图9-3）。取得盈利快速增长的来源主要来自于：新建码头的投产及带来的规模经济效应，对国内港口资产的低价投资带来的资产增值，和对深圳西部母港码头资产整合带来的经营效率提升。2004年8月，招商局国际因其良好的经营业绩和行业代表性被晋升为香港恒生指数成分股，标志着招商局港口业务地位已获得市场广泛认可。

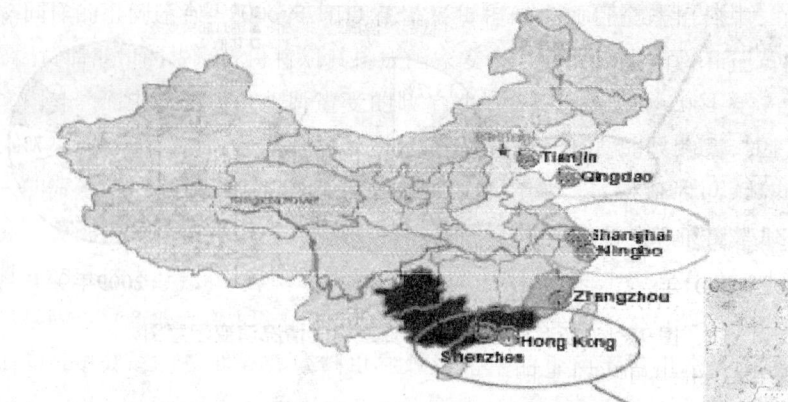

图 9-2 招商局国际港口业务的全国布局图

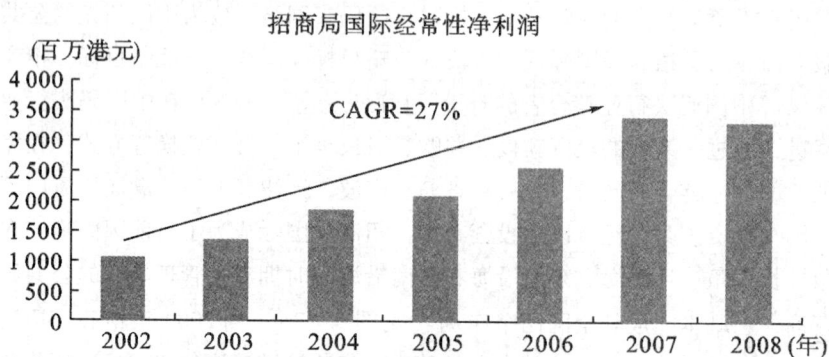

招商局国际经常性净利润

图 9-3 2003—2007 年招商局国际的盈利快速增长

数据来源：招商局国际年报、招商证券（香港）。

目前，作为国内领先的公共码头运营商，招商局国际已在中国沿海地区主要枢纽港建立了较为完善的全国性港口网络群，覆盖珠江三角洲、长江三角洲、环渤海湾地区、厦门湾经济区以及西南地区，所投资或投资并拥有管理权的码头遍及香港、深圳、宁波、上海、青岛、天津、漳州及湛江等集装箱枢纽港，旗下码头所处区域覆盖了中国 GDP 80% 以上、集装箱吞吐量占全国集装箱吞吐量超过 70% 以上的区域，已成为中国最大乃至于东亚地区领先的公共码头运营商。

9.1.2　招商局国际的国际化发展

历史的原因造成了现在的招商局集团中资外企①的身份，独特的历史地位、突出的地缘优势和外向型行业特色使得招商局国际具有天然的国际化优势。可以说，在招商局集团所辖的三大主业、十大一级子公司中，作为招商局业务系统中第一业务板块的核心，港口行业的国际化特色最突出、国际化历史也最悠久；在一定程度上，招商局港口产业的国际化历程也就是招商局集团的国际化历程。

长期以来，虽然招商局国际港口业务的发展已涉及全球主要经济体，海外业务拓展也一直是企业关注的问题，但招商局国际更多的是以中资外企的身份、利用香港自由成熟的国际资本市场力量，频频在国内港口市场上"攻城拔寨"，发展战略的重心一直放在新兴的国内市场，海外拓展的步伐很少。对招商局国际来说，去掉港澳台因素后的真正意义上的海外拓展仍然处于起步阶段。

在国内市场趋于饱和、产能过剩问题日益突出且全球港航服务业竞争日趋国际化的今天，招商局国际正面临着如何进行海外扩张的战略决策。2003 年以来，招商局国际曾有过多次参与海外并购竞标的尝试，但真正迈出海外拓展的第一步是 2007 年 4 月的越南项目。2007 年 4 月 3 日，招商局国际与越南航海总公司签署了共同开发越南南部的边亭金星深水海港及全面合作的备忘录。根据协议，双方将合资兴建巴地头顿集装箱码头，该码头岸线长 800 米，首期投资为 3 亿美元，建设两个 10 万吨级的集装箱深水泊位；远期投资为 10 亿美元，包括 6 个集装箱深水泊位、物流仓储及相关临港产业，项目建成后预计年总吞吐量将达到 300 万 TEU。这是招商局集团在海外的第一个码头项目②，标志着港口布局国际化战略进入实质性实施阶段。

尽管此次全球金融危机对国际航运市场造成了严峻的冲击，但招商局国际在"把握机遇、审慎投资"的原则下继续推进海外拓展业务，在越南长设越

---

　　① 按照中国原外经贸部（现归入商务部）对外资外企的界定，外资外企的划分范围包括港澳台地区，因而对于中国大陆的企业来说，香港资金也归入外资范畴，而对香港的投资也归入海外投资范畴；在香港地区的运作也是中国内地企业国际化的一个重要方面。

　　② 招商局集团对下属企业的大型投资业务采取了由集团总部统一组织和审核的集中管理制度。一个大型投资项目一般由集团业务开发部/重大项目办公室进行前期的调研工作，包括项目背景、可行性研究、早期接触谈判、尽职调查等；集团企业规划部、战略研究部、财务部、法律部以及相关下属企业通常会分工合作，进行大量的项目前期工作；当项目一经确定要具体实施时，该项目将移交给相关下属企业按已确定好的实施方案具体运营，集团总部只作较宏观的业务指导。

南项目工作组，并与越南政府高层保持紧密联系。2010 年 4 月，招商局国际与越南本土的港航企业 BSPD 及 PVSB 共同出资组成合营公司 VICP（Vung Tau International Container Port Joint Stock Co.），共同建设、开发和运营位于越南南部经济中心区巴地头顿省的头顿国际集装箱港口（包括现代仓库及物流园）；其中，招商局国际现金出资港币 2.02 亿元，持有合营公司 49% 股权；而 BSPD 及 PVSB 分别持有 26% 及 25% 股权，标志着招商局国际海外的首个投资项目正式启动。

在向越南迈出海外拓展的第一步后，招商局国际又把眼光放到了具有发展潜力的南亚地区。2009 年 11 月，招商局国际与斯里兰卡当地的 Aitken Spence 公司组成联合竞标团，成为斯里兰卡科伦坡港南部集装箱码头新建项目的唯一竞标者。该新码头海岸线长 1 200 米，拥有 4 个泊位，码头梁宽设计为 55 米，泊位水深 15.5～18 米，可容纳万标箱级超大船舶，为中转型货源码头，设计年吞吐量为 240 万 TEU。

2009 年 12 月竞标成功后，联合竞标团与斯里兰卡港务局签订了一份为期 35 年的合作协议，以合资 BOT 方式承建该码头项目；项目总投资额约 5 亿美元，其中招商局国际占股 55%，具有项目的运营管理控制权。

目前，新码头所在港区已在建设中，2 000 米长的防波堤、入港通道的疏浚工程以及相关前期配套工程正在进行中；而招商局国际与斯里兰卡港务局、当地合作企业及其他相关部门关于该项目具体运营的协议谈判也正在紧张进行中。由于 2010 年是斯里兰卡总统及议会选举年，谈判有所延期，项目的具体运作仍存在着一定的变数，但当地港口市场增长迅速，已有的滞后的港口设施产能严重不足，市场对码头建设需求强劲，整体发展形势比较乐观。

9.2　对招商局国际海外拓展的争议与思考

经过多年的发展，招商局国际已成功走上了港口产业的专业化发展道路，基本完成了国内码头网络布局，是国内领先的公共码头运营商。但在全球经济一体化快速发展的今天，招商局国际正面临着海外拓展的战略选择，应不应该向海外拓展、如何向海外拓展已引起了企业内外众多有识之士的关心、争议与思考。

9.2.1　对招商局国际海外拓展的争议

目前关于招商局国际海外拓展的争议主要集中在两个方面：一是现阶段是

否应该进行海外拓展，二是海外拓展项目的选择与是否能够成功。

关于招商局国际在现阶段是否应该进行海外拓展一直是争议的热点。相当部分人士认为，招商局国际经过十多年在国内市场的持续投资与拓展，已在国内市场居于领先地位，具有一定的市场垄断能力，规模经济效应和区域网络效应正在逐步显现，各项经营指标多年来一直保持良好的发展态势；2008年以来金融危机导致全球性港航产业大衰退，招商局国际经营业绩相应受到较大冲击，但跌幅小于国内同行，2009年其净利润依然达到32.38亿港元，净资产收益率为9.1%（见图9-4）。随着世界经济的触底回升和中国经济的率先反弹，国内港航行业开始走出低谷，招商局国际2010年头四个月港口吞吐量同比增长达到40%，虽预计下半年业绩增长会有所放缓，但年增长率仍可达10%～15%，如达此增长率，则2010年吞吐量可超越2008年5048万TEU的水平再创历史高位。

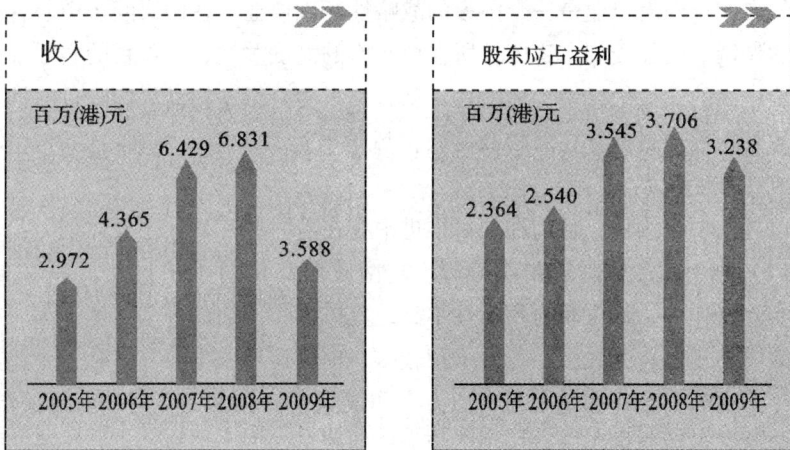

图9-4　2005—2009年招商局国际的收入与股东应占溢利

数据来源：招商局国际2009年年报摘要。

而从市场需求发展的趋势来看，中国较欧美发达国家在此次金融危机中所遭受的冲击相对较小，经济活力的恢复与提振明显好于西方国家；虽然中国目前正面临着扩大内需与产业结构转移升级的现状，但从可预测的数据来看，在未来一二十年内中国内地仍将是全球最主要的制造加工基地，依然是世界经济格局中北美、西欧、东亚（含东北亚和东南亚）三极中的重要一环，其集装箱货源在世界货源中的比重仍将保持在45%以上的水平，且有进一步提升的可能，中国（含香港）主要港口在全球港口吞吐量排名中仍将在一个较长的时期内位居前列。

可以说，招商局国际目前在国内市场上发展势头良好，发展前景比较明确乐观，把国内市场做好就能获得不错的收益，为什么要把大笔的资金投到不确定性较高的海外项目呢？部分人士甚至尖锐地指出，招商局国际还没有做好必要的准备，在国际化运作经验、国际化人才培养与储备等关键性因素上都存在着较大不足，现阶段进行海外拓展风险过大，企业在海外项目的选择上是否真实反映了企业自身的发展需求，是否是"为了国际化而国际化"等问题。

关于海外拓展项目的选择与成功概率的问题常引起企业内外人士的争议。招商局国际目前所确定的两个海外拓展项目都处于具有一定发展潜力但又具有较高风险的新兴发展中国家，采取的拓展模式都是我方出巨额现金与当地企业合资新建的方式，其中斯里兰卡项目获得项目的控股权（占比55%），而越南项目未获得控股权（占比49%）。

码头业务是长期运营的项目，项目的成功与可持续发展需要内外部多方面因素的支撑。而港口业是一个国家的战略性基础产业，在国民经济中起着举足轻重的作用，往往受到东道国及所在地政府的高度关注，在项目的实际推进中存在着较高的政策敏感性和风险性。据有关人士介绍，招商局国际目前推进的两个海外拓展项目都存在着较高的政治风险与运营风险，不确定性因素较多，项目成功难度较大。

以越南项目为例，目前在项目推进中存在着一些障碍，主要体现为：

（1）越南政治体制的制度障碍。越南政府高层对本项目表示理解支持，但在实际操作中，地方政府积极性不高，具体操作层面的推动力度不大。越南地方政府不规范行为较多，行政干预较多，项目运作成本较高。私人企业灵活度大，不少外资企业在越南与本地人合作成立中介公司，专门从事公关活动、打通关节；而招商局国际过于规范的做法缺乏灵活度，项目推进较缓慢。

（2）越南土地政策障碍。虽土地名义上是全民所有，但越南政府给民众以土地使用的永久权，土地实质上已被私有化；这导致在项目征地上，政府需要花费较长的时间与当地民众进行沟通协调，征地拆迁阻力大且成本高、进展慢。

（3）越南熟练产业工人缺失。长期以来，越南作为法国的殖民地，一直扮演着原料供应地和产成品消费地的角色，成熟工业化生产体系较欠缺，熟练产业工人数量不足。产业工人的缺失将使我方在越南项目的实际运作中面临对本地员工（主要来自农村）培训费用高、培训效果差等问题；对本地员工进行长期而系统的工业化教育将增加项目运作成本、延迟实际运作时间。此外，越南工会的作用也在凸显，将会在一定程度上增加项目运营成本。

斯里兰卡项目也存在一定的潜在风险。斯里兰卡是以种植园经济为主要经济来源的发展中国家，工业基础薄弱，虽然近十多年来推行了一系列的市场化改革，开始进入工业化阶段，市场经济格局也正逐步形成，但仍处于工业化的初级阶段，国内经济规模总量较小，货物适箱率较低，对集装箱港口业务支撑力度较差。目前，科伦坡港货源中来自其国内的不到总量的30%，另外70%以上的货源是主要往来于印度的中转型货源。2009年，科伦坡港的总吞吐量是346万TEU，排名世界第31位，比上年下降4个位次；其中，内贸箱总量不足100万TEU，其余大多是中转到印度的货源。

中国与印度之间长期保持着既竞争又合作的关系，"龙象之争"一直是国际政治经济领域中所热议的话题。作为南亚地区的老大，印度一直将印度洋作为自己的势力范围，对中国保持着高度的警惕，2006年孟买货柜码头项目全球招标中就曾以"和记黄埔港口的华资身份将对其构成国家安全威胁"为由将和记黄埔港口拒之门外。

中国企业参与斯里兰卡科伦坡港的新码头建设项目，可以说，在一定程度上就是因为进不了印度这个新兴市场，为分享印度新兴经济发展所带来的收益而选择的间接途径。但这个项目最大的不确定性就在于科伦坡港口的中转型货源问题，科伦坡港之所以能获得如此高的中转货比，主要原因在于其优异的区位和印度沿海港口建设的滞后。

近些年来中国在南亚地区的港口投资较为频繁，自2007年3月中方援建的巴基斯坦瓜达尔深水港投入使用以来，2007年中国开始援建斯里兰卡东南部地区的汉班托塔港、2009年开建缅甸西北部马德岛港口、2010年又投巨资建设孟加拉最大海港——吉大港的深水码头。针对中国的这一系列举措，印度制订了大规模的港口建设规划，积极发展沿海港口基础设施建设（见图9-5所示），以图尽快改变其港口基础设施建设滞后的状况。

一个码头项目要正常运行必须保持一个基本的吞吐量。根据国际港航业的统计数据显示，一个国际集装箱码头项目的基本运行吞吐量应不低于200万TEU/年；招商局国际的斯里兰卡项目设计总吞吐量为240万TEU，内部测算的保本运营量（含合理投资收益）应达到270万~280万TEU。

印度沿海港口建设的快速发展和对中国的戒备心态，将不可避免地导致科伦坡港中转货源的大量流失，而斯里兰卡国内货源还有待较长期的发展与培育，我方投资斯里兰卡科伦坡港项目的投资收益能否得到保障令人担忧。

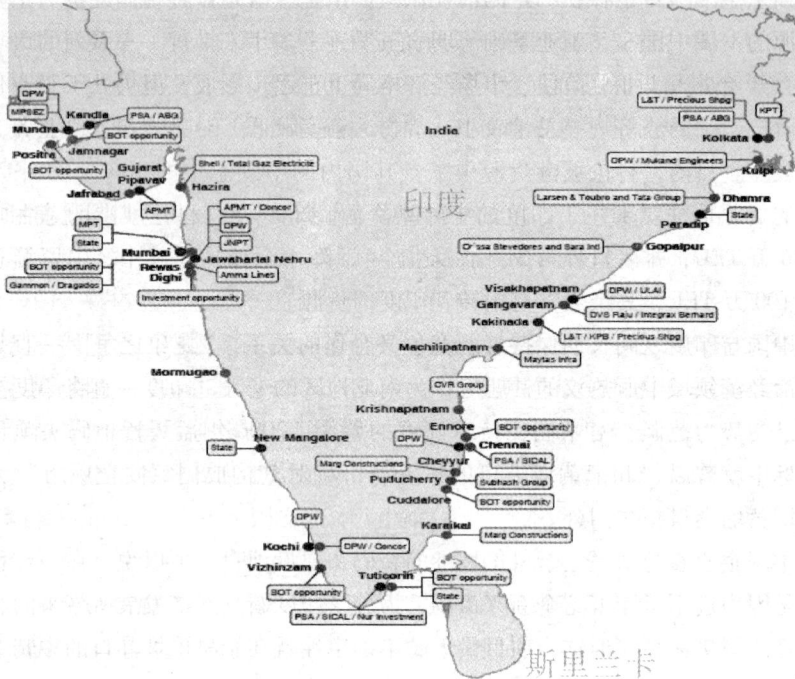

图 9 - 5　印度沿海港口建设与运营情况图

注：图中深色小点表示正在运营的港口项目，浅色小点表示正在建设或已规划拟建设港口项目。数据来源：Drewry, Annual Review of Global Container Terminal Operators, 2009。

9.2.2　对招商局国际海外拓展争议的思考

关于招商局国际海外拓展的争议从招商局集团开始进行港口业海外拓展策划之时就已存在，在当前全球金融危机肆虐之际，海外拓展风险剧增，此争议显得尤其突出。实事求是地讲，这些担忧、质疑与争议是有一定道理的，也是根据招商局国际现有发展阶段与实力所做出的一定程度上的合理分析与判断，值得我们在海外拓展战略的制定与实施过程中加以认真考虑。

但凡事有利必有弊、有弊也必有利。正如前文所述，企业国际化是大势所趋。在全球化竞争日趋激烈的今天，招商局国际作为一个国内领先的区域码头运营商走上国际化发展道路是必然的选择，海外拓展已不再是要不要的问题，而是如何拓展、向何方拓展的问题。在世界集装箱港口网络布局基本成熟的今天，要想获得比较理想的海外拓展项目其实不容易，现在的选择往往是"不得已而为之"的选择，是我们在海外拓展过程中所不得不迈出的一步。

从长远发展的角度考虑，笔者认为招商局国际在现阶段大力推进海外拓展业务十分必要，其原因主要有以下几点：

（1）国内市场趋于饱和，产能过剩必将导致恶性竞争。经过近二十年的高速增长后，国内港口业已达到历史的增长拐点，开始变为缓慢增长甚至负增长；金融危机曾导致国内港口业大衰退，冲击后虽有所恢复，但在经济总量达到一定规模，且我国已逐步进入工业化中后期的背景下，国内港口业很难再保持原来的长期高速增长态势。而国内持续的盲目扩大港口投资规模、重建设轻管理的港口业大跃进，已导致国内港口产能严重过剩，截止 2009 年底过剩产能已达 5 100 万 TEU，全国码头能力的实际利用率只有 70%；而这一趋势将在未来数年里随着新建、扩建项目的持续投入而更趋于严峻，港口市场的供需矛盾将导致以价格战为主的恶性竞争出现，航运公司的经营困难与压力也将从客户方面转给港口，集装箱班轮公司对港口的议价能力更为强势，使得港口的实际费率将持续走低，国内码头运营商的高收益时代可能难以再现。

（2）从企业发展战略的角度来思考，招商局国际未来发展的目标是什么？发展定位是什么？是安心于现有的国内领先地位，还是参与全球化竞争？这是一个短期发展与长期发展的选择问题。

全球化时代必然带来全球化竞争，HPH、PSA、DPW、APMT 等跨国巨头们都已进入我国国内港口市场，全球化竞争已不是我们愿不愿意的问题，而是我们必须面对的问题。招商局国际国内布局已基本完成，国内投资机会不多而发展空间有限，竞争对手已不再是地方港务局及其码头运营商，而是全球性或国际性码头运营商，这就必然要求我们做好全球化竞争的准备，这包括生产要素的全球配置与优化、海外业务的拓展以寻求国际码头网络效应，等等。

（3）海外拓展项目的推进既要有战略的规划，也要有恰当的机会。港口行业属于一国或一地区的战略性基础产业，外资的进入壁垒较高，介入的时机往往出现在该国港口管理体制的市场化改革或国内建设资金紧张之时。据有关学者预测，此次金融危机对世界各国经济都带来了较大的冲击，但对受冲击程度稍轻的中国企业来说，则可能是机遇大于挑战，未来的 3～5 年将可能是中国企业海外拓展的一个历史性发展时期。部分国外的码头运营商尤其是中小码头运营商将面临着经营困难、资金链紧张的困局，国际港口业将可能兴起又一轮产业整合潮，中资企业趁此机遇勇敢出手，或参股企业、或承接项目、或参与建设等，可能会寻找到一些海外抄底的良机或是战略性投资的优质项目，有利于打造自己的国际港口网络。

目前，招商局国际已经走上了海外拓展的道路，虽然步伐仍显得有些跟跄，但这依然是可喜的一步，也是其发展历程中不可或缺的一步。正如招商局国际内部人士所言，限于现有的资源与能力，招商局国际曾数次在海外并购竞标中失利，他们在欧美成熟市场、国际主航线上的竞争力不足，短时间内难以进入"国际主流"；越南项目与斯里兰卡项目的选择既是理性分析之后的结果，也是"招商局国际在国际化过程中不得已而为之的选择"。

尽管是一个不得已的次优选择，存在着较高的政治风险和运营不确定性，但这两个项目的实际运作将给招商局国际海外拓展的长远发展带来实质性的益处。

首先，这迈出了招商局国际港口产业国际化运作的实质性的步伐，是招商局国际发展战略思想的根本转变；正如招商局企业精神中所倡导的"空谈误国、实干兴邦"，光说不练毫无实际意义。

其次，试探市场行情，从两个具体项目的运作中可使招商局国际深入了解海外拓展项目实际运营中的特点与难点，在项目中学会如何与东道国政府、当地合作企业、行业协会、区域市场竞争对手、当地工会、社会民众等多方面打交道，通过干中学的方式积累海外运作经验，为以后的大规模运作打基础。

最后，锻炼队伍，培养起一批具有海外拓展实际经验、国际化视野、跨国经营管理能力的队伍，为后期持续的海外拓展锻炼与储备人才。国际化运营管理人才尤其是高端人才的缺失是目前招商局国际在海外拓展中的最大"短板"，如何尽快地引进、培养、储备一批高素质的国际化人才队伍是企业急需解决的问题，通过这两个项目的实际运作将极大地改变现有的不利格局，加速人才的成长。

全球金融危机在给世界经济造成巨大冲击的同时，也给中国企业带来了海外拓展的发展机遇，在"把握机遇、审慎投资"原则的指导下，多方接触、多看少动、抓住机遇果断出击将是我们当前海外拓展的基本思路。总的来看，国际化是企业在全球化竞争时代的必然选择，招商局国际已经走上海外拓展的道路，前进的道路上不可能一帆风顺，我们应有一个心理和经济上的承受期，不要因噎废食，在积极推进海外项目的同时，也要做好项目风险的防范机制建设，通过种种市场化、行政化的措施来减少或化解项目的风险。

9.3 招商局国际海外拓展中所存在的主要问题

在分析了招商局国际进行海外业务拓展的必要性和重要性之后,我们来看看其在当前进行海外业务拓展中所存在的主要问题及解决对策。

9.3.1 处于海外拓展初级阶段、国际化经验欠缺

基于特定的历史角色、地缘优势与港口行业特色,招商局集团港口产业的国际化具有先天的优势和漫长的经历,其业务触角早已涉及全球各主要经济区域。1992年招商局国际在香港联交所上市,是第一家在香港上市的内地红筹股,核心业务是从事香港和内地港口的码头业务。

自从上市以来,招商局国际就已经走上了与国际标准接轨的市场化、规范化的道路,采取了较为彻底的市场运作模式,完善公司股权架构、规范企业运营管理模式,在国际化人才的培养与引进、国际资金运作、国际管理模式的学习与借鉴等方面都走在国内企业的前面。

长期以来,虽然港口业务范围已涉及全球主要经济区域,海外业务拓展也一直是企业关注的问题,但招商局国际更多的是以中资外企的身份,利用香港自由成熟的国际资本市场力量,娴熟的资本运作手段以及直属国务院国资委(原隶属交通部)的央企关系,频频在国内港口市场上"攻城拔寨",发展战略的重心一直放在新兴的国内市场,香港业务一直只占到其业务总量的15%左右(见图9-6),海外拓展的步伐很少。

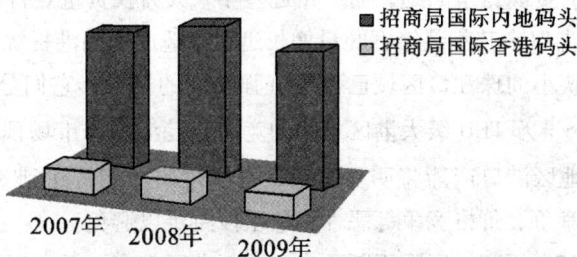

■ 招商局国际内地码头
□ 招商局国际香港码头

2007年　2008年　2009年

图9-6　招商局国际内地码头和香港码头吞吐量比较图

数据来源:招商局国际2009年年报摘要。

可以说,招商局国际在香港市场的资本运作和国内港口行业的拓展中是长袖善舞,但去掉香港因素,招商局国际真正意义上的海外拓展刚刚起步,刚开

始进入海外项目的实质运作阶段，国际化经验欠缺，正面临着国际化人才、资金、技术、运营模式，管理理念等多种因素的制约；与 HPH 等老牌全球码头运营商相比，其海外拓展之路还将面临相当大的挑战。

9.3.2　母港运营模式能否成功输出尚待考验

从 HPH、PSA、AMPT 等领先的全球码头运营商海外拓展经验来看，码头运营商的海外拓展基本都遵循了"母港发展模式"，即码头运营商对外扩张的基点和起点是其投资运营的基本港（称之为母港），该港往往是某一区域内的枢纽港，在当地具有较强的市场竞争实力和较成熟的码头运营管理模式与较丰富的经验积累。母港发展的好坏直接关系到码头运营商海外拓展的成功与否。目前码头运营商在海外拓展中大多采用管理模式输出与股权控制的方式，单纯的财务投资方式比较少见；成熟的母港运营管理经验、高素质国际化人才的培养与储备以及稳定的客户关系是码头运营商进行海外拓展的基础。

招商局国际以深圳西部港作为自己的母港，经过多年的经营、内外部资产整合和不断的新增投资，招商局国际已在深圳西部港拥有了绝对的领导地位，但市场竞争压力依然较大，正面临着严峻的竞争新态势。

深圳港作为世界第四、中国第二大集装箱港口，主要由三大部分组成：东部盐田港区、西部港区（含蛇口、妈湾和赤湾）、2007 年底才投入运营的深圳西部大铲湾港区，这三大港区的实际控制商分别是和记黄埔港口、招商局国际和香港九龙仓集团旗下的现代货柜集团，竞争对手实力都很强大，三足鼎立之势让市场化竞争趋于激烈。同期，香港作为东亚地区的国际航运中心、世界第三大集装箱港口，其货源腹地与深圳港区的货源腹地存在着较多交集，长期以来存在着严重的货源竞争问题；而广州近些年来大力投资重点打造南沙港，自 2004 年 9 月开港以来其集装箱吞吐量增长迅猛，造成深圳港货源的较大分流。

目前，在狭小的珠江口区域已出现五强并立的格局，它们分享同一腹地、同一水域，5 个千万 TEU 级大港区之间的竞争日趋激烈；市场预测未来 5～10 年间，珠三角地区港口产能将明显富余，每年过剩产能将达到 800 万～1 000 万 TEU，无序竞争、价格竞争等恶性竞争手段将难以避免。

尽管近些年来招商局国际不断致力于西部港区整合，但由于不同码头存在着多方投资主体、产权结构复杂且多为上市企业，整合难度较大；西部港区的内部竞争依然比较激烈，无序竞争、低价竞争的现象依然存在，在很大程度上制约了西部港区整体优势的发挥，影响了招商局国际在西部港口主导作用的进一步发挥。

成熟的母港运营商业模式仍是招商局国际需要持续打造与经验积淀的，能否在海外拓展中成功输出尚待实践考验。招商局国际在香港港口市场上曾有过较为成功的发展，但香港市场与内地市场联系紧密，在经贸政策、文化认同、管理认同、运营风险防范等方面存在着较大的相通性。而海外拓展就要复杂得多，如何深入认识国际市场、规避与防范海外拓展风险是我们企业运营者需要认真思考与学习解决的问题。

9.3.3 缺乏清晰系统的国际化发展战略规划

海外拓展是企业发展到国际化高级阶段的必然选择，海外拓展的成功与可持续发展离不开企业国际化战略的规划与指导。招商局国际长期关注港口产业的国际化发展，曾数次参与国际并购项目的竞标，与世界领先的码头运营商们同台竞争；也在近几年内对集团港航产业的国际化发展进行过较为系统的研究与探讨，提出了很多有针对性的发展思路与对策建议。但令人遗憾的是，至今尚未见到一个明确成文且清晰而系统的国际化发展战略规划。

有部分人士认为，招商局国际海外拓展业务只是这两三年的事，海外拓展项目的选择主要是机会主导而非战略主导，战略规划与指导的意义不大。但是，正如前文对企业国际化战略制定与实施的研究阐述，企业国际化战略的制定与实施是与企业所处的国际化阶段直接相关的；在国际化的初级阶段，企业更关注的是单个海外拓展项目的生存与发展问题，海外项目的选择主要基于市场机会，这是现实的，也是经济的。但当企业发展进入到中高级阶段，单纯靠机会主导的拓展将难以保证企业的可持续发展，从长远来看，一个清晰系统的国际化发展战略是企业实现海外拓展可持续的不可或缺的因素之一。

迪拜港口世界在短短的十余年时间内从一个普通的区域码头运营商一跃成为全球领先的码头运营商，在全球 31 个国家或地区经营着 61 个码头（含在建），一个重要的原因在于其清晰的发展规划。2007 年上市之时，迪拜港口世界就明确地提出其海外扩张的"十年期发展规划"，非常清晰地阐述了未来发展的方向与路径选择；虽然这个发展规划在 2009 年迪拜债务危机后被人们认为过于超前，但迪拜人对海外拓展业务的重视与长期的规划思想值得我们学习。

清晰而系统的国际化发展战略的制定与实施，有利于企业的海外拓展业务开展的明确化、系统化与规范化。通过配置专业人才，建立系统的数据库，对海外业务进行长期跟踪与系统研究，有利于企业按照发展战略目标去主动寻找市场发展空间，而不是坐等机会上门，或是被动地被机会追着跑。

9.3.4 缺乏可支撑海外拓展项目的国际化运营管理团队

现代的企业竞争在根本上是企业人才的竞争，海外拓展项目能否成功的一个重要因素是项目实际运营人的视野、素质与能力。由于国际化经验的欠缺，招商局国际在国际化人才储备方面较为滞后，尤其在具有国际化视野、跨国经营管理能力与经验的领军人物的挖掘、培养、储备或引进等方面仍有不足。据企业内部人士介绍，招商局国际在确定海外拓展项目时，往往都有对项目配套的条件与资源要求；在人才配备上，一般是需要对一个拓展项目提供两套可供选择的运营管理团队名单；但目前要达到这个基本要求却有一定的难度。

造成这种局面的原因主要是两方面：一方面是企业长期以国内市场为发展重心，对员工的引进与培养都以国内业务发展需求为基本标准，对国际化运营的相关专业知识、管理理念及综合素质培养等方面准备较少，企业的国际化运营经验较为欠缺；另一方面是现有管理制度安排上存在的部分不足或障碍，如：海外业务人员配置较少，往往仅是项目的具体执行者，对海外拓展项目的宏观把握较弱；激励制度有待进一步完善，国内员工缺乏在海外长期工作的积极性，部分中高层管理人员流失的现象仍然存在，这些都对我们海外拓展项目的长期发展提出了严峻的挑战。

9.4 对招商局国际海外拓展策略的建议

针对以上存在的问题，我们应重点做好以下几方面工作：

9.4.1 清晰系统国际化战略的制订与实施

一个清晰系统的国际化战略首先要解决的是企业海外拓展的发展定位问题，这主要包括企业国际化发展目标的确定、前进方向与路径的选择。

招商局国际虽然目前仍是一个国内领先的公共码头运营商，才刚刚开始其海外拓展的历程，但其实力在业界早已名声远扬，如从企业港口集装箱吞吐量规模来比较，其已经进入了世界前五强（见表9－1）。从未来发展方向来看，从国内走向国际是招商局国际在全球化时代发展的必然选择，成为全球领先的公共码头运营商应是其前进的目标。

表 9－1　　招商局国际与世界领先码头运营商港口吞吐量比较表

单位：百万 TEU

世界排名			码头运营商	集装箱吞吐量（单位：百万 TEU）		
2009 年	2008 年	2007 年		2009 年	2008 年	2007 年
1	1	1	HPH	65.3	67.6	66.3
2	2	2	APMT		64.4	60.3
3	3	3	PSA	56.9	59.7	54.7
4	4	4	DPW	43.4	46.2	43.0
5	5	5	COSCO		32.0	27.3
—	—	—	CMHI	43.8	50.5	47.1

数据来源：各公司 2008、2009 年年报。

为应对全球化背景下港航产业的整合趋势，招商局国际的国际化战略选择应立足于国际产业整合的思想，通过海外投资或业务整合等灵活策略从港口产业的横向和纵向两个方向来详细规划企业未来的发展方向与路径，具体战略要点可参见本书第五章内容。

在国际化战略的制定与实施上，我们可适当借鉴 DPW 的做法，对海外拓展做出一个较长期、清晰、系统的国际化战略规划，该规划应具有现实可执行性，如：可否为企业海外拓展的发展阶段做出能够具体量化的时间表和战略实施节点控制体系图；或能否确定海外拓展的战略阶段划分及每一阶段的基本投资额度。当然，这并不是意味着我们每一阶段必须投出去多少，具体的投资额度是根据具体项目的运作情况而定；但如果有一个大致可知的战略发展阶段及每一阶段的投资额度，我们在项目运营中就可以做好系统的把握与提前的准备；同时这也有利于招商局集团对一定时期内海外投资规模的总量和风险的控制，以防止投资过度而增加整个集团的风险，或因缺少系统规划而导致的投资规模超限，进而造成优势机会丧失。

9.4.2　海外拓展项目库的建立与系统化

项目库管理模式是国内外企业海外拓展中常用的一种投资项目管理模式，它通过建立规范的投资项目筛选与评估管理制度，运用现代信息技术，建立起规范化、程序化的数据库系统，在企业全球发展规划下对潜在的投资区域、企业、码头项目做出长期的跟踪、了解与分析，将潜在投资项目的相关信息数据录入库中进行系统管理，要求所有的投资项目都要进行入库管理，经过挖掘、筛选、论证、审核等程序后方可进入实施阶段。项目库管理的宗旨是寻找和发掘优秀的项目资源，确保企业投资决策质量。

一个规范的海外拓展项目库管理系统首先应有组织上的保障，应有专门的业务单位与专人负责，配以系统的数据库和现代信息分析工具，着重在于相关信息数据的搜集、整理、分析与评估；一般该业务单位归口在投资管理部或海外业务部。其次，应坚持分类管理、重点跟踪的原则。可借鉴欧美跨国企业的常用做法，根据项目前景、投资规模、投资风险、投资收益、项目可行性等指标将入库项目分为 A、B、C 三类。其中，A 类项目属于前景好、收益高、可行性高的项目，为拟立项项目，应予以重点关注；B 类项目属于经过初步筛选，项目潜力大、发展前景较好、可行性较高但风险较大的项目，需要做持续跟踪、进一步深入了解；C 类项目是具有一定可行性，但发展前景不明、可长期关注的储备项目。再次，要坚持动态管理的原则，对潜在投资项目及其相关信息资料做到实时更新，为企业决策提供准确而清晰的信息；在有必要的情况下，可充分借助外部的专业机构与专业人士，以提高信息的准确度和分析的深度。

项目库管理模式的最大好处在于其管理的规范性与程序化。长期系统的跟踪与了解能让我们对潜在投资区域、企业、码头项目等有比较清晰的认识，海外拓展机会往往是稍纵即逝的，事前的系统准备可以让我们最大限度地做到有备无患，既避免了临时抱佛脚，又减少了过多地掺杂个人好恶，影响投资决策质量。

目前招商局国际仍处于海外拓展的初级阶段，所面临的项目数量还不算多；但随着企业海外市场的逐步打开，所涉及的项目数量将迅速增多，届时如只靠业务人员的个人能力恐难以应对。系统的综合数据库和规范的项目库管理制度是企业海外拓展业务得以可持续发展的一个基本保障。

9.4.3 海外拓展模式的完善与多元化

招商局国际现有的两个海外项目拓展方式都是采用与本地企业合资新建的模式。这是目前进入新兴市场区域的一种主要模式，也是招商局国际基于自身条件所采取的较为现实可行的方式。但这种方式也存在着一定的不足，如投资回收周期长，项目见效慢且不确定性因素多。在全球港口运输网络进入成熟期、干线网络港口基本被全球领先码头运营商占据的状况下，留给后发企业的运作空间不大；新建项目很难挤入全球干线网络，大多属于支线网络港口，发展空间受限。

从建设一个全球领先公共码头运营商的角度出发，我们可借鉴国内外同行经验，采用更加灵活、多元化的海外拓展模式。可积极寻找海外并购机会，利用资本的杠杆效应，直接介入全球港口干线网络；并购的对象可选择中等规模、在国际航运市场上或某区域港航市场（如东南亚、南亚、中东、西欧、拉美）已有网点布局的码头运营商；在海外并购中，最好能控股，但不一定强求，像 PSA 入股 HPH 的做法也值得借鉴。

此外，也可与国内外的航运企业结成战略合作关系，采用合作收购（或联盟收购）的方式共同收购或合作开发海外某项目，以保证收购后的稳定港航市场；也可与全球主要枢纽港口和区域网络中的核心港建立长期稳定的业务关系，形成一定程度上的港际联盟，进而以股权合作、管理输出、租赁经营等多种方式介入这些港口，拓展我们的海外码头业务。

中远太平洋的海外拓展经验值得我们借鉴。近些年来，中远太平洋积极实施其国际化战略布局，通过参与海外现有码头的扩建项目、入股码头公司、参与投资建设与经营新码头以及租赁等多种方式拓展海外码头业务。如：2003年投资新加坡港新码头项目（拥有 49% 股权）、入股比利时安特卫普港新码头项目（拥有 20% 股权），2005 年租赁美国长滩港，获得运营权；2006 年参建欧洲海运要冲—荷兰鹿特丹港的 Euromax 码头，2007 年收购埃及苏伊士运河码头公司 20% 的股权，获得了埃及塞得港东港区的一个集装箱码头运营权；2008 年投巨资竞标投得希腊第一大港比雷埃夫斯港口（Piraeus）的二号、三号码头扩建项目特许经营权，2009 年 10 月 1 日开始正式运作。经过近年的一系列运作，目前中远太平洋已在美国、荷兰、比利时、法国、意大利、新加坡、埃及等国有了参股、控股和经营的码头，初步形成了一个全球性战略布局[①]。

当然，现实的拓展模式选择必须根据企业当时的投资运营能力和具体项目的实际情况来进行，这是一个循序渐进的过程，应该具体情况具体分析，不可盲目照搬照套；但大致来看，随着全球港口行业集中度的提高，寡头竞争日益明显，海外拓展模式选择存在着一个从以资本为纽带向以业务为纽带的转变趋势。

9.4.4 海外拓展风险体系的建立与完善

码头项目是一个长期投资与运营的项目，其初始投资额大、投资固化率

① 米荣. 中远全球布局 [J]. 世界博览（中国卷），2010 (6).

高，一般需要6～8年的投资建设期和长达30～35年的运营期；并且跨度时间长、投资额度大，项目所遭受的风险多而不确定性大；为保障海外拓展项目的顺利实施与可持续发展，海外拓展风险体系的建立与完善就显得尤为重要。

根据麦卡锡管理咨询公司2009年的一份研究报告统计，在近十年来的国际投资业务中，50%以上的项目是失败的（含未达到预定目标），而在中国企业所参与的海外投资业务中，高达70%的项目是失败的！失败的主要原因：一是海外投资项目决策时的盲目与草率，对海外投资项目（含项目本身、投资合作方、东道国政策环境等）缺乏系统而深入的研究，前期准备少且决策时间短，在项目决策中往往存在着偏听偏信或主观随意性；二是风险防范意识与防范机制的缺失，尤其是缺乏市场化风险防范措施，当项目运行出现问题时往往处于"想不到、没办法"的被动挨打局面。

招商局国际海外拓展业务仍处于起步阶段，虽然在海外项目选择的可行性分析中有对风险识别与防范的专门分析，但缺少制度性的安排，分析散乱且存在着因国际化经验不足而导致的相当部分的主观随意性。随着海外拓展项目的不断推进，所遇到的困难与风险将不断增加，能否有效化解或防范这些风险是维持海外项目能够顺利进行的根本保障。为此，加强海外拓展风险防范体系的建立与完善应是企业当期工作的一个重点，可考虑：一是设立专门的风险管控机构，配备专业的风险管控人员，综合负责企业的风险管控业务，力争做到未雨绸缪、有效防范。二是积极引进或培养专业的投资风险管控人员，他们应参与项目整体运作的全过程，对项目运营的关键点或节点、潜在的风险、风险发生的概率、风险防范措施等做出系统的分析与应对方案。三是建立制度化的风险辨析与防范体系，这包括风险识别与防范的工作程序与规范、风险管控数据库与现代分析工具的运用、防范预案与实施措施的选择，等等。

9.4.5 海外拓展高端人才的引进、培养与团队建设

国际市场的竞争归根到底是人才的竞争。无论多好的发展规划和制度安排都必须通过人来实施与推动，项目具体操作者的素质与能力高低是海外拓展项目成功与否的关键；企业要想实现海外拓展项目的成功和可持续发展就必须加强人才建设工程。

目前，我们应着重做好如下几方面工作：

（1）加大对海外拓展高端人才的引进与培养，尤其是对具有国际化视野、跨国经营管理能力与经验的领军人物的挖掘、培养、储备与引进。高端人才尤其是领军人物往往是一个运营管理团队的核心或灵魂，他们素质与能力的高低

在很大程度上决定了企业海外拓展运营管理团队的素质与能力，也决定了海外项目的成功与否。为此，可考虑在人才引进机制、薪酬待遇、管理模式上有所创新，不要过分拘泥于现有的管理体制和单一的国内市场，在全球港航高端人才市场上积极寻找理想对象重点引进；或是从企业内部挖掘出一批潜在对象，进行重点培养与储备，在相关政策上给予倾斜。

（2）加快海外拓展项目业务骨干团队建设。海外拓展项目的顺利实施必须有一个成系统的运营管理团队做支撑，这包括海外项目的高层管理人员、中层管理人员和业务骨干，涉及海外项目运作的主要方面，是海外项目正常运营的基本保障。海外项目的本地化有一个循序渐进的过程，这与项目投资运营过程紧密相关。出于对海外项目运营管理控制的考虑，在项目初期应尽量使用熟手、可信、可控人员；随着项目日益走向正轨、工作流程已基本规范、管理流程已基本顺畅的条件下，方可考虑加大本地化力度，但在核心岗位、关键流程节点上仍应尽量争取以我方工作人员为主导。为此，我方应做好充分的人才储备，可考虑按照海外拓展项目的具体要求，有针对性地在深圳母港和我方可控的港口项目中尽快引进、培养、储备一批具有国际化运营能力的中高层管理人员和业务骨干，可采取如实施国际化人才梯队建设计划、进行国际专业化训练、增加海外进修培训机会、采取海外岗位轮训制等方式。

（3）进一步完善公司相关的人事制度建设。招商局国际现在运营的海外项目都是开创性项目，国际化经验积累较少，海外运营的不确定性较高；与在国内的运营相比，海外项目人员面临着更多的运营困难和工作压力，如何稳定海外工作团队、激发他们的工作积极性是招商局国际在相关制度建设中应该着重加以考虑的问题。制度建设应基于以人为本的人文关怀精神，增加员工的归属感和事业心，真正将企业发展与员工需要相结合，实现企业、员工、社会多方共赢的局面，这也是招商局集团这个百年老店之所以保持基业长青的一个基本理念。

具体来说，可考虑以下几方面：对海外项目运营业绩的考核指标体系设计上应充分考虑海外项目运营的难度与高不确定性，忌采用简单一刀切的做法，以防挫伤海外项目运营人员的积极性；建立健全海外业务激励机制，对外派人员的薪酬待遇、晋职晋级、后勤保障、国内业务支撑、海外岗位轮换等方面做出制度性的安排，以尽量解决外派员工的后顾之忧，等等。

参考文献

[1] John Dunning. The Globalization of Business: The Challenge of the 1990s [M]. 1st ed. Routledge Publishing Company, 1993.

[2] John Dunning. Globalization, Trade and Foreign Direct Investment [M]. Oxford Pergamon, 1998.

[3] Culpan, R. Multinational Competition and Cooperation: Theory and Practice. . Culpan (eds.). Multinational Strategic Alliances. [M]. Philadelphia The Haworth Press, Inc, 1993.

[4] Stephen Tallman, Karin Lindquist. Internationalization, Globalization, and Capability Based Strategy [J]. California Management Review, 2002, 45 (1).

[5] Yadong Luo. Dynamic Capabilities in International Expansion [J]. Journal of World Business, 2000, 35 (4).

[6] Johnson J, Mattsson G. Internationalization in industrial systems: a network approach. Hood, N; Vahlne, J. − E. (Eds.). Strategies in Global Competition. [M]. NewYork: Croom Helm, 1988.

[7] Varinder Sharma, Erramilli Krishna. Resource − based Explanation of Entry Mode Choice [J]. Journal of Marketing Theory&Practice, 2004, 12 (1).

[8] Ghoshal S, Bartlett C A. The Multinational Corporation as an Inter − organizational network [J]. Academy of Management Journal, 1990, 15 (4): 603 − 625.

[9] John Fahy. A Resource − based Analysis of Sustainable Competitive Advantage in a Global Environment [J]. International Business Review, 2002, 11: 57 − 78.

[10] Johanson, J., J. Vahlne. The Mechanism of Internationalization [J]. International Marketing Review, 1990, 17: 11 − 24.

[11] Sullivan, Daniel. Measuring the Degree of Internationalization of a Firm [J]. Journal of International Business Studies, 1994, 25: 325 - 342.

[12] Welch S, Luostarinen R. Internationalization: Evolution of a concept [J]. Journal of General Management, 1988, 14: 34 - 55.

[13] Johanson J, Vahlne J. The Internationalization Process of the Firm - A Model of Knowledge Development and Increasing Foreign Market Commitment [J]. Journal of International Business Studies, 1977, 8 (1): 23 - 32.

[14] Henry Chung, Peter Enderwick. An Investigation of Market Entry Strategy Selection: Exporting vs FDI Modes [J]. Asia Pacific Journal of Management, 2001, 18 (4): 443 - 460.

[15] Rumintha W., Edward O. Stage Models Re - visited: A Measure of The Stage of Internationalization of a Firm [J]. Management International Review, 2006, 46 (1): 39 - 55.

[16] Andersson S. internationalization in different industrial contexts [J]. Journal of Business Venturing, 2004, 19 (6).

[17] Oviatt M, McDougall P. Challenges for internationalization process theory: The case of international new ventures [J]. Management International Review, 1997, 37: 85 - 99.

[18] Zahra A. A theory of international new ventures: a decade of research [J]. Journal of International Business Studies, 2005, 36: 20 - 28.

[19] United Nations Conference on Trade and Development (UNCTD), World Investment Prospects Survery: 2008—2010, United Nations, New York and Geneva, 2008.

[20] John Foster, Stanley Metcalfe. 演化经济学前沿: 竞争、自组织与创新政策 [M]. 贾根良, 等, 译. 北京: 高等教育出版社, 2005.

[21] John D. Sterman. 商务动态分析方法: 对复杂世界的系统思考与建模 [M]. 朱岩, 译. 北京: 清华大学出版社, 2008.

[22] 余永定, 李向阳. 经济全球化与世界经济的发展趋势 [M]. 北京: 社会科学文献出版社, 2002.

[23] 李向阳. 国际金融危机的未来走向及其影响 [J]. 中国金融, 2009 (12): 41 - 42.

[24] 李向阳. 国际金融危机与世界经济前景 [J]. 财贸经济, 2009

（1）：12-17，136.

［25］秦晓. 政府与企业："走出去"战略中的两个行为主体及它们的功能和角色［J］. 财经（2007 年年刊：预测与战略），2006（12）.

［26］秦晓. 香港是中资企业"走出去"的重要平台［J］. 经济导报，2007（1）.

［27］石建勋，孙小琰. 中国企业跨国经营战略理论、案例与实操方案［M］. 北京：机械工业出版社，2008.

［28］梁建国. 中国企业国际化发展问题研究［M］. 北京：中国财政经济出版社，2006.

［29］张磊. 全球优化战略与中国企业国际化［M］. 北京：企业管理出版社，2007.

［30］白万纲. 集团管控之国际化管控［M］. 北京：中国发展出版社，2008.

［31］吴文武. 跨国公司与经济发展：兼论中国的跨国公司战略［J］. 经济研究，2003（6）：38-44.

［32］王国顺，等. 企业国际化研究的基本问题：理论演进视角［J］. 中南大学学报：社会科学版，2008（2）：5-10.

［33］何文成，等. 中国大企业国际化进程的反思与突破［J］. 科学学与科学技术管理，2007（1）：145-150.

［34］闫立罡，等. 中国企业国际化模式研究［J］. 科学学与科学技术管理，2006（8）：102-107.

［35］任晓. 企业国际化的一般进程及其影响因素：文献综述［J］. 国际贸易问题，2006（2）：126-129.

［36］蔡宁，黎常. 企业国际化理论的新发展：国际新企业理论［J］. 国际贸易问题，2007（3）：98-103.

［37］樊增强，宋雅楠. 企业国际化动因理论述评［J］. 当代经济研究，2005（9）：18-22.

［38］盖文启，蒋振威. 基于系统理论的我国企业国际化战略选择［J］. 国际经贸探索，2008（4）：75-79.

［39］鲁桐. 中国企业国际化实证研究：以工业企业为例［D］. 中国社科院，2001.

［40］肖文，陈益君. 企业国际化的影响因素：一个文献述评［J］. 中南大学学报：社会科学版，2008（1）：17-22.

[41] 黄健柏，何文成. 企业国际化战略控制能力机理研究 [J]. 经济问题，2007（12）：19－26.

[42] 何文成. 企业国际化战略控制能力研究 [D]. 中南大学，2008.

[43] 郑准. 关系网络、资源获取与企业国际化关系研究 [D]. 中南大学，2010.

[44] 王增涛. 企业国际化：一个理论与概念框架的文献综述 [J]. 经济学家，2011（4）：96－104.

[45] 王亚刚，等. 企业国际化的动因与行为研究：成就、问题与未来研究机遇 [J]. 科学学与科学技术管理，2010（3）：139－145.

[46] 杨建勇. 现代港口发展的理论与实践研究 [D]. 上海海事大学，2005.

[47] Slack B. Intermodal transportation in North America and the development of inland load centers. The Professional Geographer, 1990, 42（1）：72－83.

[48] Hayuth Y. Rationalization and concentration of the U. S. container port system. The Professional Geographer, 1988, 40（3）：279－288.

[49] 邹俊善，等. 现代港口经济学 [M]. 北京：人民交通出版社，1997.

[50] 刘秉镰. 港城机理关系分析 [J]. 港口经济，2002（3）：12－14.

[51] 徐质斌. 关于港城经济一体化的战略理论思考 [J]. 港口经济，2004（6）：30－31.

[52] 郎宇，黎鹏. 论港口与腹地经济一体化的几个理论问题 [J]. 经济地理，2005，25（6）：767－770.

[53] 曹有辉. 集装箱港口体系的演化模式研究——长江下游集装箱港口体系的实证 [J]. 地理科学，1999，19（6）：485－490.

[54] 曹有辉，曹卫东. 中国沿海集装箱港口体系形成演化机理 [J]. 地理学报，2003，58（3）：424－432.

[55] 曹有辉，李海建. 中国集装箱港口体系的空间结构与竞争格局 [J]. 地理学报，2004，59（6）：1020－1027.

[56] 安筱鹏，韩增林，等. 国际集装箱枢纽港的形成演化机理与发展模式研究 [J]. 地理研究，2000，19（4）：383－390.

[57] 韩增林，安筱鹏. 集装箱港口发展与布局研究 [M]. 北京：海洋出版社，2006.

[58] 王成金, 于良. 世界集装箱港的形成演化及与国际贸易的耦合机制 [J]. 地理研究, 2007, 26 (3): 557-568.

[59] 王成金. 全球集装箱航运的空间组织网络 [J]. 地理研究, 2008, 27 (3): 636-647.

[60] 武良成, 郑宇劼, 等. 中国集装箱港口竞争力研究 [M]. 北京: 中国经济出版社, 2009.

[61] 黄健元. 东亚地区国际港口集装箱运输竞争力比较研究 [D]. 河海大学, 2004.

[62] 黄勇. 港口企业发展战略的实证分析 [D]. 北京交通大学, 2008.

[63] 张庭发. 集装箱港口竞争分析与对策研究 [D]. 山东师范大学, 2009.

[64] 张瑾, 王越. 从港口功能发展看第四代港口的发展模式 [J]. 中国水运, 2009 (3): 58-59.

[65] 张婕姝. 基于供应链思想的第四代港口概念特征及发展策略研究 [R]. 上海国际航运研究中心, 2009-11-16 http://sisi-smu. org/viewarticle. asp? Artic leID=2628&ClassID=71.

[66] 舒洪峰. 集装箱港口发展动态研究 [D]. 中国社科院, 2007.

[67] 王杰. 国际航运中心形成与发展的若干理论研究 [D]. 大连海事大学, 2007.

[68] 孙芳, 杨明. 港口扩张的模式与路径探析 [J]. 港口经济, 2009 (10): 34-36.

[69] 乌英, 缪立新. 集装箱港口发展现状及趋势 [J]. 中国物流与采购, 2008 (13): 70-71.

[70] 翁克勤. 集装箱港口的发展 [J]. 港口经济, 2004 (1): 17-18, 46.

[71] 孙光圻, 刘洋. 现代港口发展趋势与"第四代港口"新概念 [J]. 中国港口, 2005 (6): 16-17, 21.

[72] 真虹. 第四代港口的概念及其推行方法 [J]. 交通运输工程学报, 2005 (4).

[73] Paixao A C, Marlow P B. Fourth generation ports – a question of agility? [J]. International Journal of Physical Distribution and Logistics Management, 2003, 33 (4): 355-377.

[74] Steenken D. Container terminal operation and operations research － a classification and literature review [J]. OR Spectrum, 2004, 26 (1): 3 －47.

[75] 刘万锋. 码头运营商在中国港口投资的趋向和特点 [J]. 港口经济, 2008 (10): 43 －45.

[76] 姚俊. 集装箱码头运营商研究 [D]. 招商局集团博士后研究工作报告, 2007.

[77] 管姹. 国企码头运营商所向何方 [EB/OL], 中国港口咨询网, 2009 －9 －7 http: //www. thechoice. net. cn/viewthreadphp? tid ＝9476.

[78] 杨建勇. 经济全球化与港口发展 [J]. 中国港口, 2001 (2): 22 －23.

[79] 陈航. 港城互动的理论与实证研究 [D]. 大连海事大学, 2009.

[80] 肖克平. 对外投资：大型港口企业发展的战略选择 [R]. 中国港口, 2005 (11): 51 －53.

[81] 曹远征. 世界港口业的变化趋势与中国港口业的发展 [J]. 开放导报, 2004 (1): 43 －44, 46.

[82] 张国强, 郭小碚. 国际金融危机对我国港航业的影响与对策 [J]. 综合运输, 2009 (2): 66 －68.

[83] 于汝民. 港口企业面向后危机时代的战略选择 [J]. 中国港口, 2009 (11): 6 －9.

[84] 武良成, 郑宇劼. 中国集装箱港口发展向何处去 [N]. 第一财经日报, 2009 －07 －30.

[85] 张明. 次贷危机对国际金融体系国际格局和中国经济的影响 [EB/OL]. 经济观察网, 2009 － 07 － 20 http: //www. eeo. com. cn/zt/50forum/gcft/2008/10/24/ 117398. shtml.

[86] 刑必刚. 中国企业跨国并购充满机遇 [EB/OL]. 香港商报, 2008 －08 －06 http: //www. chinanews. com. cn/gj/hwkzg/news/2008/08 －06/1337077. shtml.

[87] 陈国庆. 金融危机下中国企业走出去的机遇和挑战 [EB/OL]. 新浪财经博客, 2008 － 12 － 5 http: //blog. sina. com. cn/s/blog _ 4f2491730100c26i. htm.

[88] Annual Review of Global Container Terminal Operators －2009, Drewry Shipping Consultants Ltd, London, UK.

［89］Annual Review of Global Container Terminal Operators – 2008, Drewry Shipping Consultants Ltd, London, UK.

［90］Annual Review of Global Container Terminal Operators – 2007, Drewry Shipping Consultants Ltd, London, UK.

［91］Annual Container Market Review and Forecast – 2009, Drewry Shipping Consultants Ltd, London, UK.

［92］Annual Container Market Review and Forecast – 2008, Drewry Shipping Consultants Ltd, London, UK.

［93］招商局集团业务开发部. 招商局港口国际化战略初探, 2008 (2).

［94］招商局国际研究发展部. 全球三大码头运营商扩张战略比较［R］. 2008 (8).

［95］招商局国际研究发展部. 和记黄埔港口业务综述［R］. 2008 (5).

［96］招商局国际研究发展部. 新加坡港务集团业务综述［R］. 2008 (6).

［97］招商局国际研究发展部. DPW 港口业务及其成长历程分析［R］. 2008 (7).

［98］赖洪平. 上港集团向投资者透露将百亿扩港主打长江腹地［N］. 投资者报, 2008 - 10 - 18.

［99］上港集团投资部经理石径存答投资者演讲实录［EB/OL］. 网易财经, 2009 - 06 - 09 http: //money. 163. com/09/0609/17/5BCONIB400253 EHI. html.

［100］辛磊, 颜三元. 走出和黄: 和记黄埔解密［M］. 北京: 东方出版社, 2006.

［101］田炜. 集装箱港口网络效应研究［D］. 大连理工大学, 2008.

［102］徐进杰, 尹崇斌. 我国港口整合的动因和路径研究［J］. 中国港口, 2009 (1): 10 - 12.

［103］赖洪平. 上港集团向投资者透露将百亿扩港主打长江腹地［N］. 投资者报, 2008 - 10 - 18.

［104］辛磊, 颜三元. 走出和黄: 和记黄埔解密［M］. 北京: 东方出版社, 2006.

［105］邓路. 产业价值链的企业竞争优势［J］. 经济导刊, 2008 (7): 84 - 85.

［106］何自力, 房贤会. 产业整合: 目标、路径与政策［J］. 生产力研

究, 2007 (12): 89 - 90, 143.

[107] 芮明杰, 刘明宇. 产业链整合理论述评 [J]. 产业经济研究, 2006 (3): 60 - 66.

[108] 刘贵富. 产业链基本理论研究 [D]. 吉林大学博士学位论文, 2007.

[109] 孙国栋. 产业链的形成及稳定性研究 [D]. 北京工业大学硕士学位论文, 2007.

[110] 吕拉昌. 关于产业整合的若干问题研究 [J]. 广州大学学报: 社科版, 2004 (8): 27 - 30.

[111] 郭恩才. 产业整合中政府的作用 [J]. 中国软科学, 1999 (5): 107 - 110.

[112] 李晓光. 2000—2007 年世界集装箱码头的发展 [J]. 集装箱化, 2006 (8): 4.

[113] 2008 年中国港口主要集装箱码头吞吐量结构分析表 [EB/OL]. 中国海运信息网 http://www. chinashippinginfo. net/catapage. aspx? cat = 71f207ca - 24d8 - 44b4 - 9212 - 2b134c19046f.

[114] 王成金, 于良. 世界集装箱港口的形成演化及与国际贸易的耦合机制 [J]. 地理研究, 2007 (3): 557 - 568.

[115] 李国平. 对外直接投资的区位选择与基本分析框架 [J]. 北京大学学报: 哲学社科版, 2000 (1): 52 - 59.

[116] 张丽君, 王玉芬. 改革开放 30 年中国港口经济发展 [M]. 北京: 中国经济出版社, 2008.

[117] 吴勤学. 中国海外直接投资理论与实务 [M]. 北京: 首都经济贸易大学出版社, 2006.

[118] 鲁桐, 等. 中国企业海外市场进入模式研究 [M]. 北京: 经济管理出版社, 2007.

[119] 何凯, 赵一飞. 码头投资模式浅析 [J]. 中国水运, 2008 (12): 66 - 67.

[120] 袁蓄鹏, 张阳. 我国企业发展跨国战略联盟的战略选择 [J]. 现代管理科学, 2005 (01): 14 - 15.

[121] 张宇馨. 跨国公司外部扩张形式: 并购与战略联盟 [D]. 对外经贸大学, 2004.

[122] 陈耀. 企业战略联盟理论研究与评述 [J]. 江海学刊, 2002 (4): 196-201.

[123] 潘永涛. 管理输出模式初探 [J]. 北方经贸, 2007 (12): 127-129.

[124] 何小明, 王薇. 港口投资及经营模式探讨 [J]. 港口经济, 2005 (4): 49-51.

[125] 熊志刚. 港口项目投资风险分析 [D]. 武汉理工大学, 2006.

[126] 许晖, 李硕. 我国高新技术企业国际化经营中的风险管理研究 [J]. 国际贸易问题, 2009 (2): 78-86.

[127] 许慧, 胡曲应, 等. 论中国企业海外投资风险的防范与监管 [J]. 中南财经政法大学学报, 2009 (6): 97-103.

[128] 刘红霞. 中国境外投资风险及其防范研究 [J]. 中央财经大学学报, 2006 (3): 63-67.

[129] 龚雯. 金融海啸: 海外投资慎出手, 抄底尚不具备优势 [N]. 人民日报, 2008-10-20.

[130] 黄伟文. 中国企业跨国经营的文化准备 [J]. 决策借鉴, 2001 (6): 2-6.

[131] 顾天辉, 等. 文化风险与企业国际化 [J]. 技术与创新管理, 2009 (1).

[132] 张新胜, 王媛, 杰夫·拉索尔, 迈克尔·M. 伯瑞尔, 等. 国际管理学—全球化时代的管理学 [M]. 北京: 中国人民大学出版社, 2002.

[133] 许奇挺. 关于建立我国企业境外投资保护制度的思考 [J]. 国际贸易问题, 2005 (7): 107-112.

[134] 梁咏. 中国投资者海外投资法律保障制度研究 [D]. 复旦大学, 2009.

[135] 王玉得, 杨磊, 等. 再造招商局 [M]. 北京: 中信出版社, 2008.

图表索引

图 1-1　企业国际化的发展阶段、动因与国际化模式选择 ⋯⋯⋯⋯⋯⋯ 3

图 1-2　本课题研究的逻辑框架图 ⋯⋯⋯⋯⋯⋯⋯⋯⋯⋯ 29

图 2-1　第三代港口的国际物流中心综合服务示意图 ⋯⋯⋯⋯⋯ 33

图 2-2　基于供应链思想的第四代港口功能示意图 ⋯⋯⋯⋯⋯⋯ 34

图 2-3　集装箱港口层次示意图（以香港国际航运中心为例）⋯⋯⋯ 39

图 2-4　2001—2009 年全球港口集装箱吞吐量及年度增长率变动图 ⋯⋯⋯ 52

图 2-5　金融危机以来全球港口集装箱吞吐量季度增长率变动图 ⋯⋯⋯ 52

图 3-1　2002—2008 年世界集装箱海运贸易总量及年度增长率图 ⋯⋯⋯ 56

图 3-2　2002—2008 年我国出口贸易年增长率图 ⋯⋯⋯⋯⋯⋯⋯ 57

图 3-3　1990—2009 年中国集装箱总吞吐量及年度增长率图 ⋯⋯⋯ 57

图 3-4　我国集装箱码头吞吐能力与实际吞吐量比较图 ⋯⋯⋯⋯⋯ 59

图 4-1　和记黄埔港口业务全球分布图 ⋯⋯⋯⋯⋯⋯⋯⋯⋯ 69

图 4-2　和记黄埔港口港口业务的全球布局图 ⋯⋯⋯⋯⋯⋯⋯ 72

图 4-3　2002—2007 年和记黄埔港口权益集装箱吞吐量构成图 ⋯⋯⋯ 73

图 4-4　和记黄埔港口业务发展的里程碑图 ⋯⋯⋯⋯⋯⋯⋯⋯ 74

图 4-5　PSA 港口业务全球分布图 ⋯⋯⋯⋯⋯⋯⋯⋯⋯⋯ 75

图 4-6　1990—2010 年新加坡港和香港港集装箱吞吐量比较图 ⋯⋯⋯ 76

图 4-7　DPW 港口业务全球布局图 ⋯⋯⋯⋯⋯⋯⋯⋯⋯⋯ 81

图 4-8　迪拜世界集团组织结构图 ⋯⋯⋯⋯⋯⋯⋯⋯⋯⋯ 88

图 4-9　全球排名前四的码头运营商集装箱吞吐量的区域构成一览图 ⋯⋯ 89

图 5-1　企业国际化战略的构成体系图 ⋯⋯⋯⋯⋯⋯⋯⋯⋯ 95

图 5-2　企业国际化的市场范围与资源配置选择图 ⋯⋯⋯⋯⋯⋯ 100

图 5 - 3　瑞士手表产业价值链及其利润构成示意图 ……………… 102

图 5 - 4　国际贸易物流服务供应链示意图 ………………………… 104

图 5 - 5　世界主要行业集中度一览图 ……………………………… 106

图 5 - 6　码头运营商国际化战略选择：基于产业整合的考虑 …… 107

图 6 - 1　世界集装箱港口的分布与演化示意图 …………………… 112

图 6 - 2　集装箱港口吞吐量长期影响因素示意图 ………………… 120

图 6 - 3　世界集装箱海运网络示意图 ……………………………… 121

图 6 - 4　全球贸易的主要海运航线示意图 ………………………… 128

图 6 - 5　世界主要经济区域集装箱吞吐量增长情况预测 ………… 130

图 6 - 6　发达国家和发展中国家 GDP 增长趋势图 ……………… 132

图 7 - 1　海外拓展方案的确定与实施流程 ………………………… 145

图 8 - 1　国际投资风险识别机制模型 ……………………………… 150

图 9 - 1　招商局国际业务/资产构成情况演变示意图 …………… 167

图 9 - 2　招商局国际港口业务的全国布局图 ……………………… 168

图 9 - 3　2003—2007 年招商局国际的盈利快速增长 …………… 168

图 9 - 4　2005—2009 年招商局国际的收入与股东应占溢利 …… 171

图 9 - 5　印度沿海港口建设与运营情况图 ………………………… 174

图 9 - 6　招商局国际内地码头和香港码头吞吐量比较图 ………… 177

表 2 - 1　集装箱港口的层级划分 …………………………………… 40

表 2 - 2　集装箱运输船舶的发展 …………………………………… 43

表 2 - 3　全球码头运营商排名表 …………………………………… 50

表 3 - 1　全球主要码头运营商 2007 年利润表 …………………… 60

表 3 - 2　不同发展阶段码头运营商的企业运营能力比较表 ……… 65

表 4 - 1　PSA 历年港口投资情况一览表 ………………………… 79

表 4 - 2　PSA 分地区投资情况一览表 …………………………… 79

表 4 - 3　PSA 海外市场集装箱吞吐量增长情况一览表 ………… 79

表 4 - 4　2006—2008 年码头运营商母港年吞吐量及占企业总吞吐量的
　　　　比重表 ……………………………………………………… 87

表 5 - 1　全球前五大码头运营商 2008 年集装箱吞吐量一览表 …… 106

表 6 - 1　1970 年世界集装箱港口前 30 位区域分布 ……………………… 111

表 6 - 2　东亚地区集装箱港口在全球港口布局中的地位（1975—2000 年）
　　　　…………………………………………………………………… 115

表 6 - 3　从世界排名前二十位港口吞吐量看全球三大区域港口布局的演变
　　　　…………………………………………………………………… 117

表 6 - 4　世界主要经济区域集装箱港口供需量预测（2008—2014 年）…… 129

表 9 - 1　招商局国际与世界领先码头运营商港口吞吐量比较表 ………… 181

后　记

　　经济全球化的兴起不可避免会带来企业的国际化。如何在全球化浪潮中抓住金融危机冲击下的历史性发展机遇，成功实现企业的海外拓展是社会各界关注的热点问题之一，也是争议颇多的领域之一。本文以港口行业为分析样本，运用产业经济学、运输经济学、国际投资学、世界经济、国际贸易、跨国公司治理等理论知识，在对国内港口行业排名第一的公共码头运营商——招商局国际（CMHI）及其母公司招商局集团进行长期跟踪，赴香港、北京、深圳、上海等地进行实地调研，大量访谈企业中高层管理人员的基础上，将理论演绎、实证分析、国际经验比较与典型案例的深度剖析相结合，紧紧围绕经济全球化背景下区域码头运营商如何成功实现海外拓展与可持续发展这一主题，将规范分析与实证分析相统一、理论分析与对策研究相联系，为我国码头运营商海外拓展及其相关公共政策的制定提供了理论参考和现实指导。

　　招商局集团是一个有着上百年历史的知名大企业，其独特的历史角色、鲜明的国际化历程及庞大的组织管理体系使对其国际化战略的研究与规划具有相当大的挑战性。港口产业作为招商局集团多元化业务板块中的核心业务，长期以来受到企业内外人士的重点关注。经过多年的发展，招商局国际已成功走上了港口产业专业化发展道路，已成为国内排名第一的公共码头运营商，具有了一定的市场垄断地位和较强的市场议价能力；但在全球港航服务业日益国际化的今天，招商局国际正面临着国际化发展的战略抉择，如何成功实现海外拓展，从国内领先发展到国际领先是企业在全球化时代必须思考的问题。

　　此次百年未遇的金融危机对全球经济造成重大冲击，将对世界经济贸易格局产生严重影响；港口业作为与国际经济贸易发展密切相关的强周期性行业，深受其害，产能过剩问题日益严重，在生存发展与低价恶性竞争相互交织的新形势下，新一轮产业整合潮隐现。与欧美发达国家相比，我国在此次危机中所受冲击相对较轻，百年未遇的危机在带来冲击的同时也给我们带来了历史性的发展机遇，在"把握机会、审慎投资"原则的指导下，中国领先的码头运营商积极拓展海外业务，极有可能获得海外拓展质的飞跃。我们可喜地看到，招商局国际已经迈出了海外拓展的步伐，虽然步伐有些蹒跚有些跟跄，但这是其国际化发展历程中不可或缺的一步；展望未来，我们有理由相信，明天会更美好。

能进入招商局集团对其核心产业部门进行长期的跟踪调研、学习访谈，实乃人生幸事，感谢招商局集团和招商局国际各位领导和同仁们对本课题研究的大力支持和无私帮助，没有他们的支持与帮助，本课题报告将难以完成，在此对他们表示深深的谢意。

因对港航产业研究时间有限和所获得资料的有限，对集装箱码头运营商海外拓展的研究分析未必全面与正确，部分观点未必成熟或值得进一步推敲，在此谨以此文抛砖引玉，希望业内专家对此问题展开更深入更专业的分析与探讨，文中观点仅代表作者个人观点，文责自负，不当之处还请各位专家和同仁批评指正。

致　谢

　　本课题报告的顺利完成首先要衷心感谢我的三位博士后指导老师。能够进入具有百年辉煌历史、享誉中外的招商局集团从事博士后研究工作，同时接受来自企业界和学术界的三位精英人物的悉心指导，真的感到万分荣幸；正是这些悉心的指导给我的课题研究指明了方向、解答了疑惑，提供了理论指导和现实工作的方法指引，使本课题得以顺利完成。

　　感谢招商局集团董事长傅育宁博士、集团总经济师余利明博士在繁忙的管理工作中抽出宝贵时间对我博士后研究工作的悉心指导和热情帮助。他们不仅对我博士后研究工作做了大量的直接指导，对课题研究的背景、主题凝练、逻辑结构梳理及相关文献资料准备等都提出了许多宝贵意见；还对我到集团重大项目办公室实习进行了详细的安排与指导，使我有机会参与招商局集团一系列重大投资项目研究的实际工作，近距离了解招商局集团海外投资业务，为本报告的写作准备了大量的现实素材。

　　感谢中国社会科学院亚洲太平洋研究所所长李向阳研究员对我博士后课题研究的理论指导和热情帮助。人生有幸能成为全国知名学者李向阳老师的学生，与老师的第一次见面始终诚惶诚恐，但李老师平易近人、和蔼可亲的态度立刻打消了学生的顾虑，让学生倍感亲切。李老师虽远在北京，但一直通过电话、电子邮件指导学生的研究工作，对学生所提出的问题往往在最短的时间内给予答复，无论是课题的写作思路、文献资料查找，还是逻辑结构确定、主要观点提炼等方面，李老师都给予了大量针对性的建议，对本报告在理论上的梳理与提升有着极大的帮助。

　　真诚地感谢三位导师的悉心指导，导师们严谨的治学态度、渊博的学识、对工作殚精竭虑的奉献精神都给学生留下了深刻印象；师恩难报，学生唯以在未来的岁月里以老师为榜样、刻苦努力工作、以不辜负老师的悉心教诲来回报师恩。

感谢招商局集团战略研究部总经理王宏博士、副总经理周舟先生、总经理助理吴少华博士、赵金涛博士、余红女士、马晓楠小姐、梁凯恩小姐等。集团战略研究部作为博士后科研工作站的直接领导单位，在我们两年的博士后研究工作中给予了大量直接而细致的管理与帮助，我们也作为战略研究部的一份子，有幸参与了战略研究部的部分研究课题，为招商局集团及其下属企业的发展出谋划策；同时，我们还与战略研究部同仁们一起度过了众多美好的时光，如：集团公司日的港岛东南郊远足、在 R66 旋转餐厅看维多利亚湾元旦夜景、群策群力准备集团总部迎春酒会节目、香港坪洲岛远足以及蛇口 K 歌等等，一串串美好而难忘的记忆将成为我人生幸福回忆中的点点滴滴。

感谢中国社科院世界经济与政治研究所的余永定老师、鲁桐老师、高海红老师、宋泓老师、陈虹老师以及工业经济所的金碚老师、吕铁老师，在我们博士后课题开题与中期评审中所提出的众多建设性的宝贵意见；感谢中国社科院世界经济与政治研究所人事处的苑郑高老师和李文博老师，在我们博士后进出入站、日常管理、课题申报以及与导师联系等方面所做的众多繁琐而细致的工作。

感谢招商局集团业务开发部总经理胡勇先生、总经理助理牟国栋博士、戴正楠先生以及张伟强女士、冯洪涛先生、张翼先生、赵建潮先生、张贤小姐；和集团重大项目办公室的刘翔先生、刘劲勇先生、李贵哲先生、应会民先生、石勇先生、徐绍机先生、廖许先生、余力女士、卢瑛女士、邓莉红女士等。有幸能进入招商局集团核心业务部门实习，参与招商局集团一系列重大投资项目的研究工作，为本报告的完成收集了大量一手素材；谢谢各位在我实习及课题报告写作中所给予的种种关心与帮助，与各位的共同战斗岁月让我印象深刻、受益多多，我相信多年以后我还会记得这一帮来自五湖四海、经常废寝忘食加班到深夜的同志们。

感谢招商局国际总经理助理卞亦眉女士，对我的调研工作所做的大量协调工作与细致的安排；感谢招商局国际的海外业务部、研究发展部、行政部、人力资源部、企划部等业务部门对我调研工作的接待，尤其要感谢研究发展部的李果博士、李国峰博士、邓贺赢博士、蔡洁宁小姐对我博士后研究工作的直接帮助，他们不仅提供了宝贵的内部研究报告及相关业务数据，而且还给我的课题研究提出了大量有益的建议。

感谢招商证券首席经济学家丁安华先生、交通行业分析师姚俊博士、余黄炎先生，以及招商局集团人力资源部总经理方波平先生、郭蕾小姐，集团企划部总经理丁勇先生、黎樟林先生等对我课题研究工作所提供的帮助。

感谢博士后科研工作站的各位战友们：贺竹磐、张蓓蓓、李杰、马莉莉、徐佳娜、赵勇、潘圆圆。人生有缘让我们相聚在南海之滨共同经历了这一段紧张而又美好的青春岁月，多年以后当我们回首今日，我们会自豪地说我们曾是招商局博士后。

最后要感谢我的家人长期以来对我的理解与支持，能让我在千里之外的深圳得以潜心做研究，以完成人生凤愿。人生如夏花般绚丽而短暂，勇敢追逐梦想既有希冀，也有痛楚；既有获得，也有舍弃；展望前方，无论路近路远，我都要对那些在我人生旅程中始终给我关怀、给我力量的人们真诚地说一句：谢谢您们！

吴凡

2011 年 5 月

图书在版编目(CIP)数据

集装箱码头运营商海外拓展研究/吴凡著.—成都:西南财经大学出版社,
2011.11

ISBN 978 - 7 - 5504 - 0469 - 4

Ⅰ.①集…　Ⅱ.①吴…　Ⅲ.①集装箱码头—水路运输企业—企业管理

Ⅳ.①F550.61

中国版本图书馆 CIP 数据核字(2011)第 218913 号

集装箱码头运营商海外拓展研究

吴　凡　著

责任编辑:王正好
助理编辑:林　伶
封面设计:何东琳设计工作室
责任印制:封俊川

出版发行	西南财经大学出版社(四川省成都市光华村街55号)
网　　址	http://www.bookcj.com
电子邮件	bookcj@ foxmail.com
邮政编码	610074
电　　话	028 - 87353785　87352368
印　　刷	郫县犀浦印刷厂
成品尺寸	170mm × 240mm
印　　张	13.75
字　　数	240 千字
版　　次	2011 年 11 月第 1 版
印　　次	2011 年 11 月第 1 次印刷
书　　号	ISBN 978 - 7 - 5504 - 0469 - 4
定　　价	39.80 元